거의 모든 숫자 표현의 영어

거의 모든 숫자 표현의 영어

지은이 Jonathan Davis, 유현정
초판 1쇄 발행 2020년 6월 3일
초판 7쇄 발행 2024년 3월 22일

발행인 박효상 **편집장** 김현 **기획 · 편집** 장경희, 이한경 **디자인** 임정현
본문 · 표지디자인 고희선
마케팅 이태호, 이전희 **관리** 김태옥

종이 월드페이퍼 **인쇄 · 제본** 예림인쇄 · 바인딩

출판등록 제10-1835호 **발행처** 사람in **주소** 04034 서울시 마포구 양화로 11길 14-10 (서교동) 3F
전화 02) 338-3555(代) **팩스** 02) 338-3545 **E-mail** saramin@netsgo.com
Website www.saramin.com

책값은 뒤표지에 있습니다.
파본은 바꾸어 드립니다.

ISBN
978-89-6049-844-0 13740

우아한 지적만보, 기민한 실사구시 사람in

알면 말의 격이 달라지는 숫자 표현들만 쏙쏙!

거의 모든 숫자 표현의 영어

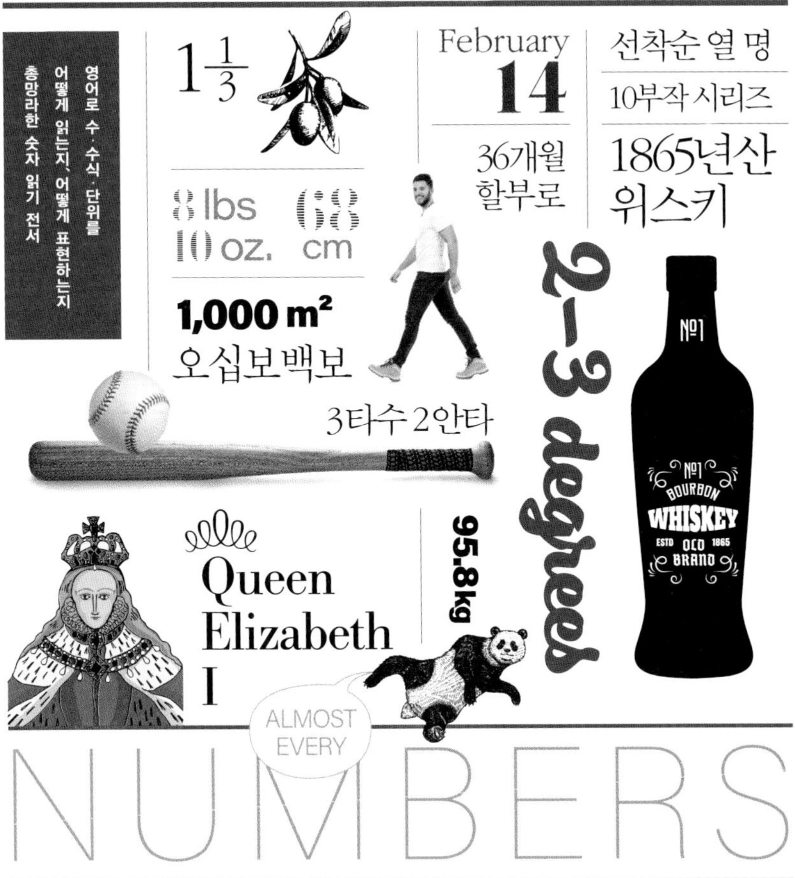

NUMBERS

Jonathan Davis, 유현정 저

사람in

처음 이 책을 쓰기로 했을 때, 사실 제 머릿속에 제일 먼저 떠오른 생각은 '내가 수포자였는데 이걸 쓸 수 있을까?'였어요. 제게는 항상 숫자에 대한 막연한 두려움이 있었고, 지금도 있거든요. 하지만 재빨리 결론에 이르렀죠. 이건 수학의 정석 2도 아니고 수능도 아니므로 나는 할 수 있다고요. 사실, 머리를 흔들 정도의 수학 관련 내용은 우리가 알 필요도, 할 필요도 없으니까요. 그리고 원고 마지막을 끝내면서 제 자신이 매우 자랑스러웠습니다.

이 책을 보시는 독자 여러분도 그런 성취감을 느끼셨으면 해요. 여러분이 수포자건 영포자건 할 수 있습니다. 수포자라고 (혹은 였다고) 해도 저와 같은 마음으로 시작하시면 돼요. 이 책은 수학의 정석 2가 아니에요. 생활 속에서, 상식을 위해서든 생활을 위해서든 필수인 숫자 읽는 법을 다룹니다. 의외로 숫자를 말할 일이 많잖아요. 여러분이 이상하게 숫자만 나오면 움츠러든다면 (혹은 들었다면) 더더욱 이 책을 보시길 권합니다. 숫자 말고도 영어에 자신감을 얻으실 수 있을 거예요. 처음 WARM-UP 부분에 나오는 숫자 읽는 법부터 천천히 따라 읽고 기본을 익히신 후에 본문으로 들어가길 강력 추천합니다. 그러면 책을 보기가 훨씬 더 수월해요. 본문에 나와 있는 문장과 표현들을 따라가며 소리 내어 읽고 익히다 보면 내가 한국말로 하던 이런 숫자 관련 표현이 영어로 무엇인지 궁금함을 채워가는 재미와 함께 영어에 대한 두려움이 많이 없어질 겁니다.

이미 여러분의 영어 실력이 중급 이상인데 뭔가 위로 치솟지 못하고 정체되어 있는 느낌이라 여러분의 실력 레벨 업을 위해 이 책을 보신다면 더더욱 좋습니다. 생활 속 모든 주제에 걸친 영어 숫자 읽는 법과 표현들이 여러분의 영어 실력을 고급 그 이상으로 만들어 드릴 거예요. 외국 유학이나 이민을 준비하시는 분들에게도 이 책은 매우 도움이 될 거라고 생각합니다. 학교 수업 시간에 나오는 숫자 표현부터 쇼핑, 스포츠까지 모두 아우르는 숫자들을 영어로 듣고 읽고 말하는 연습을 통해 유학도 이민도 준비하실 수 있어요.

사실, 언어 학습에 완벽이란 건 없지요. 이 책 역시, 숫자에 관해 모든 것을 다 담았다고는 할 수 없지만, 피부에 와 닿는 현실감 100% 숫자 관련 영어 표현을 다 담으려고 애썼습니다.

이 책은 캐나다로 이민 와서 변화 없고 답답했던 제 생활에 한줄기 빛이 되어 준 책입니다. 이 책을 너무나 멋있게 만들어 주신 사람in 출판사 분들께 감사합니다. 이 책의 공동 저자인 조나단, 고생하셨어요. 감사합니다. 이 책이 제게 그랬던 것처럼 여러분의 생활이나 영어 학습에 한줄기 빛이 되기를 바라봅니다.

캐나다에서 유현정 드림

숫자가 없는 세상을 상상할 수 있을까요? 당장, 전화번호는 어떻게 표현할까요? 아파트 몇 층에 사는지는 뭐라고 말하죠? 병원 가서 제일 먼저 하는 혈압이랑 체온 측정 결과는 뭐라고 해야 할까요? 아마 이 책을 집어든 순간까지 숫자가 이렇게 우리 삶을 장악하고 있다는 사실을 깨닫지 못하셨을 겁니다. 숫자 없는 세상이라니, 정말 생각하고 싶지도 않죠?

이런 숫자, 우리말로는 얼마나 잘 말하고 있나요? 사실, 한국인이라면 외국인들이 복잡해서 머리를 흔드는 그 숫자를 아무 불편함 없이 활용할 겁니다. 하나, 둘, 셋, 넷… 이렇게도 말할 수 있고, 일, 이, 삼, 사…로도 할 수 있습니다. 또 첫 번째, 두 번째, 세 번째, 네 번째…로도 가능하고, 하루, 이틀, 사흘, 나흘… 그러고 보니 꽤 복잡한 시스템인데도 잘 사용하고 있습니다. 그런데요, 이게 영어로 넘어가면 문제가 달라집니다.

사실, 영어 숫자 읽기가 만만한 게 아니에요. 물론 원어민들은 쉽게 쉽게 쓰는 건데도 말이죠. 영어 공부를 어느 정도 했다 싶은데도 숫자 읽기는 약한 분들이 많습니다. 연습을 충분히 하지 않아서 그럴 수도 있고, 그냥 텍스트에 쓰여 있는 숫자나 관련 표현을 눈으로만 쓱 보고 무슨 뜻인지 이해되니까 굳이 어떻게 읽는지 알아보려고 하지 않아서이기도 합니다. 리딩만 주야장천 하는 분들에게는 숫자 읽는 법을 잘 몰라도 크게 문제가 되지는 않아요. 하지만, 읽고 쓰기에 초점이 맞춰졌던 영어 학습을 벗어나 듣고, 말하는 학습이 더 중요해진 요즘, 숫자를 제대로 읽는 게 정말 중요해졌습니다.

비즈니스에서 만나는 원어민이 아니더라도 외국인과의 만남이 많아진 요즘, 하다못해 전화번호, 이메일이라도 불러줄 일이 있고, 주소를 알려줘야 할 때도 있습니다. 게다가 대학생들의 경우, 영어 강의가 많아지고, 영어로 발표할 때도 많습니다. 그럴 때 얼마나 많은 숫자 표현이 쓰이는지 알게 될 거예요. 그리고 이렇게 중요한 것을 얼마나 대충대충 소홀히 하고 왔는지도 말입니다.

여러분이 다음 문장에 쓰인 숫자 표현을 정확히 읽을 수 있나 확인해 보세요.

New York is located at latitude 40° 71' N and longitude 74° W.

My blood pressure is 120/90.

The score was 3:2.

첫 번째 문장은 '뉴욕은 북위 40도 71분, 서경 74도에 위치한다'의 뜻이고, 두 번째 문장은 '내 혈압은 120에 90이다'이고 마지막 문장은 '점수는 3대 2였다'입니다. 뜻은 다 아실 거예요. 그런데 이거, 제대로 읽으실 수 있나요? 다음 문장을 봐주세요.

나 1등 했어.

창세기 1장 1절에서 4절

선착순 10명

우리말 속에 속속 박혀 있는 숫자 표현이 보이시나요? 이건 영어로 어떻게 표현할까요? 솔직히, 한국인들이 가장 어려워하는 부분이 바로 이것이기도 합니다. 우리말과 영어가 1대1 대응이 안 되기 때문에 그냥 단어 대응을 하면 말도 안 되는 엉뚱한 표현이 나오죠. 그렇기 때문에 우리가 외국인과 만나고 교류할 때 말할 가능성이 높은 숫자 표현이 영어로는 어떻게 되는지를 아는 게 필요합니다. 목차를 보다 보면, '그러게, 이건 영어로 뭐라고 말하지?' 궁금해지는 표현들이 다수 나올 거예요. '내가 이렇게나 많이 몰랐단 말이야?' 라고 놀라지 않으셔도 돼요. 이 책을 집은 독자분들 대다수가 다들 모를 테니까요.
책장을 넘기다 보면, 독자님 마음속에 떠오르는 숫자 표현이 여기에 없을 수도 있습니다. 세상에는 정말 수많은 숫자 표현이 있고, 그걸 이 책 한 권에 다 담기는 불가능하기 때문이죠. 이 책은, 영어권 국가 사람들과 대화하거나 그곳에 가서 생활할 때 알고 있으면 도움이 되는 숫자 표현 위주로 담았습니다. 그리고 모두 다 다루지 않았어도 책을 읽다 보면 어느 지점에서 어떻게 활용해야 하는지 감이 올 거예요. 그건 장담할 수 있습니다.
여행, 프레젠테이션, 스몰 토크, 미팅 등의 각종 다양한 상황에서 활용할 수 있는 숫자 표현으로 영어 말하기의 자신감을 키우고, 리딩의 이해력과 라이팅의 일필휘지를 느끼실 수 있을 겁니다.

이 책은 총 2개 파트와 14 챕터로 이루어져 있습니다. PART 1에서는 영어 문장에서 다양한 형태로 나오는 숫자를 어떻게 읽는지를 다룹니다. 같은 슬래시(/)라도 over라고 읽는 경우와 숫자와 숫자 사이에 잠깐 pause를 주고 읽는 경우 등 다양한데, PART 1에서는 원어민이 아니면 잘 읽어내기 어려운 수식 위주로 다루지요. PART 2에서는 우리말 숫자 관련 표현을 영어로는 어떻게 나타내는지를 다룹니다. 라이팅, 스피킹, 리스닝, 리딩 4대 영역에서 골고루 활용할 수 있어서 숫자만 나오면 멈칫했던 영어 실력에 가속도가 붙을 것입니다.

각 유닛은 다음과 같은 구성으로 되어 있습니다.

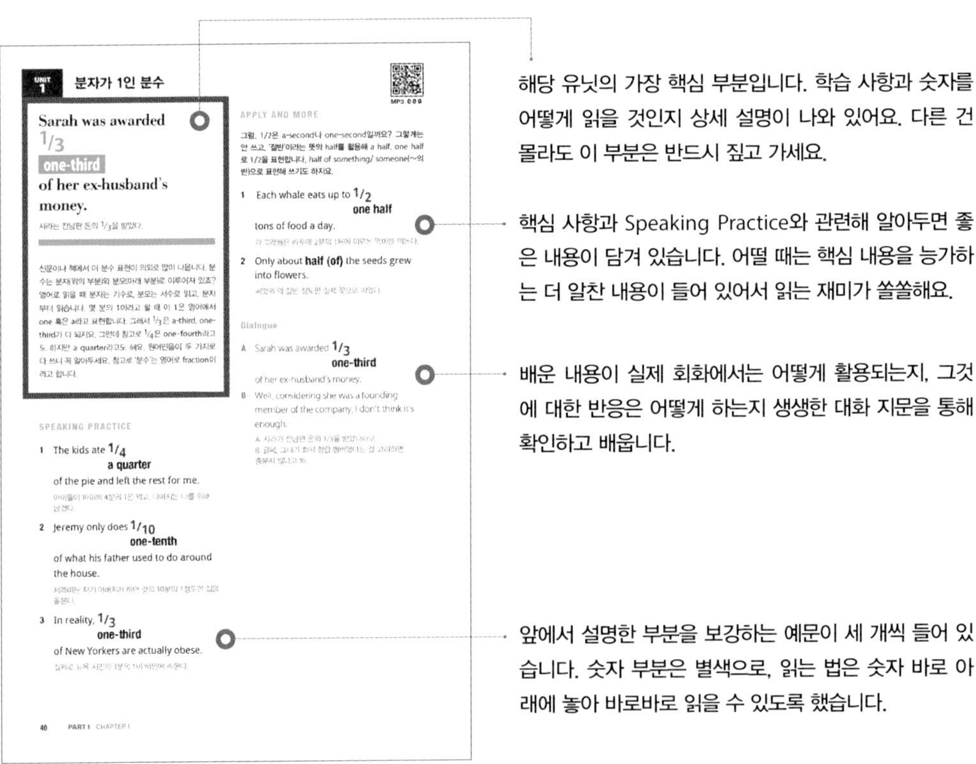

* Speaking Practice와 Apply and More의 영어 예문에서 [ ]나 '혹은' 이 말이 들어 있는 문장은 여러 버전으로 읽었습니다. Dialogue의 [ ]나 '혹은'은 맨 처음 버전만 읽고 따로 더 읽지 않았습니다.
* 회색 숫자로 되어 있는 부분은 관련 내용은 아니지만, 어떻게 읽는지 알려주는 게 필요한 숫자를 나타냅니다.

이 책은 다른 책처럼 처음부터 끝까지 읽어야 하는 책이 아닙니다. 필요할 경우에 찾아보고 덮어 버리고, 잊어 버리면 다시 찾아보고 머리에 새기는 작업을 계속해야 하는 책이죠. 그렇지만, 책은 무조건 처음부터 봐야 한다고 생각하는 분들께 다음과 같은 학습법을 추천합니다.

1단계 WARM-UP 부분부터 공부하기

목차를 보면 막 빨리 넘겨 보고 싶은 부분이 많을 겁니다. 하지만, 그보다 먼저 WARM-UP 부분부터 학습해 주시기를 추천합니다. 의외로 숫자 관련 기초가 약한 분들이 많더라고요. 이 WARM-UP 부분만 확실히 해 놓아도 웬만한 숫자 읽기는 커버할 수 있습니다.

2단계 PART 1 공부하기

PART 1은 영어 문장에 나오는 다양한 숫자와 수식을 공부하는 부분입니다. 본문에서 숫자 부분은 특히 눈에 띄게 강조되어 있는데요, 반드시 큰 소리로 따라 읽으시기 바랍니다. 발음에 자신이 없다면 QR코드를 찍어 발음을 확인하세요. 어느 정도 익숙해졌다 싶으면 문장 필사를 권합니다. 필사를 하면서 공부한 것을 정리할 수 있고, 눈과 두뇌, 팔까지 복합 부위를 활용하는 것이기에 머릿속에 오래 남는 데 도움이 됩니다.

3단계 PART 2 공부하기

PART 2는 우리말에 나오는 숫자 표현이 영어로 어떻게 표현되는지를 공부하는 부분입니다. 처음에 영어 문장을 바로 보기보다 우리말 문장을 보면서 영어로 어떻게 표현이 될까 먼저 생각해 보고 영어 문장을 확인해 주세요. 이 과정을 거치는 것과 거치지 않는 것은 학습 효율에서 크게 차이가 납니다. 뇌가 적극적으로 학습에 참여를 하게 되는 거니까요. 그러고 나서는 PART 1과 학습하는 것은 동일합니다. QR코드를 찍어서 원어민 발음을 듣고, 문장 필사하는 거요.

4단계 일주일 후에 다시 공부하기

이렇게 한번 책을 끝까지 봤다면, 일주일 정도 쉬었다가 다시 책을 보세요. 아마, 많이 잊어버렸을 겁니다. 하지만 너무 실망하지 마시고 편안한 마음으로 보다 보면 다 기억날 것이고, 두 번 보는 것이기에 머리에도 더 오래 갈 것입니다. 이런 식으로 3회독을 권합니다.

차례

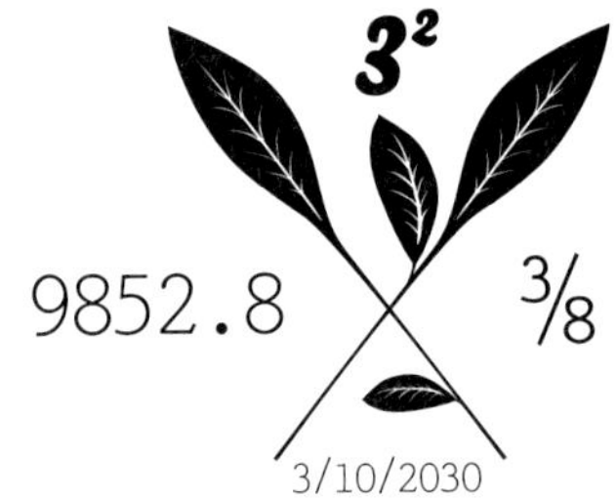

CHAPTER 2 숫자와 단위를 결합해 읽는다!

CHAPTER 3 자주 접하는 영어 속 다양한 숫자 표현을 읽는다!

PART 2 우리말 속 숫자 표현 영어로 말하기

CHAPTER 1 일상 생활 숫자 표현

CHAPTER 2 의류, 음식 관련 숫자 표현

CHAPTER 3 출판, 책 관련 숫자 표현

CHAPTER 4 주거, 통신 관련 숫자 표현

CHAPTER 5 교통 관련 숫자 표현

CHAPTER 6 종교, 정치, 음악, 군대 관련 숫자 표현

CHAPTER 7 시간, 기간, 시대, 수 관련 숫자 표현

CHAPTER 8 기술, 방송 관련 숫자 표현

CHAPTER 9 경제, 직장 관련 숫자 표현

CHAPTER 10 스포츠, 건강 관련 숫자 표현

CHAPTER 11 정도 관련 숫자 표현

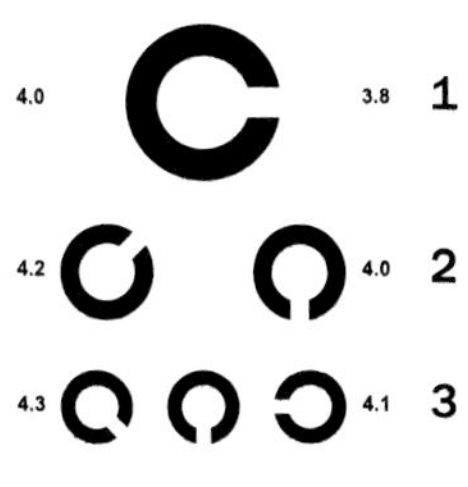

I am
plus 0.8
in my
left eye.

WARM-UP

기초 숫자 읽기

1 ▸ 1–19까지 읽기

일 – 십구 읽기

우리가 '일, 이, 삼, 사…' 이렇게 읽는 숫자는 기수라고 하는 **cardinal numbers**예요. 우리말은 '일, 이, 삼, 사…' 같은 한자어 숫자와 '하나, 둘, 셋…' 같은 순 우리말 숫자, 이렇게 두 가지가 있는데 영어는 그런 것 상관없이 하나만 있으니 사실 우리가 영어를 배우는 게 외국인이 한국어를 배우는 것보다 더 쉽다고 합니다. 자, 그럼 **1**부터 **19**까지 기수를 영어로 어떻게 읽는지, 다들 아시겠지만 한 번 더 점검하고 가 보아요.

1	**one**	**11**	**eleven**
2	**two**	**12**	**twelve**
3	**three**	**13**	**thirteen**
4	**four**	**14**	**fourteen**
5	**five**	**15**	**fifteen**
6	**six**	**16**	**sixteen**
7	**seven**	**17**	**seventeen**
8	**eight**	**18**	**eighteen**
9	**nine**	**19**	**nineteen**
10	**ten**		

teenager(십 대 청소년) 단어 들어보셨죠? 숫자에 **teen**이 들어가는 **13**세(**thirteen**)부터 **19**세(**nineteen**) 청소년들을 부르는 말입니다. 더 간략히 **teens**라고도 하지요.

숫자와 관련된 단어

명확한 숫자 표현은 없어도 수를 나타내는 표현이 영어에는 꽤 있습니다. 다음은 회화나 리딩 지문에서 많이 나오는 것들로 반드시 확실하게 알아두세요.

a few	2-3개, 혹은 약간	**few**	거의 없는
a couple	한 쌍(= a pair)	**a couple of**	2-3개의/ 한 쌍의
several	대여섯 개의	**dozen**	12개
many = **a lot of** = **lots of**	많은	**dozens of**	수십 개의
a number of	많은	**the number of**	~의 수

첫 번째 - 열아홉 번째 읽기

'첫 번째, 두 번째…'처럼 순서를 나타낼 때 쓰는 서수인 **ordinal numbers**는 기수 뒤에 **th**를 붙여서 만드는 게 원칙입니다. 하지만 예외 없는 법칙이 없듯이, '첫 번째, 두 번째, 세 번째'는 이 원칙을 적용받지 않아서 단어가 아예 달라요. 그래서 줄임말로 쓸 때도 각각 [숫자 + -**st**/ -**nd**/ -**rd**]로 씁니다. 그리고 **th**가 붙을 때 스펠링이 조금씩 달라져서 발음할 때 주의해야 할 단어들도 몇 개 있어요. '다섯 번째'를 나타내는 **fifth**, '열두 번째'를 나타내는 **twelfth**가 바로 그것들로 **ve**를 **f**로 바꾼 후 **th**를 붙이죠. 발음의 편의를 위해서 이렇게 바뀐 거랍니다. 그럼, **1**-**19**까지의 다음 서수들을 확인해 주세요.

1st	**first**	**11th**	**eleventh**
2nd	**second**	**12th**	**twelfth**
3rd	**third**	**13th**	**thirteenth**
4th	**fourth**	**14th**	**fourteenth**
5th	**fifth**	**15th**	**fifteenth**
6th	**sixth**	**16th**	**sixteenth**
7th	**seventh**	**17th**	**seventeenth**
8th	**eighth**	**18th**	**eighteenth**
9th	**ninth**	**19th**	**nineteenth**
10th	**tenth**		

'여덟 번째'인 **eight**는 **eightth**가 아니라 **eighth**이고, '아홉 번째'인 **ninth**는 **nineth**가 아니라 **e**가 빠진 **ninth**인 것, 주의해 주세요.

2 ▸ 20–99까지 읽기

이십 – 구십 구 읽기

20부터는 십 단위만 외우고 뒤에 1부터 9까지 -(하이픈)으로 연결해서 숫자 그대로 쓰고 읽으니까 외우기 쉬워요. 사실, 영어 공부를 어느 정도 했다면 이 숫자를 못 읽는 분은 없을 거예요. 문제는 이것을 철자로 쓸 때 제대로 쓸 수 있느냐, 그리고 하이픈 붙이는 것을 잘할 수 있느냐인 거죠. 의외로 하이픈 안 붙이는 사람들도 많고, 철자 제대로 못 쓰는 분들도 많습니다. 아래 내용 보면서 꼼꼼하게 체크해 주세요.

20	twenty	**40**	forty
21	**twenty-one**	**50**	fifty
22	**twenty-two**	**60**	sixty
23	**twenty-three**	**70**	seventy
24	**twenty-four**	**80**	eighty
25	**twenty-five**	**90**	ninety
26	**twenty-six**	**91**	**ninety-one**
27	**twenty-seven**	**92**	**ninety-two**
28	**twenty-eight**	**93**	**ninety-three**
29	**twenty-nine**	**94**	**ninety-four**
30	thirty	**95**	**ninety-five**
32	**thirty-two**	**96**	**ninety-six**
34	**thirty-four**	**97**	**ninety-seven**
36	**thirty-six**	**98**	**ninety-eight**
38	**thirty-eight**	**99**	**ninety-nine**

MP3 002

스무 번째 – 아흔 아홉 번째 읽기

이것 역시 그렇게 어렵지 않습니다. 먼저 **20**, **30**, **40**처럼 **0**으로 끝나는 숫자의 서수를 만들 때는 끝의 **y**를 **ie**로 고치고 **th**를 붙여 주세요. 자연스러운 발음을 위해서 이렇게 바꾸는 거랍니다. 그리고 **0**으로 끝나지 않는 숫자들은(**1-9**) 앞의 십 단위는 그대로 기수로 읽고 일 단위 숫자만 서수로 바꾸어 읽으면 됩니다. 역시 기수와 마찬가지로 -(하이픈)으로 연결해 주세요. 참고로, 일 단위에 서수를 쓴다고 무조건 숫자 뒤에 **th**를 붙이는 게 아니라 '첫 번째에서 세 번째'까지는 **1st** (**first**), **2nd** (**second**), **3rd** (**third**)라고 하는 것, 기억하세요.

20th	**twentieth**	**40th**	**fortieth**
21st	**twenty-first**	**50th**	**fiftieth**
22nd	**twenty-second**	**60th**	**sixtieth**
23rd	**twenty-third**	**70th**	**seventieth**
24th	**twenty-fourth**	**80th**	**eightieth**
25th	**twenty-fifth**	**90th**	**ninetieth**
26th	**twenty-sixth**	**91st**	**ninety-first**
27th	**twenty-seventh**	**92nd**	**ninety-second**
28th	**twenty-eighth**	**93rd**	**ninety-third**
29th	**twenty-ninth**	**94th**	**ninety-fourth**
30th	**thirtieth**	**95th**	**ninety-fifth**
32nd	**thirty-second**	**96th**	**ninety-sixth**
34th	**thirty-fourth**	**97th**	**ninety-seventh**
36th	**thirty-sixth**	**98th**	**ninety-eighth**
38th	**thirty-eighth**	**99th**	**ninety-ninth**

MP3 003

3 ▸ 100 이상 숫자 읽기

백에서 구백까지 읽기

백 단위는 **hundred**예요. 우리는 100을 일백이라고 하지 않지만, 영어에서는 **hundred**가 100을 의미하지 않아요. 100은 반드시 **one** 혹은 **a**를 앞에 붙여야 합니다. 이 **hundred** 앞에 **1-9**까지 숫자를 쓰면 100에서 900까지를 표현할 수 있습니다.

100	**one hundred (= a hundred)**	**600**	**six hundred**
200	**two hundred**	**700**	**seven hundred**
300	**three hundred**	**800**	**eight hundred**
400	**four hundred**	**900**	**nine hundred**
500	**five hundred**		

그럼 '수백 명/개'의 뜻일 때의 '수백'은 어떻게 나타낼까요? 바로 [**hundreds of** + 명사]로 표현합니다.

hundreds of students 수백 명의 학생들
hundreds of books 수백 권의 책들

백 이상 읽기

백 단위를 먼저 읽고 **and**로 연결한 후 십 단위를 읽는 게 정석입니다. 그런데 요즘엔 **and**를 생략하고 읽는 사람들도 많아요.

130	**one hundred (and) thirty**	**670**	**six hundred (and) seventy**
255	**two hundred (and) fifty-five**	**724**	**seven hundred (and) twenty-four**
349	**three hundred (and) forty-nine**	**838**	**eight hundred (and) thirty-eight**
462	**four hundred (and) sixty-two**	**987**	**nine hundred (and) eighty-seven**
501	**five hundred (and) one**	**999**	**nine hundred (and) ninety-nine**

내선번호나 아파트 호수 혹은 방 번호 등을 얘기할 때는 **hundred and**까지도 생략해서 **130**을 **one thirty**로 읽습니다. **501** 같은 경우엔 **five oh one**이라고 읽고요. 중간의 **0**을 스펠링 **o**로 읽어요.

MP3 004

4 ▸ 1,000 이상 숫자 읽기

백 이후에는 천 단위가 되지요. 아라비아 숫자 체계에서는 세 자리 수마다 콤마(,)를 찍어서 표시합니다. 첫 번째 콤마(,) 자리는 '천'으로 **thousand**예요.

1,000	**one thousand**
2,000	**two thousand**
3,000	**three thousand**
4,000	**four thousand**
5,000	**five thousand**
6,000	**six thousand**
7,000	**seven thousand**
8,000	**eight thousand**
9,000	**nine thousand**

천 이후의 백 단위와 십 단위는 앞에서 배운 대로 읽으면 됩니다. 백 단위가 **00**으로 끝날 때는 앞의 두 자리를 말하고 **hundred**를 붙여 읽기도 합니다.

1,400	**one thousand four hundred (= fourteen hundred)**
3,658	**three thousand six hundred (and) fifty-eight**
4,099	**four thousand ninety-nine**
6,721	**six thousand seven hundred (and) twenty-one**
9,106	**nine thousand one hundred (and) six**

그럼 '수천 명/개'의 뜻일 때의 '수천'은 어떻게 나타낼까요? [**thousands of** + 명사]로 나타냅니다.

thousands of students 수천 명의 학생들
thousands of books 수천 권의 책들

5 ▸ 만 이상 숫자 읽기/ 십만 이상 숫자 읽기

이제 만 자리예요. 예를 들어, 일만(10,000) 숫자를 잘 보면 10 다음에 자릿수를 나타내는 콤마(,)가 있습니다. 그래서 콤마 앞의 기수 10을 ten으로 먼저 읽고, 자릿수 thousand를 붙입니다.

만 단위 읽기

10,000	**ten thousand**	**60,000**	**sixty thousand**
20,000	**twenty thousand**	**70,000**	**seventy thousand**
30,000	**thirty thousand**	**80,000**	**eighty thousand**
40,000	**forty thousand**	**90,000**	**ninety thousand**
50,000	**fifty thousand**		

만 단위 숫자를 읽을 때는 자릿수 콤마(,) 앞의 십 단위를 먼저 읽고 thousand를 읽은 후 백 단위 숫자를 앞에서 배운 대로 읽으면 됩니다. 그렇게 복잡하거나 어려운 내용은 아니에요. 다만 연습이 부족했을 뿐입니다.

12,321	**twelve thousand three hundred (and) twenty-one**
20,076	**twenty thousand seventy-six**
36,648	**thirty-six thousand six hundred (and) forty-eight**
45,876	**forty-five thousand eight hundred (and) seventy-six**
55,000	**fifty-five thousand**
62,981	**sixty-two thousand nine hundred (and) eighty-one**
79,534	**seventy-nine thousand five hundred (and) thirty-four**
82,999	**eighty-two thousand nine hundred (and) ninety-nine**
93,675	**ninety-three thousand six hundred (and) seventy-five**

MP3 005

십만 단위 읽기

이번에는 십만 단위입니다. 십만은 숫자로 쓰면 **100,000**로, 자릿수 콤마 앞의 기수 **100**을 **one hundred**로 읽은 후 **thousand**를 넣습니다. 우리말로는 십만이어서 십 단위 자리가 나올 것 같지만 영어로는 백 단위 숫자가 나와서 많이들 어려워하는 숫자 단위이기도 해요. 무조건 자릿수 콤마 앞이 백 단위이면 **hundred**를 활용해 읽는다는 것, 확실히 머릿속에 새겨 주세요.

100,000 **one hundred thousand**
200,000 **two hundred thousand**
300,000 **three hundred thousand**
400,000 **four hundred thousand**
500,000 **five hundred thousand**
600,000 **six hundred thousand**
700,000 **seven hundred thousand**
800,000 **eight hundred thousand**
900,000 **nine hundred thousand**

자릿수 콤마(,) 앞의 백 단위 숫자를 읽고 **thousand**를 읽은 다음 백 단위 숫자를 읽으세요. 연습이 부족해서 그렇지 그렇게 어렵지 않습니다.

104,900 **one hundred and four thousand nine hundred**
200,487 **two hundred thousand four hundred (and) eighty-seven**
397,517 **three hundred and ninety-seven thousand five hundred (and) seventeen**
426,120 **four hundred and twenty-six thousand one hundred (and) twenty**
500,021 **five hundred thousand twenty-one**
699,999 **six hundred and ninety-nine thousand nine hundred (and) ninety-nine**
780,185 **seven hundred and eighty thousand one hundred (and) eighty-five**
830,250 **eight hundred and thirty thousand two hundred (and) fifty**
983,754 **nine hundred and eighty-three thousand seven hundred (and) fifty-four**

그럼 '수십만 명/개'의 뜻일 때의 '수십만'은 어떻게 나타낼까요? [hundreds of thousands of + 명사]로 나타냅니다.

hundreds of thousands of students 수십만 명의 학생들
hundreds of thousands of books 수십만 권의 책들

6 ▸ 백만 – 조까지 숫자 읽기

백만부터는 **0**이 **3**개 더 생기니까 콤마가 하나 더 붙습니다. 이 새로운 콤마를 **million**이라고 불러요. 한국인들은 그냥 백만이라고 해도 일백만이라고 다들 알아듣지만, 영어에서는 반드시 **one** 또는 **a**를 붙여야 한다는 것, 꼭 기억하세요. 참고로 '백만장자'인 **millionaire**는 이 **million**에서 나왔습니다.

백만에서 구백만까지 읽기

1,000,000	**one million**	**6,000,000**	**six million**
2,000,000	**two million**	**7,000,000**	**seven million**
3,000,000	**three million**	**8,000,000**	**eight million**
4,000,000	**four million**	**9,000,000**	**nine million**
5,000,000	**five million**		

이렇게 자릿수 콤마(,)가 두 개일 때 첫 번째 콤마 앞의 숫자를 읽고 **million**을 붙이세요. 그 다음에는 백 단위 숫자 읽고 **thousand**를 붙인 후 나머지 백 단위 숫자를 읽으면 됩니다. 차근차근 하다 보면 어렵지 않게 할 수 있어요.

2,489,000 **two million four hundred and eighty-nine thousand**

3,180,050 **three million one hundred and eighty thousand fifty**

5,287,200 **five million two hundred and eighty-seven thousand two hundred**

7,852,997 **seven million eight hundred and fifty-two thousand nine hundred and ninety-seven**

9,358,432 **nine million three hundred and fifty-eight thousand four hundred and thirty-two**

백만 단위 숫자가 너무 기니까 앞의 두 자리만 이용해서 다음처럼 간략하게도 써요.

2.5 million **two point five million = two million five hundred thousand**
이백 오십만

4.6 million **four point six million = four million six hundred thousand**
사백 육십만

8.7 million **eight point seven million = eight million seven hundred thousand**
팔백 칠십만

역시 수백만은 [**millions of** + 명사]로 나타냅니다.

millions of students 수백만 명의 학생들

millions of books 수백만 권의 책들

MP3 006

백만 이후의 숫자들

영어에서 천만은 10의 백만, 억은 100의 백만으로 보고 실제로도 천만은 **ten million**, 1억은 **one hundred million**으로 읽습니다. 사실, 일상 회화에서 돈 관련해 백만, 천만, 억을 쓸 일은 그렇게 많지 않아요. 화폐 단위가 다르니까요. 하지만 우리나라에서는 월급, 연봉 얘기할 때 혹은 차나 집을 살 때 많이 나오는 단위이니까 꼭 익혀 두세요.
십억은 콤마가 하나 더 생기는 자릿수인데 **billion**이라고 해요. 그 이후의 백억은 10의 십억이라서 **ten billion**, 천억은 100의 십억이라서 **one hundred billion** 이렇게 읽습니다. 천억 다음은 0이 세 자리 더 늘어난 자릿수로 우리말 '조' 라고 부르는 **trillion**이에요.

10,000,000	**ten million**	천만
100,000,000	**one hundred million**	일억
1,000,000,000	**one billion**	십억
10,000,000,000	**ten billion**	백억
100,000,000,000	**one hundred billion**	천억
1,000,000,000,000	**one trillion**	조

십억 단위 숫자가 너무 기니까 앞의 두 자리만 이용해서 다음과 같이 간략하게도 씁니다. 이것도 경제 기사나 뉴스 보면 많이 나오니까 연습해 보세요.

1.8 billion **one point eight billion = one billion eight hundred million**
18억

5.9 billion **five point nine billion = five billion nine hundred million**
59억

7.3 billion **seven point three billion = seven billion three hundred million**
73억

영어 표현 중에 **gazillions of**가 있어요. 실제 숫자는 아니고, 매우 많다는 걸 강조하기 위해 사람들이 만들어낸 말로, '셀 수 없이 많은, 엄청난'의 의미입니다. 이 **gazillion**은 명사로도 쓰이고 형용사로 쓰입니다.

7 ▸ 100 이상의 서수 읽기

100 이상을 서수로 읽는 것도 기본은 죽 기수로 읽다가 맨 마지막 일 단위 숫자를 서수로 읽는 것입니다. 별로 어렵지 않아요. 물론 제일 마지막 일 단위 숫자가 **1, 2 3**으로 끝나면 **first, second, third**로 읽는다는 것, 잊지 마세요. 참고로 자릿수에 해당하는 숫자의 서수는 단어 뒤에 **th**를 붙여서 쓰고 읽습니다.

100th	**one hundredth**
1,000th	**one thousandth**
10,000th	**ten thousandth**
100,000th	**one hundred thousandth**
1,000,000th	**one millionth**

478th = four hundred and seventy-eighth
3,512th = three thousand five hundred and twelfth
10,901th = ten thousand nine hundred and first

* 이렇게 큰 숫자에 읽는 것은 **first**로 읽어도 쓸 때는 **th**를 써요. 하지만 끝에 **st** 약자를 써도 틀린 것은 아니에요.

8 ▶ 날짜 읽기

날짜 읽기는 뒤의 본문에서도 자세히 다루겠지만, 우리 일상에서 정말 중요한 부분이기에 여기에서 기본 사항을 한 번 더 다루니 꼭 알아두세요.

연도 읽기

천 단위인 네 자리로 된 연도는 [두 자리 + 두 자리] 이렇게 끊어서 십 단위로 읽어요. 다음 예를 보세요.

1976 = nineteen seventy-six
1998 = nineteen ninety-eight
1800 = eighteen hundred

* 이렇게 00으로 끝난 경우 hundred로 읽습니다.

2000년도부터 2009년까지는 thousand를 이용해서 자릿수 그대로 읽습니다.

2000 = two thousand
2005 = two thousand (and) five

2010년도부터는 다시 [두 자리 + 두 자리] 이렇게 끊어서 읽으세요.

2019 = twenty nineteen
2021 = twenty twenty-one

월 읽기

월의 경우, 우리말은 숫자 뒤에 '월'만 붙이면 되는데, 영어는 월마다 해당하는 단어가 다 따로 있습니다. 꼭 외워 주세요.

1월	**January**	**7월**	**July**
2월	**February**	**8월**	**August**
3월	**March**	**9월**	**September**
4월	**April**	**10월**	**October**
5월	**May**	**11월**	**November**
6월	**June**	**12월**	**December**

MP3 008

날짜/연월일 읽기

날짜는 항상 서수로 읽습니다. 글에서는 **May 25**처럼 **th** 없이 그냥 기수로 쓰지만 읽을 때는 항상 서수로 읽어요. 날짜에 쓰이는 서수, 다 알지만 한 번 더 짚고 갑시다.

1st	**first**	**16th**	**sixteenth**
2nd	**second**	**17th**	**seventeenth**
3rd	**third**	**18th**	**eighteenth**
4th	**fourth**	**19th**	**nineteenth**
5th	**fifth**	**20th**	**twentieth**
6th	**sixth**	**21st**	**twenty-first**
7th	**seventh**	**22nd**	**twenty-second**
8th	**eighth**	**23rd**	**twenty-third**
9th	**ninth**	**24th**	**twenty-fourth**
10th	**tenth**	**25th**	**twenty-fifth**
11th	**eleventh**	**26th**	**twenty-sixth**
12th	**twelfth**	**27th**	**twenty-seventh**
13th	**thirteenth**	**28th**	**twenty-eighth**
14th	**fourteenth**	**29th**	**twenty-ninth**
15th	**fifteenth**	**30th**	**thirtieth**
		31st	**thirty-first**

연월일을 읽을 때 영어에서는 큰 시간 단위를 제일 뒤에 쓰기 때문에 연도가 가장 마지막에 와요. [월 + 일 + 연도]라고 생각하면 쉬워요.

2020년 3월 25일 = March 25, 2020
March twenty-fifth, twenty twenty

1945년 8월 15일 = August 15, 1945
August fifteenth, nineteen forty-five

2005년 10월 16일 = October 16, 2005
October sixteenth, two thousand (and) five

2016년 2월 2일 = February 2, 2016
February second, twenty sixteen

날짜는 한 달의 몇 번째 날이라는 형태의 [**the** + 서수 날짜 + **of** + 달]도 쓸 수 있어요.

We will have a party on the **30th of April.**
thirtieth of April
우리는 4월 30일에 파티를 열 거야.

몰라도 괜찮고 알아두면 더 재미있는 숫자 이야기

일-십-백-천-만-십만-백만-천만-억-십억-백억-천억-조, 여기까지는 신문이나 TV에서 많이 들을 수 있는 단위입니다. 특히 국가 예산 관련 뉴스에서 많이 들을 수 있지요. 그렇다면, 9,999조 다음에는 뭐라고 칭할까요? 상상할 수도 없는 엄청난 수의 단위, 어떻게 표현하는지 공개합니다.

조	10의 12제곱 (억의 만 배)
경	10의 16제곱 (조의 만 배)
해	10의 20제곱 (경의 만 배)
자	10의 24제곱 (해의 만 배)
양	10의 28제곱 (자의 만 배)
구	10의 32제곱 (양의 만 배)
간	10의 36제곱 (구의 만 배)
정	10의 40제곱 (간의 만 배)
재	10의 44제곱 (정의 만 배)
극	10의 48제곱 (재의 만 배)
항하사	10의 52제곱 (극의 만 배)
아승기	10의 56제곱 (항하사의 만 배)
나유타	10의 60제곱 (아승기의 만 배)
불가사의	10의 64제곱 (나유타의 만 배)
무량대수	10의 68제곱 (불가사의의 만 배)
겁(겁파)	10의 72제곱

영어의 큰 수에는 뭐가 있는지 한번 볼까요?

quadrillion	10의 15제곱
quintillion	10의 18제곱
sextillion	1000의 12제곱
septillion	10의 24제곱
octillion	1000의 9제곱
nonillion	1000의 10제곱
decillion	1000의 11제곱
duodecillion	1000의 13제곱
tredecillion	10의 42제곱
sexdecillion	1000의 17제곱
octodecillion	1000의 19제곱
novemdecillion	10의 68제곱
vigintillion	1000의 21제곱
centillion	1000의 100제곱(미)

PART 1

영어 문장 속
숫자 읽기

소리 없이 문장만 읽을 때는 숫자를 영어로 어떻게 읽는지 몰라도 그렇게 크게 문제가 되지 않습니다. 하지만, 발표할 때 혹은 원어민과 대화할 때 의외로 숫자를 말해야 하는 상황이 많습니다. 하다못해 전화번호 숫자라도 말해 줄 일이 생기죠.

이렇게 영어 문장 안에 있는 다양한 숫자들, 다양한 만큼 읽는 방법도 조금씩 다릅니다. 이번 파트에서는 영어 문장에서 접할 수 있는 문장 속 숫자 읽기를 공부합니다.

CHAPTER 1

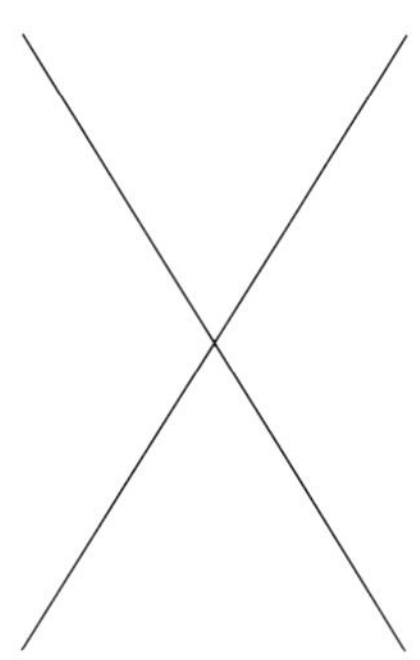

어떻게 읽는지 감도 안 오는 숫자 표현을 읽는다!

UNIT 1 분자가 1인 분수

UNIT 2 분자가 2 이상인 분수

UNIT 3 나눗셈

UNIT 4 나머지가 있는 나눗셈

UNIT 5 곱셈

UNIT 6 덧셈

UNIT 7 뺄셈

UNIT 8 제곱 숫자

UNIT 9 비율

UNIT 10 숫자와 %

UNIT 11 소수점 숫자

UNIT 12 하이픈 연결 숫자

UNIT 13 연도 날짜

UNIT 14 분 읽기

UNIT 15 스코어 점수

UNIT 16 24/7 읽기

UNIT 1 분자가 1인 분수

MP3 009

Sarah was awarded
1/3
one-third
of her ex-husband's money.

사라는 전남편 돈의 1/3을 받았다.

신문이나 책에서 이 분수 표현이 의외로 많이 나옵니다. 분수는 분자(위의 부분)와 분모(아래 부분)로 이루어져 있죠? 영어로 읽을 때 분자는 기수로, 분모는 서수로 읽고, 분자부터 읽습니다. 몇 분의 1이라고 할 때 이 1은 영어에서 one 혹은 a라고 표현합니다. 그래서 1/3은 a-third, one-third가 다 되지요. 그런데 참고로 1/4은 one-fourth라고도 하지만 a quarter라고도 해요. 원어민들이 두 가지로 다 쓰니 꼭 알아두세요. 참고로 '분수'는 영어로 fraction이라고 합니다.

SPEAKING PRACTICE

1 The kids ate **1/4** / **a quarter** of the pie and left the rest for me.

아이들이 파이의 4분의 1은 먹고, 나머지는 나를 위해 남겼다.

2 Jeremy only does **1/10** / **one-tenth** of what his father used to do around the house.

제레미는 자기 아버지가 하던 것의 10분의 1정도만 집을 돌본다.

3 In reality, **1/3** / **one-third** of New Yorkers are actually obese.

실제로 뉴욕 시민의 3분의 1이 비만에 속한다.

APPLY AND MORE

그럼, 1/2은 a-second나 one-second일까요? 그렇게는 안 쓰고, '절반'이라는 뜻의 half를 활용해 a half, one half로 1/2을 표현합니다. half of something/ someone(~의 반)으로 표현해 쓰기도 하지요.

1 Each whale eats up to **1/2** / **one half** tons of food a day.

각 고래들은 하루에 2분의 1톤에 이르는 먹이를 먹는다.

2 Only about **half (of)** the seeds grew into flowers.

씨앗의 약 절반 정도만 실제 꽃으로 피었다.

Dialogue

A Sarah was awarded **1/3** / **one-third** of her ex-husband's money.

B Well, considering she was a founding member of the company, I don't think it's enough.

A: 사라가 전남편 돈의 1/3을 받았더라고.
B: 글쎄, 그녀가 회사 창립 멤버였다는 걸 고려하면, 충분치 않다고 봐.

UNIT 2 분자가 2 이상인 분수

MP3 010

Only $^2/_3$
two-thirds
of the students passed the quiz.

$^2/_3$의 학생들만이 퀴즈를 통과했다.

이번에는 분자가 2 이상인 숫자가 나올 때 분수 읽는 법입니다. 분수를 읽는 기본 방법은 똑같습니다. 분자를 먼저 기수로, 분모를 나중에 서수로 읽는 거죠. 단지 분자가 2 이상인 복수이므로 뒤에 오는 분모도 복수형으로 쓰고 읽는다는 것만 조심하세요. [분수 + of + 명사]를 쓰면 그 '명사의 몇 분의 몇'이라는 것을 표현합니다. 우리말과 순서가 다르니 어순에 주의하면서 찬찬히 연습해 보세요.

SPEAKING PRACTICE

1 I was about **3/4**
three-fourths 혹은
three-quarters
of the way through the book before I forgot it on the bus.

그 책의 3/4 정도 읽었을 때 나는 그 책을 버스에 두고 내렸다.

2 **2/10**
Two-tenths is the same as
20%.
twenty percent

2/10는 20%와 같다.

3 I would like to put **2/3**
two-thirds
of the inheritance into a trust.

나는 유산의 2/3를 증권 신탁에 넣어두고 싶다.

APPLY AND MORE

그럼, '3과 $^2/_5$' 같은 대분수는 어떻게 읽을까요? 앞의 자연수를 기수로 읽고 and로 연결한 후 분수를 읽으면 됩니다. 그래서 three and two-fifths가 되지요.

1 **3/3**
Three-thirds
equals **1.**
one
Therefore, **1 3/3**
one and three-thirds
equals **2.**
two

3/3은 1이므로 1과 3/3은 2이다.

2 **5/4**
Five-fourths is
1 1/4.
one and one-fourth 혹은
one and a quarter

5/4는 1과 1/4이다.

Dialogue

A The survey shows **2/3**
two-thirds
of the people are against the new policy.

B I wonder what the government will do next.

A: 설문 조사를 보면 사람들 2/3가 새 정책에 반대해.
B: 정부가 다음에 뭘 할지 궁금하네.

UNIT 3

나눗셈

MP3 011

10 ÷ 2 = 5.

Ten divided by two makes five

10 나누기 2는 5.

나누기는 일상에서 쓰일 때가 많으니 꼭 알아두세요. 읽는 법은 우리말 어순과 똑같아요. 일단 앞의 숫자를 먼저 읽고, 이게 나뉘는 것이니까 '나누다' divide의 과거분사를 활용해 [divided + by + 나누는 숫자]로 얘기한 후 동사를 make로 써서 답을 말해 주면 됩니다. make 대신에 be 동사도 쓸 수 있지요. 참고로 '나누기'는 영어로 division이라고 합니다.

SPEAKING PRACTICE

1 **9 ÷ 3 = 3.**
Nine divided by three makes three

9 나누기 3은 3이다.

2 What is **70 ÷ 9**?
seventy divided by nine
Can you do the division?

70 나누기 9가 뭐죠? 나누기 좀 해 줄래요?

3 **$120 ÷ 4 people = $30**
One hundred and twenty dollars divided by four people makes thirty dollars each.

120달러를 4명으로 나누면 각자 30달러씩이다.

APPLY AND MORE

학교 수학 시간이 아닌 실생활에서도 나누기는 흔히 나옵니다. 연봉, 적금, 저축 목표 액수를 월로 나눠 얘기할 때도, 아주 가까이는 여러 명이 밥 먹으러 가서 더치페이를 할(go Dutch) 때도 나누기는 필수입니다. 생활에서 쓰일 만한 문장 더 연습해 보세요.

1 **$38,000 ÷ 12 months = about $3,166 a month.**
Thirty-eight thousand dollars divided by twelve months makes about three thousand one hundred and sixty-six dollars a month

삼만 팔천 달러 나누기 12개월은 한 달에 약 삼천백육십육 달러이다.

2 You need to divide the amount by the number of people.

그 금액을 사람 수로 나누어야 한다.

Dialogue

A How much is the total? Let's all chip in.

chip in: '돈을 갹출하다, 조금씩 나누어 내다'의 뜻이에요.

B Let's see. **$324 ÷ 6 = $54.**
Three hundred and twenty-four dollars divided by six makes fifty-four dollars
That's what you owe.

A: 전부 얼마죠? 우리 모두 나눠내죠.
B: 어디 보자, 324달러 나누기 6은 54달러네요. 그거 주시면 돼요.

UNIT 4

나머지가 있는 나눗셈

MP3 012

11 ÷ 2 = 5 remainder 1.

Eleven divided by two is five, remainder one

11 나누기 2는 5, 나머지는 1.

나누기가 똑 떨어지지 않고 나머지가 생기는 경우 remainder를 사용해서 표현합니다. remainder는 뺄셈이나 나눗셈의 '나머지' 라는 뜻이에요.

SPEAKING PRACTICE

1 **48 ÷ 5 = 9 remainder 3.**
Forty-eight divided by five is nine, remainder three

48 나누기 5는 9고 나머지는 3이다.

2 **70 ÷ 8 = 8 remainder 6.**
Seventy divided by eight is eight, remainder six
What should I do with these 6?

70 나누기 8은 8이고 나머지 6이에요. 이 6을 어떻게 해야 하죠?

3 If you divide odd numbers, you will have a remainder.

홀수를 나누기 하면, 나머지가 생긴다.

odd number는 '홀수'고, even number는 '짝수'예요.

APPLY AND MORE

나머지 remainder는 홀수(odd numbers)를 짝수로 나눌 때 생기죠.

1 There's an odd number of dancers so you can't make pairs; **thirteen divided by two is six, remainder one**.

댄서들이 홀수로 있으니 짝을 지을 수가 없다. 13 나누기 2는 6이고, 나머지 1이 생기기 때문이다.

2 If the remainder is **0**, **zero**
it means the division is complete.

나머지가 0이면, 그건 나눗셈이 완전하다는 걸 의미한다.

Dialogue

A What is **55 ÷ 3**? **fifty-five divided by three**

B The answer is **18, remainder 1.** **eighteen, remainder one**

A: 55 나누기 3은 뭐지?
B: 답은 18이고 나머지는 1입니다.

UNIT 5

곱셈

MP3 013

$5 \times 4 = 20.$

Five times four makes twenty

5 곱하기 4는 20.

이젠 곱하기입니다. 5를 4번 더하니까 20이 나온 거잖아요. '번 수, 배수'는 times로 표현하니까 곱하기(×) 자리에 times만 넣어 읽으면 됩니다. '곱하다'의 동사로 multiply가 있지만, 실제 곱셈식을 읽을 때는 times를 씁니다. 그리고 역시 make 대신 be동사를 써도 되지요. '곱하기, 곱셈'은 영어로 multiplication이라고 합니다.

SPEAKING PRACTICE

1 **6 × 7 = 42.**
Six times seven makes forty-two.

6 곱하기 7은 42.

2 **3 × 9 = 27.**
Three times nine makes twenty-seven

3 곱하기 9는 27.

3 Five chapters times four days makes twenty chapters in all.

다섯 챕터를 4일로 곱하면 총 스무 챕터가 된다.

APPLY AND MORE

곱셈은 여러 상황에서 쓰이는데요, 위에서 배운 대로 읽어도 되고 동사 multiply를 써서 표현할 수도 있습니다. 그때는 뒤에 [by + 곱해 주는 숫자]를 써 주죠. 어릴 때 구구단(multiplication table)을 2단부터 9단까지 외우셨나요? 북미에서도 옛날 수학 시간에는 외웠다는데, 요즘 수학 시간에는 그렇게 하지 않는다고 해요. 창의 수학의 시대니까요.

1 If you multiply your monthly salary **by 12** (**by twelve**) months, that's your annual income.

한 달 월급을 12달로 곱하면 그게 당신의 일 년 연봉이다.

2 Do kids still have to memorize the multiplication table?

애들이 아직도 구구단 표를 외워야 하나요?

Dialogue

A How many students are there in our school?

B We have about **25** (**twenty-five**) students in one class. There are **2** (**two**) classes in each grade from **1** (**one**) to **6** (**six**). So, **6 × 2 = 12** (**six times two makes twelve**). And we need to multiply **25 by 12** (**twenty-five by twelve**). Can you do the multiplication without a calculator?

A: 우리 학교에 학생이 몇 명이 있죠?
B: 한 반에 약 25명이고, 1학년부터 6학년까지 각 학년당 두 학급씩 있어요. 그래서 6 곱하기 2는 12이고, 25를 12랑 곱하면 됩니다. 계산기 없이 곱하기 할 수 있어요?

UNIT 6 덧셈

MP3 014

5 + 10 = 15.

Five and ten
makes fifteen

5 더하기 10은 15.

더하기를 읽을 때는 + 자리에 and 혹은 plus를 쓰면 됩니다. 그래서 위의 수식은 five and ten이라고 해도 되고 five plus ten이라고 해도 되지요. 동사는 makes를 써도 되고 is를 써도 돼요. 아, equal (=)을 쓰기도 합니다. '더하기, 덧셈'은 '더하다' 라는 동사 add에서 나온 addition이에요.

SPEAKING PRACTICE

1 **16 + 4 = 20.**
Sixteen and four makes twenty

16 더하기 4는 20.

2 **1 + 2 + 5 = 8.**
One plus two plus five is eight

1 더하기 2 더하기 5는 8.

3 Five cats and ten birds makes fifteen pets.

고양이 다섯 마리랑 새 열 마리 하면 애완동물 열 다섯 마리이다.

APPLY AND MORE

'더하다' 라는 동사는 add예요. 'A와 B를 더하다'는 add A and B라고 표현하면 됩니다.

1 If you add all the casualties, it is almost
300.
three hundred

모든 사상자를 더하면, 거의 300명 가까이 된다.

2 You got this addition problem wrong.
6 + 7 = 13.
Six plus seven makes thirteen

Not **14.**
fourteen

너 이 덧셈 문제 틀렸어. 6 더하기 7은 13이야. 14가 아니라고.

Dialogue

A What are our monthly expenses?

B Well, mortgage payment plus property tax plus insurance plus utilities plus Internet and phone makes about
$1,500.
one thousand five hundred dollars

A: 우리 한 달 지출이 어떻게 되지?
B: 음, 주택 융자 더하기 부동산세 더하기 보험료 더하기 관리비 더하기 인터넷이랑 전화 하면 한 1,500달러 정도 돼.

UNIT 7

뺄셈

15 – 3 = 12.

Fifteen minus (=take away) three makes twelve

15 빼기 3은 12.

빼기를 말할 때는 순서대로 읽으면 되는데, 큰 숫자 읽고 - 자리에 minus를 얘기한 후 빼는 수를 말하는 게 가장 흔한 방법이에요. 혹은, minus 대신 take away를 쓰기도 합니다. 동사는 makes 대신 is나 equals를 써도 되지요. '뺄셈, 빼기'는 영어로 subtraction이에요.

SPEAKING PRACTICE

1 **22 – 3 = 19.**
Twenty-two minus three makes nineteen

22 빼기 3은 19.

2 **54 – 13 = 41.**
Fifty-four minus thirteen is forty-one

54 빼기 13은 41.

3 What is **3,982 – 156**?
three thousand nine hundred and eighty-two minus one hundred and fifty-six
Have you learned subtraction at school?

3,982 빼기 156이 뭐지? 학교에서 뺄셈 배웠니?

APPLY AND MORE

이 빼기는 '~로부터 빼내다'의 동사 subtract를 써서 표현할 수도 있어요. '~로부터 빼내는 것'이기 때문에 이때는 [subtract + 빼는 수 + from + 큰 수]의 형태를 씁니다.

MP3 015

1 If you subtract a big number from a small number, the answer is minus.

작은 수에서 큰 수를 빼면 답은 마이너스이다.

2 Can you subtract **10 from 52**?
ten from fifty-two

52에서 10을 뺄 수 있니?

Dialogue

A Tom and Jake said they're not coming.

B So **5-2 = 3.**
five minus two is three
I'll call the restaurant and change the reservation.

A: 톰이랑 제이크는 오지 않는다고 했어.
B: 그럼 다섯 빼기 둘 하니까 셋이네. 내가 식당에 전화해서 예약 바꿀게.

제곱 숫자

MP3 016

3^2

Three squared

혹은

The square of three

is the same as three times itself.

3의 제곱은 3×3과 같다.

숫자 위에 작은 크기의 ²나 ³이 붙은 것 보셨을 거예요. 제곱이라고 부르는 ²는 '정사각형'이라는 square에서 나온 수동형 형용사 squared를 써서 읽습니다. 앞에 있는 큰 숫자 먼저 읽고 squared라고 하면 돼요. 그럼 세제곱(³)은 뭐라고 할까요? '정육면체' 라고 하는 cube에서 나온 수동형 형용사 cubed를 써서 읽어 주지요. 역시 앞에 있는 큰 숫자 먼저 읽고 cubed라고 합니다. 제곱과 세제곱을 읽는 다른 방법으로 [the square of + 숫자], [the cube of + 숫자]도 있습니다.

SPEAKING PRACTICE

1 4^2
Four squared 혹은
The square of four
is **16**.
sixteen

4의 제곱은 16.

2 10^3
Ten cubed 혹은
The cube of ten
is **1,000**.
one thousand

10의 세제곱은 1,000.

3 2^2
Two squared 혹은
The square of two
is **4**.
four

2의 제곱은 4.

APPLY AND MORE

제곱이나 세제곱을 표현하는 다른 표현으로 to the power of two/ three가 있어요. 앞의 숫자 다음에 to the power of를 읽은 후 제곱이면 two를, 세제곱이면 three를 뒤에 넣어서 읽으면 됩니다. 그래서 4³이라면 four to the power of three 이렇게 말하는 거죠.

1 5^2
Five to the power of two
is **25**.
twenty-five

5의 제곱은 25.

2 6^3
Six to the power of three
is **216**.
two hundred (and) sixteen

6의 세제곱은 216.

Dialogue

A Are you sure the square root of
9
nine
is **3**?
three

B Yes. Because
3^2 is 9.
three squared is nine 혹은
the square of three is nine

A: 9의 제곱근이 3이라는 거 확실해?
B: 응, 3의 제곱은 9니까.

UNIT 9 비율

MP3 017

When you're building model cars, 2:4 = 3:6.

two is to four as three is to six

모형 차를 만들 때, 2대 4는 3대 6과 같다.

비율 2대 4를 키우면 3대 6이 됩니다. 결국은 같다는 말이죠. : 부분은 is to를 붙여서 읽어 주고 =에 해당하는 부분에 as를 넣어서 뒤의 부분을 읽는다고 생각하면 쉬워요. 그래서 Two is to four as three is to six.가 됩니다. as 대신에 what을 쓰는 사람도 아주 가끔 있어요.

SPEAKING PRACTICE

1 On the map, **1:100 = 2:200.**
one is to one hundred as two is to two hundred
지도에서 1대 100은 2대 200과 같다.

2 In the picture, **2:4 = 5:10.**
two is to four as five is to ten
그림에서 2대 4는 5대 10과 같다.

3 When you're designing a house, **4:8 = 8:16.**
four is to eight as eight is to sixteen
집을 디자인 할 때 4대 8은 8대 16과 같다.

APPLY AND MORE

고등학교 때 독해 시간에 A is to B as C is to D(A와 B의 관계는 C와 D의 관계와 같다) 이렇게 외웠던 거 기억하세요? 직역하자면 'C가 D에 하는 것처럼 A가 B에 한다'예요. 비율을 얘기할 때뿐만 아니라 관계를 논리적으로 비유하는 문장에서 많이 쓰입니다.

1 Wine is to France as beer is to Germany.
와인이 프랑스라면 맥주는 독일이다.

2 Reading is to the mind as exercise is to the body.
독서와 정신의 관계는 운동과 신체의 관계와 같다.

Dialogue

A How much sugar should I add?

B **2:4 = 3:6.**
Two is to four as three is to six
Based on that, you can calculate the right amount.

A: 설탕 얼마나 넣어야 해?
B: 2대 4는 3대 6하고 같잖아. 그걸 기반으로 네가 양을 계산할 수 있어.

UNIT 10 숫자와 %

MP3 018

I think she has a 60% sixty percent chance[probability] of winning the election.

내 생각에 그녀가 선거에서 이길 가능성은 60퍼센트야.

백분율을 나타내는 %는 percent라고 읽습니다. '몇 퍼센트의 가능성'이라고 할 때 [숫자 + percent + chance/probability]라고 표현해요. chance는 '가능성'의 뜻이고, probability는 '확률'의 뜻이지요. 그래서 a chance of V-ing는 '~할 가능성, 확률'의 뜻이 됩니다. 참고로 [a chance (that) S + V]처럼 chance 뒤에 문장이 올 수도 있어요.

SPEAKING PRACTICE

1 There's less than a **20% twenty percent** chance of ever getting your stolen bike back.

도난 당한 네 자전거를 찾을 가능성은 20퍼센트 이하다.

2 There's a **70% seventy percent** chance it will rain tomorrow.

내일 비가 올 확률이 70퍼센트이다.

3 I started keeping a record of my transactions, and I found out that food expenses take up **50% fifty percent** of my monthly salary.

나는 내 계좌 거래 내역을 기록하기 시작했고 식료품 지출이 내 한 달 월급의 50퍼센트를 차지한다는 것을 알게 되었다.

APPLY AND MORE

'~ 중에서 몇 퍼센트' 라는 말을 하고 싶으면 '~ 중에서'를 [of + 범위]로 표현해 뒤에 넣으면 돼요. 그리고 몇 프로냐고 묻고 싶으면 그때는 percentage를 써야 한다는 점도 기억하세요. 단순화 하면, 숫자가 앞에 나오면 percent, 나머지 경우는 percentage입니다.

1 Only the top **5% five percent** of applicants are accepted at the best medical schools.

지원자의 상위 5퍼센트만이 최상위권 의대에 입학한다.

2 What is the percentage of women on the staff?

스태프 중 여성이 몇 프로나 되나요?

Dialogue

A I want to ask Jane on a date, but I'm really nervous. What if she laughs and turns me down?

B Don't worry. I heard from her sister that she likes you, too. There's a **95% ninety-five percent** chance she'll say yes.

A: 나 제인에게 데이트 신청하고 싶은데 너무 긴장돼. 걔가 웃으면서 거절하면 어쩌지?
B: 걱정하지 마. 내가 걔 언니한테 들었는데 걔도 너 좋아한대. 걔가 승낙할 가능성이 95퍼센트야.

UNIT 11

소수점 숫자

MP3 019

The Dow Jones Index fell to a record low of **9852.8**.

nine eight five two point eight

다우 존스 지수가 사상 최저인 9852.8로 떨어졌다.

소수점을 읽어 볼까요? 소수점 앞의 숫자는 기존 방법대로 읽거나 따로 따로 읽습니다. 소수점은 point라고 한 뒤 그 뒤의 숫자는 반드시 하나 하나 읽어야 해요. 엑셀로 작업하다 보면 소수점 자릿수 조정하는 게 나오죠? 홈버튼에서 보일 텐데요. 이 소수점은 영어로 decimal points라고 합니다.

SPEAKING PRACTICE

1 The good news about the economy helped the stock market gain
83.85
eighty-three point eight five
points.

경제 관련 좋은 소식이 주식 시장이 83.85포인트 회복하는 데 일조했다.

2 She had grown a full
2.6 cm
two point six centimeters
in the last month alone.

그녀는 지난달에만 2.6센티미터가 자랐다.

3 The calculator read
987.446,
nine hundred and eighty-seven point four four six
so he rounded down to
987.
nine hundred eighty-seven

round down to: 우수리 끝수를 잘라버리다
round up: 반올림하다

계산기에 987.446이라고 나와서 그는 숫자를 987로 내렸다.

APPLY AND MORE

소수점 앞이 0이면 zero point 혹은 아예 생략하고 바로 point로 시작해도 됩니다.

1 When Jack was pulled over by the police, his blood alcohol level was
0.08.
(zero) point zero eight

잭이 경찰한테 차를 한쪽에 세우라는 말을 들었을 때, 그의 혈중 알코올 농도는 0.08이었다.

2 Usain Bolt won the race by
0.3
(zero) point three
seconds.

우사인 볼트는 0.3초 차이로 경주에서 승리했다.

Dialogue

A Are you sure these are the right measurements?

B Check the tape measure for yourself. From here to the window is
146.5 cm.
one hundred and forty-six point five centimeters
And then it's another
230.3 cm
two hundred and thirty point three centimeters
to the door.

A: 이거 측정 맞는 거 확실해?
B: 네가 줄자 확인해 봐. 여기부터 창문까지 146.5센티미터야. 그리고 (여기서) 문까지 또 230.3센티미터라고.

UNIT 12 하이픈 연결 숫자

MP3 020

The world's oceans are expected to rise
2-3 degrees
two or three degrees
혹은
two to three degrees
over the next decades.

세계 해수 온도는 다음 수십 년 동안 2-3도 오를 것으로 예상된다.

숫자 두 개를 이용해서 범위를 나타낼 때 -(하이픈) 자리는 or나 to로 읽을 수 있습니다. 굳이 비교하자면 2 or 3라고 하면 '2 아니면 3'이고, 'A부터 B까지' 라는 표현 from A to B에서 나온 to를 쓰면 '2에서 3'이에요. 범위가 좁으면 의미 차이가 없지만 범위가 넓으면 뜻이 완전히 달라지므로 그것만 조심하세요.

SPEAKING PRACTICE

1 Tomorrow will be **3-4°**
three or four degrees
colder than today.
내일은 오늘보다 3-4도 더 추울 것이다.

2 Keep your saltwater fish tank
24-25 °C.
twenty-four or twenty-five degrees Celsius
소금물 어항의 물 온도를 섭씨 24도나 25도로 유지하세요.

3 He said he would be only **10-15**
ten to fifteen
minutes late for the party.
그는 파티에 10분에서 15분 정도 늦을 것이라고 말했다.

APPLY AND MORE

온도나 시간 말고도 이렇게 어림잡아 숫자를 말하는 경우가 많이 있어요. 예문으로 확인하세요.

1 I think my grade will drop
2-3 places
two to three places
in the final exam.
나 기말 고사에서 등수가 2-3등 떨어질 것 같다.

2 I filed my taxes and the return this year is **10-15%**
ten to fifteen percent
higher than last year.
나는 세금 신고를 했고, 금년 환급액이 작년보다 10-15퍼센트 더 많다.

Dialogue

A I'm thinking of trying this new restaurant. But everyone says it's expensive.

B That place is not bad. The total bill, including the tip, will be **65-75 bucks**.
sixty-five to seventy-five bucks

buck: 원래 '수사슴'의 의미인데요, 구어체에서 '달러'의 뜻으로 많이 쓰입니다.

A: 나 이 새로 생긴 식당에 가 볼까 생각 중인데, 사람들이 다 거기 비싸다고 하더라.
B: 거기 나쁘지 않아. 총액이 팁까지 해도 65-75달러 정도일 거야.

UNIT 13

연도 날짜

MP3 021

The expiration date is 3/10/2030.

March (the) tenth, twenty thirty

만료 날짜는 2030년 3월 10일이다.

미국에서는 연월일의 날짜를 말할 때 [월/일(날짜)/연도] 순이에요. 날짜는 서수로 읽고 연도는 두 자리씩 끊어서 읽지요. 하지만 2000년부터 2009년까지는 꼭 two thousand 이렇게 숫자 그대로 읽습니다. 날짜로 쓰인 서수 앞의 the는 요즘은 많이 안 쓰는 편이에요.

SPEAKING PRACTICE

1 Salt never goes bad. I bought some a few years ago and the expiration date is still not until **10/20/2025.**
October twentieth, twenty twenty-five

소금은 안 상한다. 내가 이것을 수 년 전에 샀는데 유효기간이 2025년 10월 20일까지이다.

2 You should start your letter with today's date, which is **5/7/2023.**
May seventh, twenty twenty-three

편지를 오늘 날짜인 2023년 5월 7일로 시작해야 한다.

3 The application deadline is on **6/20/2020.**
June twentieth, twenty twenty

원서 응모 마감기한은 2020년 6월 20일이다.

APPLY AND MORE

영국, 캐나다, 호주 등 영연방 국가에서는 [날짜 + of + 월 + 연도] 순으로 말해요. 이때 날짜 서수 뒤에 of를 빼도 돼요. 영국식으로 쓰여 있어도 읽을 땐 미국식으로 월부터 읽는 사람도 있답니다.

1 This cottage has recently renewed its ten year lease with the government, which means you don't have to worry about it until **14-Dec-2030.**
(the) fourteenth (of) December, twenty thirty 혹은 **December fourteenth, twenty thirty**

이 시골 집이 최근 정부와 10년 장기 임대 계약을 갱신해서 2030년 12월 14일까지는 걱정 안 해도 된다.

2 (In Canada and England) His Royal Highness Prince Harry will resign from his royal duties on **05-03-2020.**
(the) fifth (of) March, twenty twenty 혹은 **March fifth, twenty twenty**

영국의 해리 왕자가 2020년 3월 5일에 왕실 임무에서 사임할 것이다.

Dialogue

A That bottle of honey is too big. We'll never finish it before it goes bad.

B Don't worry. Honey basically lasts forever. Look. The expiration date is **2/15/2028.**
February fifteenth, twenty twenty-eight

A: 저 꿀병이 너무 큰데. 우리 그거 상하기 전까지 절대 다 못 먹을 거야.
B: 걱정하지 마. 기본적으로 꿀은 아주 오래 가니까. 봐, 유효기간도 2028년 2월 15일까지야.

UNIT 14

분 읽기

MP3 022

You'll be able to get there in 20 min.

twenty minutes

너 거기 20분 후에 도착할 수 있을 거야.

이번에는 줄임말을 알아볼까요? 의외로 이 줄임말을 모르는 분들이 많더라고요. 원어민들은 '시간'인 hour는 hr로, '분'인 minute는 min으로, '초'인 second는 sec으로 줄여 씁니다. 복수형이라고 뒤에 s를 붙이지 않아요. 그렇지만 읽을 때는 hours, minutes, seconds로 읽어야 합니다. 물론 한 시간, 일 분, 일 초 같은 단수라면 뒤에 -s를 안 붙이는 것, 기억하세요.

SPEAKING PRACTICE

1 If you want to catch the next bus, you'll need to be at the stop in **10 min.**
ten minutes

다음 버스를 타고 싶으면 네가 정류장에 10분 후에는 도착해야 한다.

2 They said it usually takes about **2 hr** to process the application.
two hours

그 사람들이 그러는데 지원서 처리하는 데 보통 2시간이 걸린다고 했어.

3 I don't know where he is; I've been calling for the last **45 min.**
forty-five minutes

그가 어디 있는지 저 몰라요. 45분간 계속 전화했지만요.

APPLY AND MORE

'1초'인 a second는 회화체에서 '잠깐만요' 혹은 '금방'이라는 의미로도 쓰입니다. 이때도 줄임말인 sec을 써서 a sec으로 쓸 수 있어요.

1 I will be back in **a sec**.

금방 돌아올게요.

2 Can you hold your breath underwater for more than **50 sec**?
fifty seconds

물속에서 50초 이상 숨을 참을 수 있나요?

Dialogue

A Can you give me a hand this weekend? I need to change the filter in my furnace.

B No problem. It's easy to do and shouldn't take more than **10 min.**
ten minutes

A: 이번 주말에 저 좀 도와줄 수 있어요? 난방기 필터를 갈아야 해서요.
B: 그러죠. 그거 쉬워요. 10분 넘게는 안 걸릴 거예요.

UNIT 15 스코어 점수

MP3 023

The score was
3:2.
three to two

점수는 3대 2였다.

스포츠 경기에서 점수를 얘기할 때는 이긴 팀 점수, 즉 큰 숫자를 먼저 읽고 : 자리는 to라고 읽은 후 진 팀의 점수, 즉 작은 숫자를 읽어요. 참고로 to는 생략하기도 합니다.

SPEAKING PRACTICE

1 The final score was **7:4**, (**seven to four**) and he lost a lot of money on bad bets.
최종 점수는 7대 4였고 그는 이길 가능성이 낮은 내기에 돈을 걸어서 많은 돈을 잃었다.

2 After scoring a buzzer-beating basket, the final score was **65:63**. (**sixty-five to sixty-three**)
마지막 벨이 울리기 직전에 골대에 골을 넣은 후, 최종 점수는 65대 63이었다.

3 Goals are rare in soccer, and the average score is **2:1**. (**two to one**)
축구에서는 골이 드물어서, 평균 스코어가 2대 1이다.

APPLY AND MORE

3대 0처럼 0은 zero라고도 하고 nothing이라고도 말해요. 그리고 동점이라면 그 점수가 무엇이든 간에 a tie (game)이라고 하며, [tied at + 점수] 이렇게 표현합니다.

1 By the end of the first inning, the score was **5:0**. (**five to zero** 혹은 **five to nothing**)
첫 번째 이닝이 끝날 즈음, 점수는 5대 0이었다.

2 When the game end **tied at zero**, they had to start sudden death overtime.

sudden death overtime: 동점일 경우 먼저 득점한 팀이 이기는 승부제 연장전을 말합니다.

게임이 0대 0 동점으로 끝나자, 그들은 단판 결승 오버타임을 시작해야 했다.

Dialogue

A Do you know the final score for the basketball game?
B I heard it was **56:45** (**fifty-six to forty-five**) for the Lakers.

A: 그 농구 게임 최종 점수 아니?
B: 56대 45 레이커스 승이라고 들었어.

UNIT 16

24/7 읽기

MP3 024

These days I work 24/7.

twenty-four seven

요즘 나는 하루 24시간 일주일 내내 일한다.

24 hours long, seven days a week(24시간 내내, 일주일에 7일 내내)라는 말을 줄여서 24/7이라고 해요. 순서 그대로 twenty-four seven이라고 읽으면 됩니다. 가운데 /(슬래시)는 읽지 않지요. 사실, 사람이 24시간 일주일 내내 일할 수는 없잖아요. 그래서 24/7은 '항상, 늘'이라는 뜻도 나타냅니다.

SPEAKING PRACTICE

1 There used to only be the six-o'clock news, but now with cable TV, you can follow current events **24/7**. **twenty-four seven**

옛날엔 6시 뉴스만 있었는데, 지금은 케이블 TV로 최신 뉴스를 24시간 내내 알 수 있다.

2 For the first three days after I quit smoking, I craved a cigarette **24/7**. **twenty-four seven**

내가 담배를 끊고 난 후 첫 3일 동안은, 24시간 내내 담배가 정말 피우고 싶었다.

3 It feels like they're playing Taylor's new song on the radio **24/7**. **twenty-four seven**

라디오에서 테일러의 신곡을 24시간 내내 틀어주는 것 같다.

APPLY AND MORE

이렇게 숫자와 슬래시를 이용한 또 다른 단어로 편의점인 7/11 [seven eleven]과 미국의 트윈타워가 테러 당한 날짜인 9/11 [nine eleven]이 있어요. September 11th [September eleventh]보다 이렇게 더 많이 말해요.

1 Let's go to **7/11** **seven eleven** and get my favorite Slurpees. It's too hot.

세븐 일레븐 가서 나 좋아하는 슬러피 사 먹자. 너무 더워.

2 **9/11** **Nine eleven** was the day America started its now long-standing War on Terror.

9월 11일은 미국이 오랫동안 해 온 테러와의 전쟁이 시작된 날이었다.

Dialogue

A Have you been studying for the exam next week?

B Sure. I've been in the library **24/7** **twenty-four seven** for the last three days.

A: 다음 주에 있을 시험 대비해 공부하고 있니?
B: 당연하지. 지난 3일간 도서관에 24시간 내내 계속 있었어.

CHAPTER 2

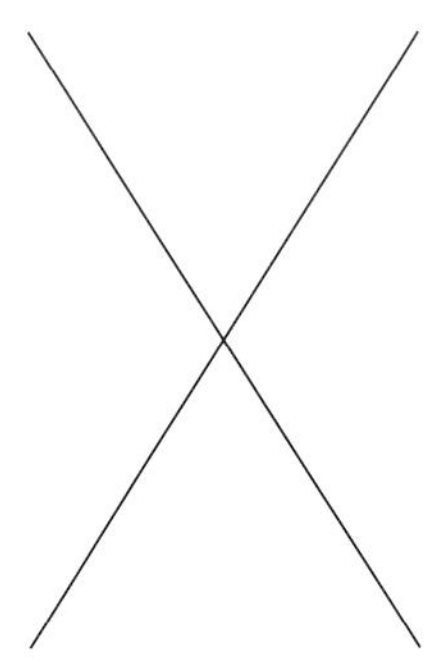

숫자와 단위를 결합해 읽는다!

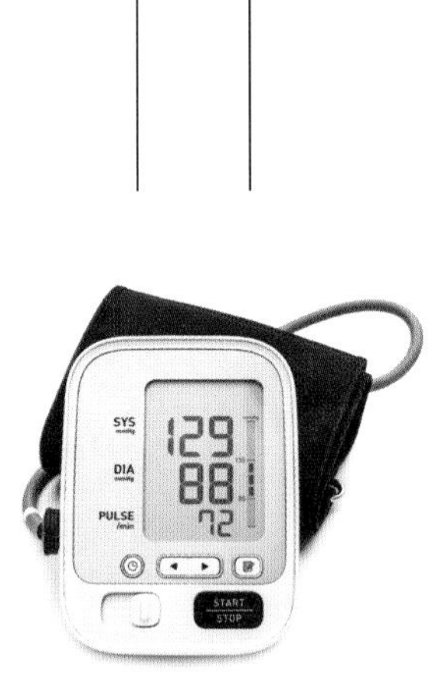

UNIT 1 평방미터

UNIT 2 지진 강도

UNIT 3 인치와 해상도

UNIT 4 위도와 경도

UNIT 5 온도(섭씨, 화씨)

UNIT 6 혈압

UNIT 7 심박수

UNIT 8 비율, 퍼센트

UNIT 9 축척

UNIT 10 길이/높이/깊이/너비

UNIT 11 수식어인 길이/깊이/너비/높이

UNIT 12 키

UNIT 13 거리

UNIT 14 넓이

UNIT 15 용량

UNIT 16 각도

UNIT 17 속도 1

UNIT 18 속도 2

UNIT 19 무게 1

UNIT 20 무게 2

UNIT 21 무게 3

UNIT 22 부피

UNIT 23 배기량

평방미터

MP3 025

The house is 1,000 m².

a thousand square meters

그 집은 1,000평방미터이다.

집이나 건물의 넓이를 얘기할 때 평방미터(m^2 = square meter)를 씁니다. 제곱인 square는 앞에서 한 번 나와서 잘 아실 거예요. 그래도 다시 한 번 확인하세요.

SPEAKING PRACTICE

1 The house is listed at **150 m²**, **one hundred and fifty square meters** but if you include the finished basement, there's an extra **150 m²**. **one hundred and fifty square meters**

그 집은 150평방미터로 매물이 올라와 있지만, 마감된 지하를 포함하면 150평방미터가 또 있는 것이다.

2 The new mall downtown boasts over **10,000 m²** **ten thousand square meters** of retail space.

시내에 생긴 새 쇼핑몰은 만 평방미터 이상의 쇼핑 공간을 자랑한다.

3 Depending on the quality, **200 m²** **two hundred square meters** of hardwood flooring can easily cost a small fortune.

품질에 따라 200평방미터의 강화 원목 마루는 금방 꽤 큰돈이 들 수 있다.

APPLY AND MORE

우리나라는 평방미터를 쓰지만 미국과 캐나다는 평방피트(square feet)를 써요. ft^2라고 쓰는데, 100 m^2가 30평이고 1,076 ft^2예요.

1 The house is only **1,200 ft²** **one thousand two hundred square feet** but seems very big thanks to its open concept layout.

그 집은, 1,200평방피트밖에 안 되지만 오픈 콘셉트 레이아웃 덕분에 아주 커 보인다.

2 What you get with your money in this neighborhood is less than a **2,000 ft²** **two thousand square foot** house.

숫자와 함께 쓰여 뒤의 명사 house를 꾸며 주기에 단수형 foot로 읽어요.

이 동네에서 당신이 가진 돈으로 살 수 있는 것은 2,000평방피트 이하의 집이다.

Dialogue

A So you're looking for a house for you and your three kids?

B Yes, so we'll need at least **300 m²** **three hundred square meters** and four bedrooms and two bathrooms.

A: 그래서 고객님과 세 아이가 살 집을 찾고 계시다고요?
B: 네, 적어도 300평방미터에 방 네 개와 화장실 두 개가 필요해요.

UNIT 2 지진 강도

MP3 026

The earthquake was a
3.5
three point five
on the Richter scale.

그 지진은 리히터 규모 3.5였다.

지진의 규모(magnitude)를 얘기할 때 리히터(Richter)를 쓰고, [릭터]로 발음합니다. '리히터 규모로'는 on the Richter scale이라고 하고, '리히터 규모로 얼마'는 [a + 숫자 + on the Richter scale] 이렇게 갑니다. 가끔 동사 measure나 register와 같이 쓰기도 해요. [measure/register + 숫자 + on the Richter scale]처럼 말이죠.

SPEAKING PRACTICE

1 The seismic activity was **a 4.4**
a four point four
on the Richter scale.

지진 활동은 리히터 규모 4.4였다.

2 Last night's earthquake was only
a 2.4
a two point four
on the Richter scale, so most people just slept right through it.

어젯밤 지진은 리히터 규모 2.4밖에 안 되어서 대부분의 사람들이 잠에서 깨지 않고 죽 잤다.

3 There was an aftershock that measured **3.1**
three point one
on the Richter scale.

리히터 규모 3.1로 측정된 여진이 있었다.

APPLY AND MORE

'리히터 규모' 이렇게 부르는 것처럼 magnitude는 '규모'의 뜻이에요. 그래서 [a magnitude 혹은 an earthquake of + 숫자 + on the Richter scale]이라고도 많이 표현합니다.

1 A magnitude of **2.5**
two point five
on the Richter scale is a very small earthquake that will go mostly unnoticed.

리히터 규모 2.5의 지진은 매우 작은 지진이라 대부분 눈치채지 못하고 지나간다.

2 An earthquake of **8.0**
eight (point zero)
or higher on the Richter scale can destroy every manmade structure near the epicenter.

리히터 규모 8 혹은 그 이상의 지진은 진앙지 근처 내 사람이 만든 모든 건축물들을 파괴할 수 있다.

Dialogue

A Wow. Your designs for the new office building are really impressive. They look great.

B Not only that, but I'm confident this building could withstand an earthquake of
4
four
on the Richter scale.

A: 와, 새 사무실용 건물 디자인이 매우 인상적인데요. 아주 근사해 보여요.
B: 그것뿐만 아니라 저는 또한 이 건물이 리히터 규모 4의 지진도 견딜 수 있을 거라고 자신합니다.

UNIT 3 인치와 해상도

MP3 027

The television is 49″
forty-nine inches
across and has a resolution of 3840×2160.
three thousand eight hundred and forty by two thousand one hundred and sixty

그 TV는 49인치이고 3840에 2160의 해상도이다.

TV나 스크린 크기를 말할 때 인치(inch)를 쓰는데, 글에서는 ″로 표현해요. 2 이상이면 inches라고 읽으세요. 스크린 디스플레이의 중요한 요소로 해상도(resolution)가 있는데 그건 숫자 그대로 읽고 x 자리를 by로 읽으면 됩니다.

SPEAKING PRACTICE

1 Over time, the definition of "large screen" has evolved, and currently a TV that is **50″** **fifty inches** across is considered small for even a modest home theatre.

시간이 지나 '큰 스크린'의 정의가 진화했고, 현재는 50인치 TV인데도 보통 홈시어터에는 작다고 여긴다.

2 Due to advances in display technology, today a television has a resolution of **7680×4320**. **seven thousand six hundred and eighty by four thousand three hundred and twenty**

디스플레이 기술의 발전으로 오늘날 TV는 7680에 4320의 해상도이다.

3 When NASA first sent people to the moon, their displays were all **12″** **twelve inches** across and had a resolution of **120×60**. **one hundred twenty by sixty**

나사가 처음 인간을 달로 보냈을 때, 그들이 쓴 디스플레이는 12인치 스크린에 120에 60의 해상도였다.

APPLY AND MORE

해상도 외에 숫자와 x로 표현하는 것에 사진이나 앨범 사이즈가 있습니다. 실은 일상 생활에서는 이걸 더 많이 쓸 거예요. 숫자 사이에 by만 넣으면 됩니다.

1 We ordered the photo books in **10×8** **ten by eight**.

우리는 포토북을 10x8 사이즈로 주문했다.

2 Please submit two **3×4** **three by four** passport photos.

3x4 사이즈 여권 사진 두 장을 제출하세요.

Dialogue

A Did you buy another TV, Dave? This one looks new.

B I sure did. There was a big Black Friday sale. This beauty is **80″** **eighty inches** across and has a resolution of about **7000×4000**. **seven thousand by four thousand**

A: 데이브, 너 TV 한 대 또 샀니? 이거 새 것 같은데.
B: 응, 맞아. 블랙 프라이데이 세일 있었잖아. 이 예쁜이는 80인치에 해상도가 약 7000에 4000이야.

UNIT 4 위도와 경도

MP3 028

New York is located at latitude 40° 71′ N
forty degrees seventy-one minutes north
and longitude 74° W.
seventy-four degrees west

뉴욕은 북위 40도 71분, 서경 74도에 위치해 있다.

적도를 기준으로 얼마나 위아래에 있나를 알려주는 위도(latitude)와 영국 그리니치에 있는 본초자오선에서 동쪽 혹은 서쪽으로 어디에 위치해 있나를 알려주는 경도(longitude)는 날씨나 시간, 혹은 GPS를 쓸 때 나올 수 있는 주제예요. 일단, 몇 도 몇 분에서 도인 °는 degree로, 분인 ′는 minute로 읽습니다. 그리고 동, 서, 남, 북에서 N은 북쪽(North), S는 남쪽(South), E는 동쪽(East), W는 서쪽(West)의 약자예요.

SPEAKING PRACTICE

1 His high-tech handheld navigation unit said he was at exactly latitude **37° 5′ N** **thirty-seven degrees five minutes north** and longitude **127° E.** **one hundred and twenty-seven degrees east**

그의 하이테크 휴대용 내비게이션이 그가 정확히 북위 37도 5분, 동경 127도에 있다고 했다.

2 Because Winnipeg is higher than **45° N** **forty-five degrees north** latitude, winters are long and cold while summers are short and dry.

위니펙은 북위 45도보다 높기 때문에, 겨울이 길고 추우며 반면에 여름은 짧고 건조하다.

3 To have mild weather like LA, a city has to be at latitude **34° N.** **thirty-four degrees north**

LA처럼 온화한 날씨를 가지려면, 도시가 북위 34도에 있어야 한다.

APPLY AND MORE

경도는 타임존과 관련이 있어서 시차를 얘기할 때 쓸 수 있습니다.

1 In theory, each time zone contains **15°.** **fifteen degrees**

이론적으로, 한 타임존은 15도로 되어 있다.

2 Speaking of time, Korea is **14** **fourteen** hours ahead of Canada because it's located east of the Prime Meridian.

시간에 대해서 말하자면, 한국은 본초자오선 동쪽에 위치하기 때문에 캐나다보다 14시간 빠르다.

Dialogue

A Are you sure we're not lost? I feel like we're lost. Do you know where we are?

B Of course. According to the GPS, we're at exactly latitude **32° 15′ N** **thirty-two degrees fifteen minutes north** and longitude **16° E.** **sixteen degrees east**

A: 우리 길 안 잃은 것 확실해? 길 잃은 것 같은데. 우리 어디 있는지 알아?
B: 그럼. GPS 보니까 우리는 정확히 북위 32도 15분, 동경 16도에 있어.

UNIT 5 온도(섭씨, 화씨)

MP3 029

The temperature in this room is 25 °C,
twenty-five degrees Celsius
which is 77 °F.
seventy-seven degrees Fahrenheit

이 방의 온도는 섭씨 25도, 즉 화씨 77도이다.

'섭씨'는 Celsius로 대문자 C로 표현하고, 미국에서 쓰는 '화씨'인 Fahrenheit는 대문자 F로 써요. [숫자 + degrees + Celsius 혹은 Fahrenheit] 이렇게 읽는데요, Fahrenheit는 발음이 [페런하잇]입니다.

SPEAKING PRACTICE

1 He wasn't sure how to set the thermostat, so his house was always a bit warm at **24 °C,**
twenty-four degrees Celsius
which is **75 °F.**
seventy-five degrees Fahrenheit

그가 온도조절장치 맞추는 법을 잘 몰라서 그의 집은 항상 약간 따뜻한 섭씨 24도, 즉 화씨 75도였다.

2 It was a perfect summer's day,
22 °C,
twenty-two degrees Celsius
which is **71 °F,**
seventy-one degrees Fahrenheit
and there was a nice light breeze.

섭씨 22도, 즉 화씨 71도의 완벽한 여름날이었고 기분 좋은 가벼운 바람도 불었다.

3 Even though it was **32 °C,**
thirty-two degrees Celsius
which is **90 °F,**
ninety degrees Fahrenheit
it was a dry heat.

섭씨 32도, 즉 화씨 90도였지만, 건조한 더위였다.

APPLY AND MORE

'영하 몇 도'는 앞에 -(minus)를 넣어 읽기도 합니다.

1 Winnipeg, which is called Winterpeg, can get down to as low as
-35 °C,
minus thirty-five degrees Celsius
which is **-31 °F.**
minus thirty-one degrees Fahrenheit

위니펙은 윈터펙이라고도 불리는데, 섭씨 영하 35도, 즉 화씨 영하 31도까지 온도가 내려갈 수 있다.

2 The teacher had a hard time explaining how to convert Celsius to Fahrenheit.

화씨를 섭씨로 변환하는 공식은 (화씨−32)x $\frac{5}{9}$입니다.

선생님은 섭씨를 화씨로 변환하는 법을 설명하느라 고생하셨다.

Dialogue

A OK. It says we need to preheat the oven to
200 °C,
two hundred degrees Celsius
which is about **400 °F.**
four hundred degrees Fahrenheit

B Alright. Looks like it'll take some time for the oven to warm up. Let's start making the salad.

A: 자, 우리가 오븐을 섭씨 200도, 즉 화씨 약 400도로 예열해야 한다고 쓰여 있어.
B: 좋아. 오븐이 예열될 때까지 시간이 좀 걸릴 것 같네. 샐러드부터 만들기 시작하자.

UNIT 6

혈압

MP3 030

My blood pressure is 120/90.

one twenty over ninety

혹은

one hundred and twenty over ninety

내 혈압은 120에 90이다.

병원에 검사하러 가면 제일 먼저 하는 게 혈압(blood pressure) 측정입니다. 기계에 주로 높은 숫자가 먼저 나오고, 다음에 낮은 숫자가 나오는데, 영어로 읽을 때도 역시 순서대로 [높은 숫자 + over + 낮은 숫자] 순으로 읽으면 됩니다. 즉, /는 over로 읽습니다.

SPEAKING PRACTICE

1 If your blood pressure is more than **140/90,**
one forty over ninety 혹은
one hundred and forty over ninety
you are considered to have high blood pressure.

만약 혈압이 140에 90이 넘으면, 고혈압이 있다고 본다.

2 Thanks to my excellent genes, even though I eat a ton of junk food and never exercise, my blood pressure is **110/70.**
one ten over seventy 혹은
one hundred and ten over seventy

내 탁월한 유전자 덕분에, 정크푸드 많이 먹고 운동 하나도 안 해도, 내 혈압은 110에 70이다.

3 The nurse smiled when she saw that the man's blood pressure had returned to **120/90.**
one twenty over ninety 혹은
one hundred and twenty over ninety

간호사는 그 남자의 혈압이 120에 90으로 돌아오는 걸 보고 미소를 지었다.

APPLY AND MORE

혈압을 말할 때 제일 높은 혈압이나 반대로 제일 낮은 혈압 수치만 예기할 수도 있어요. 그리고 사람들 대부분이 혈압의 단위까지 말하지는 않지만, 혈압의 단위는 mmHg로 '수은주 밀리미터'고, 밀리미터 에이치 지(millimeter H g)라고 읽습니다.

1 During her pregnancy, Kelly's highest blood pressure was all the way up to **200.**
two hundred

임신 기간 동안 켈리는 제일 높은 혈압이 200까지 올라갔다.

2 The unit for blood pressure is **mmHg.**
millimeter H g

혈압 측정 단위는 밀리미터 에이치 지이다.

Dialogue

A I loved that fight scene at the hospital. It was the best part of the movie.

B Totally. And when the doctor explained how the hero's blood pressure never went above **120/90,**
one twenty over ninety 혹은 **one hundred and twenty over ninety**
even during the fight, you knew he never lost his cool.

A: 병원에서의 그 싸움 장면 진짜 좋던데. 그 영화의 최고 장면이었어.
B: 정말로. 그리고 의사가 그 싸움할 때도 주인공의 혈압이 어떻게 120에 90을 넘기지 않았는지 설명하는데, 주인공이 절대 이성을 잃지 않았다는 것을 알게 되지.

UNIT 7

심박수

MP3 031

My resting heart rate is usually 70-75.

seventy to seventy-five

내 안정 시 심박수는 보통 70–75이다.

1분 안에 심장이 몇 회 뛰는지 말해 주는 게 심박수로 heart rate이라고 하죠. 여기에 resting을 붙이면 안정 시, 즉 가만히 있을 때의 심박수를 얘기합니다. 그냥 숫자만 읽으면 되는데 범위를 얘기해 줄 때는 중간에 to를 넣어 읽어 주세요.

SPEAKING PRACTICE

1 I was worried because the resting heart rate was **74-77**, **seventy-four to seventy-seven** but my doctor said that's normal for someone my age.

나는 안정 시 심박수가 74–77이라 걱정했는데, 의사가 내 나이 대 사람에게는 그게 정상이라고 말했다.

2 He's in such good shape that even after a long run his resting heart rate quickly falls back to **65-70**. **sixty-five to seventy**

그는 아주 건강해서 오래 뛰고 난 후에도 그의 안정 시 심박수가 재빨리 65–70으로 떨어진다.

3 Lance Armstrong was famous for having a resting heart rate of **40-45**. **forty to forty-five**

랜스 암스트롱은 안정 시 심박수가 40–45인 것으로 유명했다.

APPLY AND MORE

심박수(heart rate)를 손으로 잴 수 있어요. 기본은 60초를 재는 것이지만, 15초만 재고 뒤에 4를 곱하는 식으로 하면 심박수가 나온다는 식으로도 얘기할 수 있습니다. 예문으로 확인하세요.

1 If you measure your pulse for **15** **fifteen** seconds, your pulse **x 4** **by four** is your resting heart rate.

15초 동안 맥박을 잰다면 맥박 수 곱하기 4가 당신의 안정 시 심박수이다.

2 Your target heart rate for your age is **80%** **eighty percent** of the maximum heart rate, which is **144**. **one forty-four** 혹은 **one hundred and forty-four**

당신 나이에 맞는 목표 심박수는 최대 심박수의 80%, 즉 144이다.

Dialogue

A You've got to check out this new meditation app. It makes me feel so calm.

B I use the same one, and I love it. I can get my resting heart rate to **50–55**. **fifty to fifty-five**

A: 이 새 명상 앱 좀 봐. 이걸 쓰면 내가 굉장히 차분해져.
B: 나도 똑같은 거 쓰는데 나 그거 완전 좋아. 내 안정 시 심박수를 50–55까지 되게 해준다고.

UNIT 8

비율, 퍼센트

MP3 032

The money will be shared in the ratio of 60%
sixty percent
for me and 40%
forty percent
for you.

그 돈은 나에게 60%, 너에게 40% 비율로 나눠질 것이다.

돈이나 물건, 임무 등을 나눌 때 비율(ratio) 단어를 쓸 수 있습니다. '~의 비율로' 라고 해서 in, at, by, with 같은 전치사와 올 수 있고, in the ratio of 다음에 숫자, 혹은 [숫자-퍼센트]를 넣어 표현합니다.

SPEAKING PRACTICE

1 Let's share custody of the kids with the ratio of **60%** **sixty percent** for me and **40%** **forty percent** for you.

아이들 양육권을 내가 60퍼센트, 당신 40퍼센트의 비율로 나눕시다.

2 When I heard their revenue is shared according to the ratio of **80%** **eighty percent** for the cable company and **20%** **twenty percent** for the winner, I thought it was absolutely unfair.

그들의 수입이 케이블 방송사 80퍼센트, 우승자 20퍼센트 비율에 따라 나눠진다는 얘기를 들었을 때, 나는 그것이 완전 불공정하다고 생각했다.

3 The kids split the bag of marbles by the ratio of **50%** **fifty percent** for Tom, **30%** **thirty percent** for Mike, and **20%** **twenty percent** for Linda.

아이들은 구슬이 든 가방을 톰 50퍼센트, 마이크 30퍼센트, 린다 20퍼센트의 비율로 나누었다.

APPLY AND MORE

어떤 비율로 나눈다는 얘기를 할 때 퍼센트나 ratio 없이 /를 이용해 표현할 수도 있습니다. 이때 /는 읽지 않고 그냥 [숫자 + 잠깐 쉬고 + 숫자] 이렇게 읽어 줍니다.

1 Let's split the money **60/40** **sixty forty**.

그 돈을 60, 40으로 나눕시다.

2 What do you say to **30** **thirty** for you and **70** **seventy** for me? You still get **30**. **thirty** It's win-win game.

당신이 30, 내가 70 (가져가는 거) 어때요? 당신은 여전히 30이나 얻으니 윈윈 게임인데.

Dialogue

A Let's split the bill half and half. I think our meals cost about the same.

B Yeah, but you also had dessert. Let's split it in the ratio of **60%** **sixty percent** for you and **40%** **forty percent** for me.

A: 계산서 반반으로 나누자. 우리 식사가 얼추 같은 비용인 것 같은데.
B: 그래. 하지만 넌 디저트를 먹었으니까 너 60퍼센트, 나 40퍼센트 비율로 나누자.

UNIT 9 축척

MP3 033

This is a 1:1,000,000 one-to-a-million map.

이것은 백만 분의 일 축척 지도예요.

이번에는 비례, 축척을 얘기하는 scale을 읽는 법이에요. 우리말로는 '몇 분의 1' 축척이라고 얘기하는데 영어로는 쓰여 있는 그대로 one 다음에 오는 :를 to로 읽고 뒤에 오는 숫자를 읽습니다. 제목 문장에 하이픈(-)이 있는 것은 a map을 꾸며 주는 형용사로 쓰였기 때문입니다. spoken English가 아니라 written English에서 중요하니 꼭 알아 두세요.

SPEAKING PRACTICE

1 This is a **1:1,000,000** (**one-to-a million**) model of the moon.
이것은 달의 백만 분의 일 축척 모형이다.

2 If it's a **1:50,000** (**one-to-fifty thousand**) map, it means **1 cm** (**one centimeter**) on the map is actually **50,000 cm**, (**fifty thousand centimeters**) which is **500 m** (**five hundred meters**) in real life.
5만분의 1 축척 지도라면, 지도에서 1센티미터가 실제로는 5만 센티미터, 즉 실제로는 500미터 거리라는 의미이다.

3 He built Amelia a doll house that was a perfect **1:50** (**one-to-fifty**) model of her real house.
그는 아멜리아에게 그녀가 사는 진짜 집의 50분의 1 모형으로 된 인형 집을 만들어 주었다.

APPLY AND MORE

비례나 축척을 얘기할 때 단어 scale을 써서 얘기할 수도 있어요. [in + 몇 분의 1 + scale]처럼 말이죠. 문장에 따라 in은 빠지기도 합니다. 우리는 '몇 분의 1' 이렇게 표현하지만 영어는 쓰여 있는 대로 to만 넣어서 읽으면 됩니다.

1 The model car is **1:30** (**one-to-thirty**) scale.
이 모형 자동차는 30분의 1 비율이다.

2 The customer asked us to make a model house in **1:100** (**one to one hundred**) scale.
그 고객은 우리에게 100분의 1 비율로 모형 집을 만들어 달라고 요청했다.

Dialogue

A What are you working on, Mike? Looks like a toy car.

B Toy? Not even close. This is an exact **1:50** (**one to fifty**) scale replica of the Batmobile.

not even close는 근처에 가지도 못 한, 즉 '어림도 없는 소리' 라는 뜻이에요.

A: 마이크, 너 지금 뭐 해? 그거 장난감 차 같은데.
B: 장난감이라고? 절대 아냐. 이건 정확히 50분의 1 축척으로 만든 배트모빌 모형이라고.

UNIT 10

길이/높이/깊이/너비

MP3 034

The bridge is 30 m long.

thirty meters long

그 다리는 길이가 30미터이다.

길이나 너비, 높이 등을 나타낼 때 영어로는 [숫자 + 단위 + 길이, 너비, 높이 등의 형용사]로 나타냅니다. '길이'는 long, '너비'는 wide, '높이'는 tall 혹은 high, '깊이'는 deep을 써요. 앞의 숫자가 2 이상이면 단위는 복수형으로 읽어야 합니다. 그래서 그냥 m라고 적혀 있어도 meters라고 읽는 것, 꼭 기억하세요.

SPEAKING PRACTICE

1 The building is **555 m high** (five hundred and fifty-five meters high) and the tallest in the country.

그 건물은 555미터 높이고 그 나라에서 가장 높다.

2 The yacht is over **20 m long**. (twenty meters long)

그 요트는 길이가 20미터 이상이다.

3 Your lot is **55 ft wide** (fifty-five feet wide) and **110 ft deep**. (one hundred and ten feet deep)

당신 집터는 너비가 55피트에 깊이가 110피트이다.

APPLY AND MORE

길이, 너비, 높이 등을 나타내는 다른 방법으로 [숫자 + 단위 + in + 길이/ 너비/ 높이의 명사형]이 있어요. 그래서 ~ in length(길이), ~ in width(너비), ~ in height(높이), ~ in depth(깊이)처럼 쓰지요.

1 Please bring a photograph **5 cm in height by 4 cm in width**. (five centimeters in height by four centimeters in width)

높이 5센티미터, 너비 4센티미터 사진을 가져오세요.

2 A carry-on suitcase can't be more than **40 cm in length**. (forty centimeters in length)

기내용 여행 가방은 길이가 40센티미터 이상이면 안 된다.

Dialogue

A Have you seen the news about the sink hole? It looked very big and deep.

B Yeah, they say it is **3 m deep**. (three meters deep) Scary!

A: 싱크 홀 뉴스 봤니? 진짜 크고 깊어 보이더라.
B: 응, 그거 3미터 깊이래. 무서워!

UNIT 11 수식어인 길이/깊이/너비/높이

MP3 035

We're going to make a **15-cm-tall, 10-cm-wide, and 6-cm-deep** **fifteen-centimeter-tall, ten-centimeter-wide, and six-centimeter-deep** box.

우리는 높이 15센티미터, 너비 10센티미터, 깊이 6센티미터 상자를 만들 것이다.

'15센티미터 높이의 상자' 이런 식으로 길이, 너비, 높이를 이용해서 명사를 꾸며 줘야 할 때가 있어요. 이때는 [숫자-단위(반드시 단수로)-길이/너비/높이 형용사]를 하이픈으로 연결해서 명사 앞에 넣어 주면 됩니다. 여러 단어가 모여 한 단위의 형용사가 된 거예요.

SPEAKING PRACTICE

1 We need a **1-meter-long** **one-meter-long** ruler for class.

우리는 수업에 쓸 1미터 길이 자가 필요하다.

2 If you have a large breed, you'll need a **90-cm-tall, 60-cm-wide, and 1-meter-deep** **ninety-centimeter-tall, sixty-centimeter-wide and one-meter-deep** crate at the very least.

큰 품종을 갖고 계시면, 아무리 못해도 높이 90센티미터, 너비 60센티미터, 깊이 1미터짜리 개집이 필요할 걸요.

3 Everyone loved the new smart phone's **14-cm-tall, 9-cm-wide, and 1-cm-deep** **fourteen-centimeter-tall, nine-centimeter-wide and one-centimeter-deep** dimensions.

모든 사람들이 새 스마트폰의 14센티미터 높이, 9센티미터 너비, 1센티미터 깊이 크기를 좋아했다.

APPLY AND MORE

이렇게 한 단위의 형용사로 쓰일 때 중간에 오는 단위 명사는 항상 단수로 써야 해요. 그럼 복수형인 feet는 어떻게 써야 할까요? 바로 단수형인 foot을 써야 합니다. 참고로 ft는 feet, foot 모두를 가리켜요.

1 The Mckiels live in a **3,000-ft²-** **three thousand-square-foot-** house.

맥킬 씨 가족은 3,000평방피트의 집에 산다.

2 There is no **6 and a half-ft-tall,** **six and a half-foot-tall** kind, smart, handsome, and single guy in the world.

6.5피트 키에 친절하고 똑똑하고 잘생기고 독신인 남자는 세상에 없다.

Dialogue

A We're going to have to make an emergency landing! I'll need at least a **500-m-long-** **five hundred-meter-long** runway.

B Over there! We can use that empty stretch of highway. OK. Seat belts!

A: 우리 비상 착륙을 해야 합니다. 적어도 500미터 길이의 활주로가 필요해요.
B: 저쪽이요! 저기 비어 있는 고속도로를 이용할 수 있어요. 됐습니다. 안전벨트 매세요!

UNIT 12 키

MP3 036

My boyfriend is 5 ft 10 in tall.

five feet ten inches tall

혹은

five ten

내 남자친구는 키가 5피트 10인치야.

키, 길이, 높이를 얘기할 때 우리는 센티미터(cm)와 미터(m)를 쓰지만, 영미권은 피트(ft)와 인치(in)를 씁니다. 1 foot은 약 30 cm, 1 inch는 2.5 cm 정도죠. 숫자가 2 이상이면 단위도 복수형으로 1 foot, 2 feet, 3 feet처럼 말합니다. 하지만 회화에서 키 얘기할 때는 이 단위를 많이 생략합니다. five ten 이렇게만 얘기해도 5 feet 10 inches tall이라고 다 이해하기 때문이죠.

SPEAKING PRACTICE

1 The convenience store clerk said the robber was about **6 ft 3 in tall**.
six feet three inches tall
혹은
six three

편의점 직원은 강도가 한 6피트 3인치 키였다고 말했다.

2 You must be at least **4 ft 10 in tall**
four feet ten inches tall 혹은
four ten
to ride the Ferris Wheel.

Ferris Wheel: 유원지 등에서 볼 수 있는 대관람차를 말해요.

대관람차를 타려면 적어도 4피트 10인치 키는 되어야 한다.

3 The shortest player on the LA Dodgers team is **6 ft 7 in tall**
six feet seven inches tall
혹은 **six seven**.

엘에이 다저스 팀에서 제일 작은 선수가 6피트 7인치이다.

APPLY AND MORE

피트니 인치니 하는 단위가 얼마나 되는지 감이 잘 안 온다고요? 그럼, 센티미터로는 어떻게 되는지 물어보면 되지요. [in + 단위]를 써서 in centimeters라고 하면 됩니다. 미터라면 in meters라고 하면 되고요. 예문으로 확인하세요.

1 How tall are you in centimeters?

센티미터로는 키가 얼마인 거예요?

2 Do you know how big a size **12 is in centimeters**?
twelve is in centimeters

사이즈 12가 센티미터로 얼마인지 아세요?

Dialogue

A I heard you're going to apply to be a firefighter. Good luck!

B Yeah. I can't even apply. There's a height requirement and I'm shorter than **6 ft 2 in.**
six feet two inches 혹은
six two

A: 네가 소방관에 지원할 거라고 들었어. 행운을 빈다.
B: 응, 그런데 나 지원도 못 해. 키 자격 요건이 있는데 내가 6피트 2인치보다 작아.

UNIT 13 거리

MP3 037

The airport is 20 km
twenty kilometers
west of the city.

공항은 그 도시에서 서쪽으로 20킬로미터 (거리)에 있다.

거리와 방향을 나타낼 때 어느 쪽으로 몇 킬로미터 이렇게 얘기할 수 있습니다. 일단 거리 먼저 얘기하고 뒤에 동서남북 같은 방향을 더해 줍니다. 거리는 1킬로미터라면 단수로 얘기하고 2부터는 복수형인 kilometers라고 쓰는 것 잊지 마세요. 물론 줄여 쓸 때는 -s 없이 km으로 씁니다. 그리고 방향은 동서남북뿐만 아니라 past(~를 지나), from(~로부터) 등의 표현도 가능해요.

SPEAKING PRACTICE

1 He's way out in the country, about **30 km**
thirty kilometers
past the last gas station.

그는 그 마지막 주유소를 지나 약 30킬로미터 더 들어간 완전 시골에 있다.

2 We moved only about **1 km**
one kilometer
from the old house, but it was a much nicer neighborhood.

우리는 옛날 집에서 겨우 1킬로미터 떨어진 곳으로 이사 왔을 뿐이었지만 훨씬 더 나은 동네였다.

3 When he found out marathons are over **40 km,**
forty kilometers
he decided to take up cycling as a hobby.

take up: 재미로 ~을 배우다, 시작하다

마라톤이 40킬로미터가 넘는다는 것을 알게 되자 그는 자전거를 취미로 하기로 결심했다.

APPLY AND MORE

같은 북미 지역이지만, 미국에서는 거리를 얘기할 때 마일(mile)과 야드(yard) 단위를 쓰고, 캐나다에서는 우리나라처럼 미터와 킬로미터를 씁니다. 1 mile은 약 1,609m이고, 1 yard는 약 91.44cm예요. yard는 yd로 줄여 씁니다.

1 The next town is **100 miles**
one hundred miles
south from here.

다음 번 마을은 여기서 남쪽으로 100마일 떨어져 있다.

2 Do you know how long one mile is in **km?**
kilometers

1마일이 킬로미터로는 얼마인지 아세요?

Dialogue

A I heard that the new nature trail is fantastic. Great views and not too many people.

nature trail: 동식물을 보며 길을 갈 수 있게 한 오솔길

B Sure, but it's not for beginners. It's more than **20 km**
twenty kilometers
from start to finish.

A: 새 산책로가 아주 멋있다고 들었어. 풍경도 멋있고, 사람도 그렇게 많지 않고.
B: 맞아. 그런데 그게 초보자용 코스는 아니야. 시작부터 끝까지 20킬로미터가 넘는다고.

UNIT 14

넓이

MP3 038

South of this town, there are 50 ha
fifty hectares
of vineyards.

이 마을 남쪽으로 50헥타르의 포도 농장이 있다.

땅의 면적, 혹은 넓이를 얘기할 때 쓰는 단위 ha는 hectare(헥타르)의 약자예요. 우리는 평방미터(m^2)나 평방킬로미터(km^2)를 주로 쓰지만 북미에서는 헥타르를 씁니다. 100ha가 $1km^2$와 같아요. hectare의 실제 영어 발음은 헥타르보다 [헥터]에 가깝습니다. 1ha면 단수, 2ha 이상이면 복수로 hectares라고 읽어야 해요. 물론 쓸 때는 -s를 붙이지 않습니다.

SPEAKING PRACTICE

1 He inherited about **10 ha**
ten hectares
of farmland from his father.
그는 아버지한테서 10헥타르의 농장을 물려받았다.

2 They moved into an old farm house on
5 ha
five hectares
of land.
그들은 5헥타르 땅에 있는 오래된 농장 집으로 이사 갔다.

3 He bought about **4 ha**
four hectares
of land out in the middle of nowhere.
그는 멀리 인적이 끊긴 동네에 약 4헥타르의 땅을 샀다.

APPLY AND MORE

땅의 면적과 크기를 나타내는 다른 단위로 acre(에이커)가 있어요. 이것도 북미 지역에서 많이 씁니다. 약자로는 ac라고 표기하며, 부동산 사이트에 보면 조금 큰 집들의 대지 면적을 얘기할 때 많이 볼 수 있어요. 1에이커는 4,046 m^2 정도의 크기예요. 참고로 hectare는 단위가 워낙 커서 그런지 주로 농장, 거대한 땅 얘기할 때만 나옵니다.

1 This house sits on a quiet **1 ac**
one acre
lot.
이 집은 조용한 1에이커 부지에 있다.

2 This **0.3 ac**
zero point three acres
of land is big enough to hold a house and a barn.
0.3에이커 땅이면 집과 헛간을 짓기에 충분히 크다.

Dialogue

A I heard you're retiring and moving to the country.

B It's been a lifelong dream of mine to live on
5 ha
five hectares
of land.

A: 은퇴하시고 시골로 이사 가실 거라고 들었어요.
B: 5헥타르의 땅에서 사는 게 내 평생의 꿈이었다우.

UNIT 15

용량

MP3 039

This region has an annual rainfall of 1,000 mm.

a thousand millimeters

이 지역은 연간 강우량이 1,000밀리미터이다.

장마철에 많이 듣는 '강우량', 영어로는 rainfall 혹은 precipitation이라고 해요. 후자가 좀 더 넓은 개념으로 비뿐만 아니라 눈, 해일 등을 모두 더한 거랍니다. 이 precipitation을 얘기할 때 쓰는 단위가 바로 mm라는 millimeter로, 이건 미국이나 한국이 같아요. 원래 길이를 말할 때 쓰는 단위인데 강우량도 결국은 한정된 시간 안에 비가 몇 밀리미터 오는 것이냐를 보는 것이기에 이 단위를 써요. 역시 2 이상부터는 복수형으로 읽습니다.

SPEAKING PRACTICE

1 The flooding started when
100 mm
a hundred millimeters
of rainfall hit the area in less than an hour.

홍수는 100밀리미터의 비가 그 지역을 한 시간도 안 되는 기간 동안 내리쳤을 때 발생했다.

2 To classify as a dessert, an area needs to receive less than a certain number of
mm
millimeter
of precipitation a year.

사막으로 분류되기 위해서는 해당 지역이 일 년에 특정 밀리미터 이하의 강수량이 있어야 한다.

3 Farmers are worried that so far this spring they have only seen
2 mm
two millimeters
of rain.

농부들은 이번 봄에 이제까지 비가 2밀리미터만 온 것에 걱정하고 있다.

APPLY AND MORE

이제는 밀리미터를 이용해서 길이 전환을 해볼까요?

1 **1,000 mm**
One thousand millimeters
is **100 cm,**
one hundred centimeters
which is **1 m.**
one meter

1,000밀리미터는 100센티미터인데, 그게 1미터이다.

2 The bullet missed his heart **by millimeters**; he was lucky to survive.

총알은 그의 심장을 겨우 몇 밀리미터 차이로 비켜갔다. 살아남다니 운이 좋았던 거다.

Dialogue

A How's it going with your DIY project?

B Not good. I cut an old door to the doorframe only to find that the door is just
a couple of mm
a couple of millimeters
too big.

A: 너 DIY 프로젝트 어떻게 되어 가고 있어?
B: 별로 안 좋아. 오래된 문을 문틀에 맞게 잘랐는데 알고 보니 문이 한 2-3밀리미터 크지 뭐야.

UNIT 16

각도

MP3 040

This chair can be tilted backward 50°.

fifty degrees

이 의자는 뒤로 50도 젖혀질 수 있다.

각도를 얘기할 때 ° 기호를 쓰는데 영어로는 degree라고 읽습니다. 우리가 온도, 각도를 얘기할 때 '도' 라고 하는 것처럼 영어에서도 온도, 각도의 '도' 역시 degree로 표현합니다. 역시 숫자가 2 이상일 때는 -s를 붙여 degrees로 읽어요. 참고로 '각(도)'는 영어로 angle이라고 합니다.

SPEAKING PRACTICE

1 What he liked best about the new car was the steering wheel could be tilted about **20°** up or down.
twenty degrees

그가 새 차에 대해 가장 마음에 들었던 점은 핸들이 위나 아래로 약 20도 기울어질 수 있다는 것이었다.

2 If all the sides are the same length, then each angle in the triangle is **60°**.
sixty degrees

모든 면이 같은 길이면, 삼각형의 각 꼭짓점의 각은 60도이다.

3 He hit the cue ball at an angle of **15°** and sunk the eight ball.
fifteen degrees

eight ball: 당구에서 8이라고 쓴 검은 공

(당구에서) 그는 큐볼을 20도 각도로 쳤고 에잇 볼을 넣었다.

APPLY AND MORE

'몇 도 각도로' 라고 얘기하고 싶다면 [at an angle of + 숫자 + degrees]라고 하면 돼요. 그리고 '몇 도의'를 형용사로 만들어 뒤에 오는 명사를 꾸며 주고 싶다면 -(하이픈)으로 연결해서 쓰죠. 그때 degree는 형용사 역할을 하기 때문에 단수입니다.

1 The actor bowed at an angle of **90°** to the people at the theater.
ninety degrees

그 배우는 극장에 있는 사람들에게 90도 각도로 인사했다.

2 Draw a **45°** reference line on your chart.
forty-five-degree

차트에 45도 기준선을 그리세요.

Dialogue

A What happens when the sun moves? Do the panels still work?

B Sure. These solar panels can tilt back and forth about **30°**.
thirty degrees

A: 태양이 움직일 때는 무슨 일이 생기죠? 패널들이 여전히 작동하나요?
B: 그럼요. 이 태양광 패널은 약 30도 정도 앞뒤로 젖혀질 수 있습니다.

UNIT 17

속도 1

MP3 041

I was doing
90 kph
ninety kilometers per hour
when I was caught in a speed trap.

속도 위반 단속에 걸렸을 때 나는 시속 90킬로미터로 달리고 있었다.

속도를 얘기할 때 주로 kph를 씁니다. kilometer per hour의 약자로 시속 몇 킬로미터라는 뜻이지요. 미국은 자동차 주행 속도나 풍속을 얘기할 때 mile(마일)을 쓰니까 mph 즉, mile per hour라고 합니다. 참고로 문맥에서 시속을 얘기하는 게 분명하면 per hour는 생략해도 괜찮습니다.

SPEAKING PRACTICE

1 The car went more than **30 kph** **thirty kilometers per hour** in a school zone.

그 차는 스쿨존에서 시속 30킬로미터 이상으로 달렸다.

2 The World Land Speed record was set by a jet-powered car that reached **1,227.985 kph.** **one thousand two hundred and twenty-seven point nine eight five kilometers per hour**

세계 자동차 속도 경기 기록은 시속 1,227.985킬로미터에 이른 제트 엔진이 달린 차에 의해 세워졌다.

3 In most cases, you have to be caught going more than **10 kph** **ten kilometers per hour** over the posted speed limit before the police will pull you over and issue you a ticket.

대부분의 경우에 정해진 최대 속도보다 시속 10킬로미터 더 빠르게 가다가 경찰에게 불려 차를 세우고 딱지를 받게 된다.

APPLY AND MORE

풍속을 얘기할 때 초속 몇 미터라고 한다면 mps 즉, meter per second라고 표현해요. 또 참고로 kph는 가운데 p(per)를 빼고 km/h 이렇게 쓸 수도 있어요.

1 There are strong winds of **40 mps.** **forty meters per second**

초속 40미터의 강한 바람이 분다.

2 A super typhoon has winds of **190 km/h.** **one hundred and ninety kilometers per hour**

초대형 태풍은 바람이 시속 190킬로미터이다.

Dialogue

A I got a speeding ticket. I was going **63 kph** **sixty-three kilometers per hour** in a **50 km** **fifty kilometer** zone.

B I know where all the speed traps are. Gotta drive slowly in this city.

A: 나 속도 위반 딱지 받았어. 시속 50킬로미터 지역에서 시속 63킬로미터로 가고 있었거든.
B: 나 속도 위반 카메라가 어디 있는지 알아. 이 도시에서는 운전 천천히 해야 해.

UNIT 18 속도 2

MP3 042

This jet can fly at **Mach 2.**

Mach two

이 제트기는 마하 2의 속도로 날 수 있다.

남성용 면도기의 모델명이기도 한 마하. 아주 빠른 속도를 얘기할 때 쓰는 단위입니다. 음속 1,224km/h 정도가 마하 1이라고 하네요. 다른 단위와 달리 숫자를 뒤에 쓰고, Mach의 발음은 'mock[마–ㅋ]'처럼 해 주세요.

SPEAKING PRACTICE

1 It was in **1952** (**nineteen fifty-two**) that a pilot first reached **Mach 2,** (**Mach two**) twice the speed of sound.

한 조종사가 처음으로 음속의 2배라고 하는 마하 2의 속도에 다다른 것은 1952년이었다.

2 The problem with trying to get to **Mach 2** (**Mach two**) is you'll rip the wings right off most airplanes.

마하 2의 속도로 가는 것의 문제점은 대부분의 비행기 날개가 바로 찢어질 것이라는 점이다.

3 They named the car "**Mach 3**," (**Mach three**) so people would know it's fast.

사람들이 그 차가 빠르다는 것을 알도록 그들은 그것을 '마하 3' 라고 이름 지었다.

APPLY AND MORE

'~의 속도로' 라고 할 때 전치사 at을 씁니다. 콕 찍어 말하는 at의 특성상 속도, 시간, 온도처럼 계기판에서 바늘이 어떤 점을 가리킬 때 at을 쓰는 거지요. [at + 속도 숫자]로 바로 쓰기도 하고 [at the speed of + 숫자]라고 쓰기도 해요.

1 According to the speeding ticket, I drove at **63 km** (**sixty-three kilometers**) in a **50** (**fifty**) zone.

속도 위반 딱지를 보니, 내가 50킬로미터 구간에서 63킬로미터로 달렸다.

2 He showed up so quickly it felt like he flew at the speed of light.

그가 너무 빨리 나타나서 꼭 빛의 속도로 날아온 것 같았다.

Dialogue

A Have you ever seen *Top Gun*? I've loved that movie ever since I first saw it.

B Me, too. I love the look on Tom Cruise's face when he hits **Mach 2.** (**Mach two**)

A: 너 영화 〈탑건〉 봤어? 난 그 영화 처음 봤을 때부터 완전 좋아했어.
B: 나도. 톰 크루즈가 마하 2의 속도에 다다를 때의 얼굴 표정이 너무 좋아.

UNIT 19

무게 1

MP3 043

These packages weigh 600 g.

six hundred grams

이 소포들은 무게가 600그램 나간다.

무게가 얼마 나간다 할 때 동사 weigh를 쓸 수도 있고, weigh 대신 be동사를 써서 [be동사 + 숫자 + gram/kilogram]을 써서 얘기할 수도 있습니다. 이 gram은 g로, kilogram은 kg로 줄여서 약자로 쓰지요. 역시 앞의 숫자가 2 이상이면 말할 때 단위 뒤에 -s를 붙이는 것, 잊지 마세요.

SPEAKING PRACTICE

1 Because the package weighed **2,000 grams,** (**two thousand grams**) I had to buy extra stamps at the post office.

그 소포가 2,000그램이 나갔기 때문에 난 우체국에서 우표를 추가로 더 사야 했다.

2 He forgot to subtract the weight of the container, so every measurement in his experiment was off by **10 g.** (**ten grams**)

그는 용기 무게를 빼는 걸 잊어 버려서 그의 실험에서 쓰인 모든 측정이 10그램씩 달랐다.

3 The jewelry only weighed **200 g,** (**two hundred grams**) but it was worth a lot of money.

그 보석은 200그램밖에 안 나갔지만 매우 비쌌다.

APPLY AND MORE

'무게가 나가다'의 동사 weigh가 들어간 문장들을 더 연습해 보세요.

1 This meat weighs **600 g.** (**six hundred grams**)

이 고기는 600그램 나간다.

2 How much do you think a fully-grown cow weighs?

다 자란 소는 무게가 얼마나 나갈 거라고 생각해?

Dialogue

A The textbook says now we add **500 g** (**five hundred grams**) of iron to the solution.

B Wait! Make sure you have your safety glasses on. We need to be careful in the lab.

A: 교과서에는 이제 우리가 이 용액에 500그램의 철을 더해야 한다고 나와.
B: 잠깐만! 보안경 꼭 써. 실험실에서는 조심해야 해.

UNIT 20 무게 2

MP3 044

I bought 4 oz.
four ounces
of chocolate.

나는 초콜릿 4온스를 구입했다.

무게를 얘기할 때 영미권에서 쓰는 단위 중 하나가 온스예요. 1온스가 28그램 정도 됩니다. 약자로 oz.인 온스는 ounce가 정식 단어고, 발음은 단수일 때는 [아운스]로, 복수일 때는 [아운시스]라고 합니다. 약자로 쓸 때 뒤에 .를 꼭 찍어 주세요.

SPEAKING PRACTICE

1 The recipe called for **4 oz.** (**four ounces**) of coffee, but I only had **3** (**three**) on hand.

그 레시피에는 커피 4온스라고 되어 있었는데, 나는 수중에 3온스밖에 없었다.

2 For precious metals such as gold, even **1 or 2 oz.** (**one or two ounces**) can cost a lot of money.

금 같은 귀금속들의 경우, 1-2온스라도 값이 많이 나간다.

3 This cocktail has **1 oz.** (**one ounce**) of rum and **2 oz.** (**two ounces**) of vodka.

이 칵테일은 럼주 1온스와 보드카 2온스가 들어간다.

APPLY AND MORE

액션 영화나 형사가 나오는 수사물을 보면 코카인이나 플루토늄 같은 핵무기 얘기할 때도 이 온스가 쓰입니다.

1 He got arrested for carrying **10 oz.** (**ten ounces**) of cocaine.

그는 코카인 10온스를 운반하다 체포되었다.

2 Ethan Hunt in *Mission Impossible* stopped the bad guy from purchasing **a few hundred oz.** (**a few hundred ounces**) of plutonium.

〈미션 임파서블〉 영화 속 이단 헌트는 악당이 플루토늄 2-300 온스 구입하는 것을 막았다.

Dialogue

A That perfume you're wearing is fantastic. What's it called?

B Love Potion. It cost me an arm and a leg for just **5 oz.** (**five ounces**)

cost an arm and a leg: 돈이 아주 많이 들다
(팔 하나랑 다리 한 짝에 해당하는 걸 냈으니 말이죠.)

A: 네가 뿌린 그 향수, 냄새 아주 좋은데. 이름이 뭐야?
B: 러브 포션. 겨우 이 5온스짜리 사는 데 돈이 아주 많이 들었어.

UNIT 21 무게 3

MP3 045

I weighed 8 lbs 10 oz.
eight pounds and ten ounces
at birth.

난 태어났을 때 8파운드 10온스 나갔다.

우리는 무게를 얘기할 때 kg (kilogram)을 쓰지만 미국은 파운드(pound)를 써요. 약자로는 lb로 나타내지요. 이 파운드는 10을 바탕으로 만들어진 단위가 아니라서 몇 점 몇 파운드 이렇게 하지 않고 [파운드 + 온스]를 섞어서 쓰고, 읽을 때는 파운드와 온스 사이에 and를 넣어 읽기도 하고 그냥 읽기도 해요. 파운드의 약자 lb는 2 이상이면 lbs로 글로 쓸 때도 복수형으로 씁니다. 1 lb는 약 453그램으로, 8파운드 10온스는 약 3.9킬로그램이에요.

SPEAKING PRACTICE

1 My baby was **10 lbs 12 oz.**
ten pounds and twelve ounces
at birth. Does anyone have a bigger baby?

제 아기는 출생 시 무게가 10파운드 12온스였어요. 혹시 무게가 더 많이 나가는 아기 있는 분 있나요?

2 You should start off with the **10 lb**
ten pound
dumbbells before moving on to the **15 lb**
fifteen pound
ones.

15파운드 덤벨로 옮겨가기 전에 10파운드 덤벨로 먼저 시작해야 한다.

3 The average premature baby weighs only **3 lbs 5 oz.**
three pounds five ounces
at birth.

평균적인 조숙아의 무게는 출생 시 3파운드 5온스밖에 안 나간다.

APPLY AND MORE

'몇 파운드의 무엇' 혹은 '몇 온스의 무엇' 이렇게 얘기하고 싶으면 [숫자 + lbs of + 명사 ~] 혹은 [숫자 + oz. of + 명사 ~] 이렇게 표현하세요.

1 He had **4 oz.**
four ounces
of marihuana in his room.

그는 자기 방에 마리화나 4온스가 있었다.

2 We supply **20 lbs**
twenty pounds
of coffee beans to Stella's café monthly.

우리는 달마다 커피 콩 20파운드를 스텔라스 카페에 공급한다.

Dialogue

A Are you ready for Thanksgiving? I heard your whole family is coming over.

B I already have all the side dishes covered, and I bought a turkey that's
14 lbs 5 oz.
fourteen pounds and five ounces

A: 추수감사절 치를 준비 다 되었니? 가족들이 전부 온다고 들었는데.
B: 사이드 디시는 이미 다 준비되었고 14파운드 5온스 되는 칠면조도 샀어.

UNIT 22 부피

MP3 046

This container will hold about 100 L
one hundred liters
of water.

이 용기에는 약 100리터의 물이 담긴다.

액체의 부피를 얘기하는 단위가 리터(liter)입니다. 약자로 소문자 l 혹은 대문자 L을 쓰기도 해요. 이것도 2 이상부터는 뒤에 -s를 붙여 복수형으로 쓰고 읽어야 해요. 하지만 약자에는 -s를 붙이지 않는 것에 주의하세요. 미국에서는 이 liter보다 주로 갤런(gallon)을 쓰고 약자로는 gal로 표현합니다. 1갤런이 3.8리터쯤 됩니다.

SPEAKING PRACTICE

1 I try to drink at least **8 cups**
eight cups
of water a day, which is **2 L.**
two liters

나는 하루에 적어도 물 8컵, 즉 2리터를 마시려고 노력한다.

2 Dual-flush toilets use between
4 L and 6 L
four liters and six liters
per flush, depending on which button you press.

듀얼 플러시 변기는 한 번 물 내릴 때마다 어떤 버튼을 누르느냐에 따라 4리터와 6리터의 물을 쓴다.

3 The new kiddie pool he bought for the grandkids holds only about
15 L
fifteen liters
of water.

그가 손자 손녀를 위해 산 새 유아용 풀은 물이 15리터만 담긴다.

APPLY AND MORE

밀리리터(milliliter)도 많이 쓰이는 단위로 ml로 줄여서 씁니다.

1 The doctor told the mom to give her sick baby **25 ml**
twenty-five milliliters
of medicine.

의사는 아픈 아기에게 물약 25밀리리터를 주라고 아기 엄마에게 얘기했다.

2 That poison is so strong that just
5 ml
five milliliters
can kill you.

저 독약은 너무 강해서 5밀리리터로도 죽을 수 있다.

Dialogue

A Are you sure you want to get a goldfish? It can be an expensive hobby.

B I don't want anything special. Just a simple tank that holds about **5 L**
five liters
of water is enough.

A: 금붕어 사고 싶은 거 확실해? 그거 돈 많이 드는 비싼 취미가 될 수도 있는데.
B: 특별한 뭐 그런 거 원하지 않아. 그냥 물 5리터 들어가는 그런 단순한 어항이면 충분해.

UNIT 23 배기량

MP3 047

This car has a **2,000-cc** (two thousand c c) engine.

이 차는 엔진 배기량이 2,000cc이다.

자동차 엔진 배기량(engine displacement)를 얘기할 때 cc를 사용합니다. 이 cc는 cubic centimeter인 cm³를 나타내지요. 숫자와 cc 사이에 하이픈(-)으로 연결해 엔진을 꾸며 주는 형용사 역할을 주로 많이 합니다.

SPEAKING PRACTICE

1 If you're looking for something small and economical, this car has a **950-cc** (**nine hundred and fifty c c**) engine.

뭔가 작고 경제적인 걸 찾는다면, 이 차 엔진 배기량이 950cc이다.

2 With only a **2,000-cc** (**two thousand c c**) engine, the little truck was not designed for hauling a boat along the highway.

배기량이 겨우 2,000cc인 엔진이 달린 이 작은 트럭이 고속도로에서 보트 끄는 용으로 디자인 되지는 않았다.

3 I'm hoping to get some sort of tax break this year and so want a car with at most a **1,500-cc** (**one thousand five hundred c c**) engine.

올해 세금 감면을 좀 받았으면 해서 커 봐야 배기량 1,500cc 엔진의 차를 원한다.

APPLY AND MORE

자동차를 얘기할 때 많이 들리는 단어가 마일리지(mileage)죠. '연비, 주행 거리'의 뜻인데, 실제 후자의 뜻일 땐 거리 수만 나타내지 mileage 자체를 쓰진 않아요.

1 The government is thinking about raising the minimum mileage to around **30 km/l** (**thirty kilometers per liter**).

정부는 최소 연비를 리터당 약 30킬로미터로 올리는 것을 고려 중이다.

2 The rule of thumb is that most people drive about **20,000 km** (**twenty thousand kilometers**) a year, so a five-year-old car should have around **100,000 km** (**one hundred thousand kilometers**) on it.

rule of thumb: '어림잡아서'의 뜻으로 재빨리 대략적인 셈을 하기 위해 사람의 엄지를 사용한다는 사실에서 나온 말이에요.

어림잡아 감정하면 대부분의 사람들이 일 년에 약 2만 킬로미터를 운전하기 때문에, 5년 된 차는 약 10만 킬로미터의 주행거리가 있게 된다.

Dialogue

A May I help you?

B Yes, I'm looking for a **3-4 year-old** (**three to four year old**) second-hand car with a **1,600-cc** (**one thousand six hundred c c**) engine, and as low mileage as possible.

A: 어서 오세요.
B: 네, 저는 배기량 1,600cc 엔진의 주행거리가 가능한 한 적은 한 3-4년 된 중고차를 찾고 있습니다.

숫자 관련 재미있는 이야기

직장에 혹은 가정에 프린터가 있는 분들에게는 A4 **[A four]** 용지가 굉장히 친숙할 겁니다. 물론 A3 용지도 있지만요. 그런데, A4는 왜 이렇게 불릴까요?

일단 종이에는 자르지 않은 온전한 종이라는 뜻으로 '전지'가 있어요. 이 전지를 반씩 계속 자르는 방법으로 일상생활에서 사용하는 종이 규격을 정했습니다. A4 용지는 이 전지를 네 번 접어서 나온 것이지요.

혹시 A4 용지가 가로 세로 몇 센티미터인지 재어 본 적 있나요? 가로는 21cm이고, 세로는 29.7cm입니다. 아까 말한 전지의 가로 길이가 841mm, 세로가 1,189mm이니 이것을 계속 반으로 자르다 보니 이렇게 된 거죠.

그럼, 이 전지 규격은 어떻게 정하게 됐을까요? 예전에는 나라마다 종이 규격이 다 달랐는데, 독일에서 종이를 반으로 잘라도 가로와 세로의 길이 비가 일정한 전지를 국제적으로 정하자고 제안했고, 거기에 맞춰 나온 길이가 앞서 말한 수치랍니다. 이렇게 하면 반으로 잘라도 가로 세로의 길이 비가 항상 1:1.414로 일정하거든요.

그럼, B5 **[B five]** 이런 것도 있는데 이건 뭘까요? 이렇게 전지 규격을 정했는데, 다른 곳에서 이 전지가 규격에 맞지 않아서 일부를 잘라 버려야 하는 일이 생겼고, 그래서 새로운 규격을 하나 더 만들 수밖에 없었어요. B 규격의 전지는 가로 1,000mm, 세로 1,414mm입니다. 이렇게 되니 규격이 두 개가 돼서 맨 처음에 나온 규격을 A로, 그 다음에 나온 규격을 B라고 칭하게 된 것이죠. 이 A와 B 뒤에 붙는 숫자는 반으로 접어 자르는 회수를 나타냅니다.

복사 용지가 담긴 박스를 보면 75g **[seventy-five grams]**이라 써 있는 걸 볼 수 있어요. 이건 무엇일까요? 바로 종이의 두께를 표기하는 거예요. 이건 같은 종이로 1m² **[one square meter]** 넓이일 때의 무게가 75g이라는 뜻이에요. 숫자가 높을수록 종이의 두께가 두꺼워지는 것이죠.

CHAPTER 3

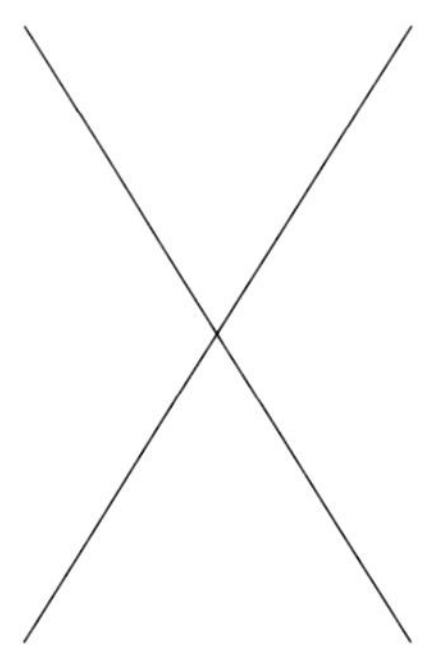

자주 접하는
영어 속 다양한 숫자 표현을 읽는다!

UNIT 1	날짜(월/일)
UNIT 2	기원전/기원후
UNIT 3	연월일
UNIT 4	세기
UNIT 5	시각 1
UNIT 6	시각 2
UNIT 7	한국 주소
UNIT 8	외국 주소
UNIT 9	우편번호
UNIT 10	응급전화
UNIT 11	전화번호
UNIT 12	내선번호
UNIT 13	이메일 주소
UNIT 14	방 호수
UNIT 15	비행편명
UNIT 16	역사적 인물
UNIT 17	100에 80

UNIT 1

날짜(월/일)

MP3 048

February 14

February fourteenth

혹은

(The) fourteenth of February

is St. Valentine's Day.

2월 14일은 발렌타인데이이다.

날짜 읽는 법은 두 가지가 있어요. 일단 [월 + 일]이 있고 [일 + of + 월]이 있지요. '일'을 나타내는 날짜는 기수로 써 있어도 반드시 서수로 읽습니다.

SPEAKING PRACTICE

1 The movie premieres in our country on **May 17**,
May seventeenth
and then opens worldwide two weeks later.

그 영화는 우리나라에서 5월 17일에 첫 상영을 하며 전 세계적으로는 2주 후에 개봉한다.

2 Most people have given up on their New Year resolutions by **January 5**.
January fifth

대부분의 사람들이 새해 결심을 1월 5일까지면 포기한다.

3 My birthday is **August 31**.
August thirty-first

내 생일은 8월 31일이다.

APPLY AND MORE

'~월의 몇 번째 날'이라는 뜻의 of로 연결하여 날짜 읽는 법도 연습해 보세요. 서수 앞에 the를 쓰는 규칙 때문에 날짜 앞에 the를 써서 말해요. 물론 생략하는 사람도 있습니다.

1 The school year ends on **29th of June**
(the) twenty-ninth of June
and a new one starts on **3rd of September**.
(the) third of September

학사 연도는 6월 29일에 끝나고 9월 3일에 새 학기가 시작된다.

2 The registration will open on **2nd of March**.
(the) second of March

등록은 3월 2일에 열릴 것이다.

Dialogue

A We'll need to change the date of the board meeting. Are you free this Thursday?

B Yes. Let's make it for in the afternoon next Thursday, **January 14**.
January fourteenth

A: 우리 이사회 회의 날짜를 바꿔야 할 것 같아. 이번 주 목요일에 시간 있니?
B: 응. 다음 주 목요일 1월 14일 오후로 바꾸자.

UNIT 2 기원전/기원후

MP3 049

657 BC
six hundred and fifty-seven B C

기원전 657년

AD 908
A D nine hundred and eight

기원후 908년

역사, 박물관학, 고고학 관련 강의를 듣거나 공부하다 보면 많이 보게 되는 표현들입니다. 기원전은 쉽게 설명하면 Before Christ의 줄임말로 BC라고 하고, 기원후는 라틴어 Anno Domini의 줄임말로 AD라고 해요. 이 BC는 연도 뒤에 쓰고 AD는 연도 앞에 씁니다. 이렇게 세 자리 수의 연도를 읽어 주는 것은 기본 숫자 읽는 것과 같아요.

SPEAKING PRACTICE

1 Some scholars believe that Jesus was born in **1 or 2 BC.**
one or two B C

어떤 학자들은 예수가 기원전 1년 혹은 2년에 태어났다고 믿는다.

2 Cleopatra lived from **69 BC**
sixty-nine B C
to **30 BC.**
thirty B C

클레오파트라는 기원전 69년에서 기원전 30년까지 살았다.

3 The last book of the Bible was written in **AD 95.**
A D ninety-five

성경의 마지막 책은 기원후 95년에 쓰여졌다.

APPLY AND MORE

BC가 특정 종교와 특정 신을 이용한 시간 개념이라 요즘엔 종교적 색채를 없앤 단어 BCE도 많이 씁니다. '기원전'인 BC와 같은 뜻인데 Before the Common Era의 줄임말이에요. AD도 같은 이유로 CE (Common Era)로 대체되고 있어요.

1 The fall of Babylon was **539 BCE.**
five hundred and thirty-nine B C E

바빌론 왕국의 몰락은 기원전 539년이었다.

2 In **CE 226,**
C E two hundred and twenty-six
Mesopotamia fell under the control of the Persians.

기원후 226년에 메소포타미아는 페르시아의 지배 하에 놓이게 되었다.

Dialogue

A Did you know Jesus was believed to have been born in **1 or 2 BC**?
one or two B C

B No way!

A: 예수가 기원전 1년이나 2년에 태어났을 거라고 사람들이 믿고 있다는 것 알았어?
B: 말도 안 돼!

UNIT 3

연월일

MP3 050

I was born (on) January 1, 1970.

January first, nineteen seventy

나는 1970년 1월 1일에 태어났다.

영어는 시간을 여러 개 말할 때 가장 큰 개념의 시간을 제일 마지막에 써요. 그래서 날짜와 연도까지 같이 말한다면 우리말과 달리 연도가 제일 뒤에 옵니다. [월 + 일]은 앞에서처럼 한 단위로 보고 그 이후에 연도를 넣습니다. 연도는 [두 자리 수 + 두 자리 수] 이렇게 끊어서 읽는데, 2000년에서 2009년 정도까지만 숫자 그대로 읽어 주세요.

SPEAKING PRACTICE

1 If your kid was born before **December 31, 2016,** they are eligible for Nursery this year.

December thirty-first, twenty sixteen

아이가 2016년 12월 31일 전에 태어났다면, 올해 어린이집에 갈 자격이 된다.

2 How can I forget the day my daughter was born? It was **August 2, 2014.**

August second, twenty fourteen

우리 딸이 태어난 날을 어떻게 잊겠어요? 2014년 8월 2일이었어요.

3 He was surprised to see the old library book in his mother's house that had been due **July 16, 1992.**

July sixteenth, nineteen ninety-two

그는 자기 엄마 집에서 1992년 7월 16일이 대출 마감날이던 옛날 도서관 책을 보고 놀랐다.

APPLY AND MORE

2000년도는 새 천 년의 시작이라고 굉장히 축하하는 분위기였어요. 뭔가 공식적으로 하고 싶은데 twenty zero zero라고 하기에는 너무 캐주얼했는지 미디어에서 year two thousand라고 불렀죠. 그 이후 2010년 전까지는 두 자리씩 끊지 않고 two thousand를 그대로 살려 읽었고, 지금도 그렇습니다.

1 Esther and Jonathan got married in **2005** and had their first child in **2009.**

two thousand and five / **two thousand and nine**

에스더와 조나단은 2005년에 결혼했고 2009년에 첫 아이를 낳았다.

2 Millennials are people born between **1980 and 2000.**

nineteen eighty and two thousand

밀레니얼 세대는 1980년에서 2000년 사이에 태어난 사람들이다.

Dialogue

A I'll need your date of birth to complete the application.

B Sure. I was born on **February 28, 1984.**

February twenty-eighth, nineteen eighty-four

A: 원서 응모를 마치려면 생년월일이 필요해요.
B: 네, 전 1984년 2월 28일 생이에요.

UNIT 4

세기

MP3 051

Renaissance bloomed in the mid-15th century.

mid-fifteenth century

르네상스는 15세기 중반에 꽃을 피웠다.

세기를 얘기할 때는 [서수 + century]를 써요. 그런데 18세기 초반, 중반, 후반 이렇게 말하고 싶다면 앞에 각각 early, mid, late를 –(하이픈)과 같이 연결해 주면 됩니다. 서수이기 때문에 앞에 the를 쓰는 것도 잊지 마세요.

SPEAKING PRACTICE

1 This style dress was all the rage back in the late- **19th** (**nineteenth**) century.

이런 스타일의 드레스는 19세기 후반에 매우 인기가 많았다.

2 Unlike in earlier periods, art in the early- **18th** (**eighteenth**) century focused on color over form.

이전 시기와 달리 18세기 초반의 미술은 형태보다 색깔에 초점이 맞춰져 있었다.

3 Her name was so old-fashioned we teased her it was from back in the mid- **16th** (**sixteenth**) century.

그 애 이름이 너무 구식이라 우리는 그게 16세기 중반에서 온 것 같다고 걔를 놀려댔다.

APPLY AND MORE

한 세기를 말할 때 19세기, 20세기 이렇게도 하고 1800년대, 1900년대 이렇게 표현할 수도 있어요. 그럴 때는 1800s 처럼 년대 뒤에 –s를 붙여서 쓰고 말합니다. 읽을 때는 the eighteen hundreds라고 00을 hundreds라고 하죠. 물론 초반, 중반, 후반의 early, mid, late을 앞에 쓸 수 있어요.

1 Your aunt sounds like someone from the **1800s**. (**eighteen hundreds**)

네 이모는 1800년대 사람처럼 말한다.

2 I would love to visit London in the late **1500s** (**fifteen hundreds**) when Shakespeare was around.

나는 세익스피어가 있었던 1500년대 후반의 런던에 가 보고 싶다.

Dialogue

A What a great building! Was it important back in the day?

B Yes. In the mid- **19th** (**nineteenth**) century, this was the city hall. Now let's continue our walking tour of Berlin.

A: 완전 멋진 건물인데요! 이 건물이 그 당시에는 중요했나요?
B: 그럼요. 19세기 중반에는 여기가 시청이었습니다. 자, 베를린 워킹 투어를 계속하시죠.

UNIT 5 시각 1

MP3 052

It's 7:15.

seven fifteen

혹은

a quarter past[after] seven

7시 15분이다.

시간을 말할 때 시를 말하고 잠깐 멈췄다 분을 말해요. 숫자 그대로 읽어 주면 되는데, 특이하게 '5분'일 때는 앞에 0을 붙여 O (oh) five라고 합니다. 정각은 o'clock을 붙여도 되고 안 붙여도 됩니다. '15분'은 fifteen이라고 해도 되지만 60분의 1/4이므로 a quarter라고도 해요. '30분'은 thirty라고도 하지만 우리도 반이라고 하듯이 half라고도 합니다.

SPEAKING PRACTICE

1 The clock struck **12:00** (**twelve (o'clock)**) and Cinderella knew she had to race home right away.

시계는 12시를 쳤고 신데렐라는 곧바로 집으로 뛰어가야 한다는 걸 알았다.

2 School ended at **3:05**, (**three oh five**) and he would rush home to watch his favorite show that started at **3:20**. (**three twenty**)

학교는 3시 5분에 끝났고 그는 3시 20분에 시작하는 좋아하는 프로를 보려고 집에 서둘러 왔다.

3 He called at **4:45** (**four forty-five**) sharp as he said he would.

그는 자기가 전화하겠다고 얘기한 4시 45분에 딱 전화했다.

APPLY AND MORE

'12시 30분'을 표현하는 다른 방법으로 '반(30분)이 지난 12시'가 있습니다. 순서 그대로 하면 half after[past] 12 **[twelve]**랍니다. 15분일 때는 a quarter를 가지고 말할 수 있어요.

1 I asked him the time and he said it was **6:15**. (**a quarter after six** 혹은 **a quarter past six**)

나는 그에게 시간을 물어봤고 그는 6시 15분이라고 대답했다.

2 The movie was supposed to start at **10:30**, (**half past ten** 혹은 **half after ten**) but with all the trailers and ads it didn't start until **11**. (**eleven**)

그 영화는 10시 30분에 시작하기로 되어 있었지만 트레일러와 광고 때문에 11시나 되어서야 시작했다.

Dialogue

A Excuse me, but could you tell me the time?

B Sure. Let me see. It's **10:27**. (**ten twenty-seven**)

A: 실례합니다만, 지금 몇 시인가요?
B: 네, 어디 보자, 10시 27분이네요.

UNIT 6

시각 2

MP3 053

It's 9:55

nine fifty-five

혹은

five to ten

already.

벌써 9시 55분이야. / 벌써 10시 5분 전이야.

'9시 55분'은 '10시 5분 전', 이렇게도 많이 말하죠? 영어로는 '5분만 가면 10시' 이런 식으로 표현합니다. 그래서 five to ten, 즉 10시까지 5분 남았다는 뜻이에요. 10분 전도 이런 식으로 말할 수 있어요.

SPEAKING PRACTICE

1 The New Year's countdown will start at **11:55**.
five to twelve
새해 카운트다운은 12시 5분 전에 시작할 것이다.

2 I had an interview at **3**
three
but thanks to the light traffic, I got there at **2:50**.
ten to three
나는 3시에 인터뷰가 있었는데 교통이 얼마 없던 덕분에 3시 10분 전에 도착했다.

3 Please arrive at the job site at the latest by **8:50**.
ten to nine
늦어도 9시 10분 전까지는 직장에 도착해 주세요.

APPLY AND MORE

며칠 혹은 몇 주가 남았다고 얘기할 때도 앞에서 얘기한 to를 이용해서 표현할 수 있습니다. 며칠만 가면 해당 날이 온다, 이런 느낌으로 말이죠.

1 **3 days**
Three days
to the Olympics! I can't wait.
올림픽까지 3일 남았어! 나 정말 흥분된다.

2 Only **2 weeks**
two weeks
to New Years. I can't believe it's already the end of the year.
2주만 가면 새해야. 벌써 연말이라니 믿기지가 않아.

Dialogue

A We gotta leave soon. The school bus will arrive any minute.

B Take it easy. We can leave by **7:55**.
five to eight

A: 우리 빨리 나가야 해. 스쿨버스 곧 도착할 거라고.
B: 마음 편히 먹어. 우리 8시 5분 전까지 나갈 수 있어.

UNIT 7 # 한국 주소

Please send the book to me at 2137-20

two one three seven dash two oh

혹은

two one three seven dash two zero,

Bangbae-dong, Seocho-gu, Seoul.

그 책을 서울시 서초구 방배동 2137-20으로 보내주세요.

영어는 시간이든 장소든 큰 개념이 뒤로 가기 때문에 주소를 말할 때도 우리와는 반대예요. [번지 수 혹은 아파트 호수 + 동 + 구 + 시 + 도] 이런 순서로 나옵니다. 지번이 아닌 도로명 주소 체계로 해도 큰 그림은 바뀌지 않아요. '작은 것 먼저, 큰 것 뒤에' 이렇게 생각하시면 됩니다. 주소에 나오는 숫자는 hundred나 thousand 같은 자리 수 말고 간략 버전으로 읽어 주거나 하나 하나 읽습니다. 숫자 사이에 -가 있다면 이때는 dash라고 해주세요. 번지를 읽고 나서는 잠깐 쉬었다 계속 얘기하면 됩니다.

SPEAKING PRACTICE

1 I told him the address was wrong and that he needed to change it to **14-10 Yanghwaro 11-gil,**
fourteen dash ten
Yanghwaro
eleven gil
Mapo-gu, Seoul.

나는 그에게 주소가 잘못되었고 서울시 마포구 양화로 11길 14-10으로 바꿔야 한다고 말했다.

2 If you can't find us at the new address, try **378-16**
three seven eight dash sixteen
Seogyo-dong, Mapo-gu, Seoul.

새로 바뀐 주소에서 못 찾겠으면, 서울시 마포구 서교동 378-16으로 해보세요.

3 My address is **702-302, 4792**
seven oh two
dash
three oh two,
four seven nine two
Gosanjaro, Sungdong-gu. Seoul, Korea.

내 주소는 대한민국 서울시 성동구 고산자로 4792, 302동 702호이다.

APPLY AND MORE

요즘 아파트 거주자들이 많아서 동과 호수를 다 얘기하고 싶으면 동은 building number, 호수는 apartment number라고 하면 됩니다. 역시 순서는 작은 것이 먼저라서 호수가 먼저 오지요. 위의 3번 예문처럼 짧게 쓸 때는 [호수–동] 이렇게 dash로 연결해요. 이 외에 #(sharp)를 호수 앞에 쓰기도 하는데 읽을 때는 apartment number로 읽어 주세요.

1 I live at **#1105,**
apartment number
one one oh five 혹은
eleven oh five
Bld. 116
building
(number) one one six 혹은
one sixteen
Saramin Apartment Seogyo-dong.

나는 서교동 사람인 아파트 116동 1105호에 산다.

2 Please courier the contract to **807-301, 780**
eight oh seven
dash three oh one,
seven eighty
Haeundaero, Busan.

MP3 054

계약서를 부산광역시 해운대로 780, 301동 807호로 퀵으로 보내주세요.

3 My mailing address is my parents' house, which is **908-ho 101-dong**
nine oh eight-ho, one oh one-dong
Hyundai Apt. Amsaro **11-gil**
eleven-gil
Songpa-gu, Seoul.

apartment number, building number 대신 우리말 호(ho), 동(dong)으로 말해도 됩니다. 단, 우리나라에서 원어민한테 얘기할 때만입니다.

우편물 보내실 제 주소는 저희 부모님 집이에요. 서울시 송파구 암사로 11길 현대 아파트 101동 908호입니다.

Dialogue

A So then I said to the mail guy, "Look, you have the wrong address.
This is **2137-20**
two one three seven dash two zero
혹은
twenty-one thirty-seven dash twenty,
not **2137-22**."
two one three seven dash two two
혹은
twenty-one thirty-seven dash twenty-two

B I'm glad you spoke with him. I'm so tired of getting the neighbors' mail.

A: 그래서 내가 우체부 아저씨에게 "보세요, 주소가 잘못 되었어요. 여기는 2137-22가 아니라 2137-20이에요." 라고 말했어.
B: 우체부 아저씨랑 얘기했다니 잘됐네. 이웃 사람 우편물 받아주는 것도 이젠 정말 지겨워.

A How can I ship this to you? You live overseas.

B I use a shipping service.
Ship it to **1st Fl. Honamdae-gil 20,**
first floor Honamdae-gil twenty
Gwansan-gu, Gwangju.

A: 이거 어떻게 배송해 드리죠? 외국에 사시잖아요.
B: 저 배송 서비스 이용해요. 그거 광주광역시 광산구 호남대길 20 1층으로 보내주세요.

UNIT 8 외국 주소

MP3 055

The Walshes' address is 64 Bell St. LA, CA 90212.

sixty-four Bell Street,
Los Angeles,
California,
nine oh two one two

월쉬네 가족 주소는 64 벨 스트리트, 로스앤젤레스, 캘리포니아, 90212이다.

미국 주소에는 약자가 많이 쓰입니다. St.는 Street, Ave.는 Avenue고, 주 이름도 약자로 많이 쓰죠. 그래서 California는 CA, New York은 NY입니다. 캐나다의 경우, BC는 British Columbia주를 뜻해요. 이런 것 빼고 숫자 읽는 법은 앞서 연습한 것들과 같아요.

SPEAKING PRACTICE

1 I'm now living at
636 Ash St. Vancouver, BC V5H 3K7,
six three six Ash Street, Vancouver,
B C
(혹은 British Columbia)
V five H three K seven
so can you update my mailing address?

제가 지금 636 애쉬 스트리트, 밴쿠버, BC, V5H 3K7에 살거든요. 제 우편물 주소를 업데이트 해주시겠어요?

2 Please ship all the packages to my mother-in-law's place, at
54 Fullmoon Cres., Miami, FL 33109;
fifty-four Fullmoon Crescent,
Miami, Florida
(혹은 F L)
three three one oh nine
(혹은 three three one zero nine)
she's home during the day.

모든 소포를 제 장모님 댁인 54 풀문 크레센트, 마이애미, 플로리다 (혹은 FL), 33109로 보내주시겠어요? 보통은 장모님이 낮에 집에 계세요.

3 Maybe **87 Sunrise Blvd., San Diego, CA 90212**
eighty-seven Sunrise Boulevard, San Diego,
California
(혹은 C A),
nine oh two one two
(혹은 nine zero two one two)
wasn't considered a fancy address, but I was proud of myself for finally having my very own home in the Golden State.

the Golden State: 캘리포니아주를 일컫는 별칭입니다.

87 선라이즈 블루바드, 샌디에이고, 캘리포니아, 90212가 잘 사는 동네 주소라고 여겨지진 않겠지만, 드디어 캘리포니아에 내 집을 가지게 돼서 내 자신이 자랑스러웠다.

Dialogue

A You found a wallet on the street? Is there any ID in it?

B The woman's driver's license is right here. She lives at **1105 Grant Ave., Fort Lee, NJ 75203.**
one one oh five Grant Avenue, Fort Lee,
New Jersey
(혹은 N J),
seven five two oh three

A: 길에서 지갑을 주웠다고? 그 안에 신분증 있니?
B: 여자 운전면허증이 여기 있네. 1105 그랜트 애비뉴, 포트 리, 뉴저지 75203에 사네.

우편번호

MP3 056

The five-digit postal code for this neighborhood is 04035.

oh four oh three five

혹은

zero four zero three five

이 동네 다섯 자리 우편번호는 04035이다.

우편번호는 한 자리씩 읽으면 됩니다. 혹시 중간에 -가 있다면 dash라고 읽어 주세요.

SPEAKING PRACTICE

1 When you're sending out the Season's Greetings cards this year, remember the postal code for this neighborhood is **143-32**.
one four three dash three two 혹은 **one forty-three dash thirty-two**
올해 송년카드 보내실 때, 이 동네 우편번호가 143-32라는 것 기억해 주세요.

2 Although the postal code for this neighborhood is **04044**,
oh four oh four four 혹은 **zero four zero double four**
he wrote **04042**,
oh four oh four two 혹은 **zero four zero four two**
so the letter never arrived.
이 지역 우편번호가 04044인데, 그가 04042로 적어서 편지는 오지 않았다.

3 Please make sure you put the new postal code, which is **02178**.
oh two one seven eight
혹은
zero two one seventy-eight
새 우편번호를 02178로 썼는지 꼭 확인하세요.

APPLY AND MORE

캐나다 우편번호는 알파벳과 숫자가 섞인 6자리로 한 자리 한 자리씩 읽으면 됩니다.

1 My zip code is **R3R 0A4**.
R three R zero A four
내 우편번호는 R3R 0A4이다.

2 Judging from the postal code of the school division, which is **R3E**,
R three E
it must be in a rough area.

참고로, 미국은 우편번호로 zip code를, 캐나다는 postal code를 더 많이 씁니다.

그 교육청 우편번호인 R3E로 판단해 보건데, 거기가 범죄가 많은 지역에 있는 게 분명하다.

Dialogue

A To change the address on your driver's license, I'll need to know your postal code.

B Oh, no problem. Let me see. I've got it written down here somewhere.
It's **06511**.
oh six five one one 혹은
oh six five double one 혹은
zero six five one one 혹은
zero six five double one

A: 운전면허증에 있는 주소를 변경하시려면 제가 고객님 우편번호를 알아야 해요.
B: 아, 네. 잠깐만요. 여기 어디 써 놨어요. 06511입니다.

UNIT 10

응급전화

MP3 057

Please call 119.

one one nine

119로 전화하세요.

나라마다 응급전화와 대표 상담전화가 있습니다. 주로 3–4자리인 이 번호는 숫자를 한 자리 한 자리 끊어서 읽으면 됩니다.

SPEAKING PRACTICE

1 In case of emergency, please call **911**.
nine one one

응급 시 911로 전화하세요.

2 Every city has a city service line. For example, Toronto has **311**.
three one one

도시마다 도시 민원 서비스 전화가 있다. 예를 들어, 토론토는 311번이다.

3 If you want to report a crime in Korea, call **112**.
one one two

한국에서 범죄 신고를 하고 싶으면, 112로 전화하세요.

APPLY AND MORE

네 자리 수 전화번호도 읽는 법은 같습니다. 하나 하나 읽어 주면 되고, 가끔은 연도 읽는 것처럼 두 자리씩 끊어 읽기도 해요.

1 Thanks to the epidemic, the number **1339**
one three three nine
became very well known.

전염병 덕분에, 1339번이 매우 많이 알려지게 되었다.

2 At the bottom of the news about a celebrity committing suicide, you can always see the line 'Call **1393**
one three nine three
for support.'

유명인 자살 관련 뉴스 끝에는 항상 '지원이 필요하면 1393으로 전화하세요' 라는 문장을 볼 수 있다.

Dialogue

A The other day, while my kid was playing with my phone, he accidently called **119**.
one one nine

B You know it's actually a serious crime to prank call **119**.
one one nine

A: 요 며칠 전에, 우리 애가 내 전화기 가지고 놀다가 실수로 119에 전화했지 뭐야.
B: 119에 장난 전화하는 게 아주 심각한 범죄라는 것 너도 알지?

전화번호

MP3 058

My phone number is 010-2234-7555.

oh one oh,
double two three four,
seven triple five

내 전화번호는 010-2234-7555이다.

전화번호 말할 때, 숫자를 하나 하나 읽는 건 이젠 모두 아실 겁니다. 그런데 한 숫자가 두 번 쓰이거나 세 번 반복된다면 어떨까요? 그때는 [double + 해당 숫자](같은 숫자가 연속 두 번 나올 때), 혹은 [triple + 해당 숫자](같은 숫자가 연속 세 번 나올 때) 이렇게 말하면 돼요. 물론, 하나 하나 읽어도 무방합니다.

SPEAKING PRACTICE

1 Kelly's cell phone number is **1-204-8873-5422.**
one two oh four
double eight seven three
five four double two

켈리 휴대폰 번호는 1-204-8873-5422이다.

2 My land line is **82-2-4445-1156.**
eight two two
triple four five double
one five six

내 유선 번호는 82-2-4445-1156이다.

3 The staffing office is
917-775-0231.
nine one seven double seven five
oh two three one 혹은
nine one seven double seven five
zero two three one

인사과는 917-775-0231이다.

APPLY AND MORE

같은 번호가 두 개 연달아 나오면 double로 쓰지만 스펠링을 불러줄 때도 같은 철자가 두 번 연달아 나오면 double을 쓸 수 있어요.

1 Which **007**
double oh seven
movie is your favorite?

007 영화 중에 어떤 걸 좋아하세요?

2 My last name is
Leblann, **L-e-b-l-a-nn.**
l, e, b, l, a, double n

제 성은 르블란이에요. 엘, 이, 비, 엘, 에이, 엔 두 개.

Dialogue

A Can I have your phone number, please?

B Sure, it's **011-3338-0101.**
oh double one
triple three eight
oh one oh one
혹은
zero double one
triple three eight
zero one zero one

A: 전화번호가 어떻게 되세요?
B: 011-3338-0101이에요.

UNIT 12
내선번호

MP3 059

Extension 237

two three seven

혹은

two thirty-seven,

please.

내선번호 237번 부탁합니다.

대표번호로 전화하면 내선번호를 다시 누르거나 연결해 달라고 말로 해야 할 경우가 있습니다. 역시 번호를 숫자 하나씩 읽거나 세 자리라면 hundred 빼고 말하면 됩니다.

SPEAKING PRACTICE

1 If you need to call me directly, use extension **520**,
five twenty 혹은
five two oh 혹은
five two zero
but otherwise you can call the operator and ask to be connected.

저에게 직접 전화해야 하면 내선 520을 쓰시고, 그렇지 않으면 교환에게 전화해서 연결해 달라고 하시면 됩니다.

2 Put me through to extension
102,
one oh two
please.

내선 102번으로 연결 부탁합니다.

3 My land line is **02-338-3555**
oh two
double three eight
three triple five
and then extension
873.
eight seven three 혹은
eight seventy-three

일반전화는 02-338-3555이고, 내선번호는 873이다.

APPLY AND MORE

큰 회사 같은 곳에 전화하면 보통은 자동 응답 시스템(automated answering system)으로 연결되어 컴퓨터가 받습니다. 그럴 때 우물 정자나 별표 버튼을 누르라고 할 텐데요, 우물 정자 #는 pound라고 하고, 별표 *는 star라고 말합니다.

1 If you want to go back to the earlier step, please press **#.**
pound

이전 단계로 돌아가시려면 우물 정자를 누르세요.

2 I wonder what will happen if I press *****
star
in the middle of this automated answering message.

자동 응답 메시지 중간에 별표를 누르면 어떤 일이 생길까 궁금하다.

Dialogue

A What is the fastest way to contact you?

B Oh, call me on my land line and then press extension **44**.
forty-four

A: 당신께 연락을 취할 수 있는 가장 빠른 방법이 뭐죠?
B: 제 유선 전화로 전화하셔서 내선번호 44번을 누르세요.

UNIT 13

이메일 주소

MP3 060

My email address is saramin-23@naver.com.

saramin,
(all in lowercase,)
hyphen two three, at naver
(all in lowercase) dot com

내 이메일 주소는 saramin-23@naver.com이다.

이메일 주소를 말할 때, 흔히 아는 단어면 단어 그대로 불러주고 @은 at으로 읽습니다. 유명한 도메인이면 단어 그대로 읽고 .com을 dot com이라고 하면 되죠. 그런데 잘 모르는 도메인 혹은 영어 단어가 아니면 철자를 따로 읽어 주세요. -는 hyphen(하이픈), _는 underscore라고 하지요. 마지막으로, '모두 소문자로' 라고 하고 싶으면 단어 그룹을 읽고서 all in lowercase라고 해 줍니다. 대문자면 uppercase라고 하면 돼요.

SPEAKING PRACTICE

1 I kept sending the file to
h_j_i@gmail.com,
h underscore j underscore i
at gmail dot com
but it never got delivered.

나는 그 파일을 h_j_i@gmail.com으로 계속 보냈지만 전송되지가 않았다.

2 Whenever I get emails from
young-11@junk.com,
young hyphen eleven
at junk dot com
I delete it right away because I just know it's junk mail.

난 young-11@junk.com에서 온 이메일은 받을 때마다 정크메일이라는 걸 아니까 바로 지운다.

3 Back when I first made this email address,
tkfkadls@hotmail.com,
t k f k a d l s (all in lowercase)
at hotmail dot com
I didn't realize I would have to spell it out to everyone.

내가 처음 tkfkadls@hotmail.com 이메일 주소를 만들 땐 모두에게 매번 스펠링을 불러줘야 한다는 걸 몰랐다.

APPLY AND MORE

메일 주소에 대문자 소문자가 섞여 있을 땐 uppercase A, lowercase a 이렇게 말해요.

1 Once you work for us, we will give you an email account starting with the initial of your name
_Hr@ourcompanyname.com.
underscore
uppercase H lowercase r
at our company name
dot com

일단 저희와 근무하게 되면 성함 첫 글자_Hr@ourcompanyname.com의 이메일 계정을 드릴 겁니다.

2 If you have any questions, feel free to contact me at
customerserviceNo1@saramin.com.
customer service
Uppercase N lowercase o
one
at s a r a m i n dot com

질문 있으시면 customerserviceNo1@saramin.com으로 편하게 연락해 주세요.

UNIT 14

방 호수

MP3 061

My room number is 2012.

twenty twelve

혹은

two oh one two

내 방은 2012호이다.

방이나 사무실 번호를 얘기할 때 숫자를 읽는 방법은 여러 가지가 있어요. 하나 하나 읽거나, 세 자리 숫자라면 hundred를 빼고 읽거나, 네 자리 숫자면 두 자리씩 끊어서 읽을 수도 있지요. 여러분 입에 더 잘 붙는 걸로 연습하면 됩니다.

SPEAKING PRACTICE

1 There seems to be some mistake because I asked for adjoining rooms but my room number is **702** **seven oh two** 혹은 **seven zero two** and my wife's is **705**. **seven oh five** 혹은 **seven zero five**

무언가 실수가 있는 것 같다. 왜냐하면 내가 서로 붙어 있는 방을 요청했는데 내 방은 702호이고 와이프 방은 705호이기 때문이다.

2 My room number is **335** **three thirty-five** 혹은 **three three five** and I need someone to bring me up an iron.

제 방은 335호이고 지금 누가 다리미 좀 가져다 주셨으면 좋겠어요.

3 Please have the room service sent up right away; my room number is **890**. **eight ninety** 혹은 **eight nine oh** 혹은 **eight nine zero**

바로 룸서비스 좀 올려 보내주세요.
제 방은 890호입니다.

APPLY AND MORE

글자와 섞여 있는 방 번호도 있는데, 보통 [건물의 이니셜 + 숫자]로 이루어져 있습니다. 이때도 순서대로 읽습니다.

1 The professor's office is **A3248** **A three two four eight** 혹은 **A thirty-two forty-eight** in Ashdown Hall.

교수님 연구실은 애쉬다운 홀 A3248호이다.

2 My apartment number is **C3**. **C three** Come through the East door.

내 아파트 번호는 C3예요. 동쪽 문으로 들어오세요.

Dialogue

A Do you know Jack's room number? I need to talk to him about tomorrow's presentation.

B Sure. He's staying in **541**. **five four one** 혹은 **five forty-one**

A: 너 잭 방 번호 알아? 내일 발표 때문에 걔랑 얘기해야 하는데.
B: 응. 걔 541호에서 지내.

UNIT 15 비행편명

MP3 062

Flight **KE207**
K E two oh seven
will leave from **Gate 4**
Gate four
at **15:00.**
fifteen hundred

KE 207편이 4번 게이트에서 15시에 출발합니다.

시간을 얘기할 때 군대나 항공사에서는 오전, 오후 나누지 않고 24시간으로 얘기해 정각일 때는 분 자리에 오는 00을 hundred라고 읽어요. 그래서 15:00이 fifteen hundred가 되는 거죠. 공항 이용 시 필요한 내용이지만 승객인 여러분들은 굳이 저렇게 읽지 않아도 됩니다.

SPEAKING PRACTICE

1 Please go to **Gate 27**
Gate twenty-seven
at least **30**
thirty
minutes before boarding time.

보딩 시작 적어도 30분 전에 27번 게이트로 가 주세요.

2 I thought that Flight **QF498**
Q F four ninety-eight
would leave from
Gate 113 at 12:00,
Gate one (hundred and) thirteen at twelve
but it was actually **12:30,**
twelve thirty
which is why I had to sit at the gate an extra **30 minutes.**
thirty minutes

나는 QF498편이 113번 게이트에서 12시에 출발하는 줄 알았는데 사실은 12시 30분이었다. 그게 내가 게이트에 30분 더 앉아 있어야 했던 이유다.

APPLY AND MORE

24시간 형태로 시간을 읽는 법은 군대 관련 영화나 수사물에 많이 나옵니다.

1 The soldiers marched on the parade grounds from **0600**
oh six hundred
until **1200.**
twelve hundred

군인들은 연병장에서 아침 6시부터 12시까지 행진했다.

2 Target on my six! Target on my six o'clock! Cover me!

6시 방향 목표물이 있다! 목표물 6시 방향! 나를 엄호하라!

Dialogue

A This is your boarding pass. Your flight,
AZ365
A Z three six five 혹은
A Z three sixty-five
leaves from **Gate 39.**
Gate thirty-nine
Please keep in mind that boarding starts at
11:15.
eleven fifteen

B Thank you.

A: 여기 탑승권입니다. 고객님 탑승기 AZ365편은 39번 게이트에서 출발합니다. 11시 15분에 보딩 시작하는 거 기억해 주세요.
B: 감사합니다.

역사적 인물

MP3 063

Queen Elizabeth I

Queen Elizabeth the first

혹은

Queen Elizabeth one

is one of the most famous sovereign.

엘리자베스 1세 여왕은 가장 유명한 군주 중 한 명이다.

왕이나 귀족 이름에 붙는 '00 몇 세'는 이름 뒤에 [the + 서수]로 읽는 방법과 그냥 기수로 말하는 방법 두 가지가 있습니다. 하지만 1-3 정도까지만 기수로 읽지 그 후부터는 항상 서수로만 읽어요.

SPEAKING PRACTICE

1 As was the tradition at the time,
Queen Elizabeth I
Queen Elizabeth the first 혹은
Queen Elizabeth one
ruled England and Ireland until her death.

그 당시 전통에 따라, 엘리자베스 1세 여왕은 죽을 때까지 영국과 아일랜드를 다스렸다.

2 The movie *The King's Speech* is about
King George VI
King George the sixth,
who is the father of
Queen Elizabeth II.
Queen Elizabeth the second 혹은
Queen Elizabeth two

영화 〈킹스 스피치〉는 엘리자베스 2세 여왕의 아버지 조지 6세에 관한 것이다.

3 **Edward VIII**
Edward the eighth
abdicated the throne for love.

에드워드 8세는 사랑 때문에 왕위에서 물러났다.

APPLY AND MORE

'1차 세계대전, 2차 세계대전'은 왕 이름 읽는 것과 비슷하지만 조금 달라요. 기수로 World War one이라고 읽거나 서수로 the first World War라고 합니다.

1 There are so many movies about
World War 2.
world war two 혹은
the second world war

2차 세계대전에 관련한 영화가 아주 많이 있다.

2 Some people say the first two world wars contributed a lot to some economies, but we all agree
World War 3
world war three 혹은
the third world war
will destroy the world's economy.

어떤 사람들은 첫 번째 두 세계대전이 몇몇 국가 발전에 크게 기여했다고 말하지만 3차 세계대전은 세계 경제를 파괴할 것이라는 것에 우리 모두 동의한다.

Dialogue

A Is the Queen in the movie *Shakespeare in Love*
Queen Elizabeth I or II?
Queen Elizabeth one or two

B **Queen Elizabeth I,**
Queen Elizabeth one 혹은
Queen Elizabeth the first
of course.
Queen Elizabeth II
Queen Elizabeth two 혹은
Queen Elizabeth the second
is still alive.

A: 영화 〈셰익스피어 인 러브〉에 나오는 여왕이 엘리자베스 1세야, 2세야?
B: 당연히 엘리자베스 1세 여왕이지. 엘리자베스 2세 여왕은 아직 살아 있어.

UNIT 17

100에 80

MP3 064

We had a great turnout, 80 out of 100.

eighty out of a hundred

혹은

eighty out of one hundred

참석률이 100에 80으로 매우 좋았다.

퍼센트로 말 안 하고 100 중에 80, 10 중에 6 이런 식으로 말할 때 영어는 작은 숫자부터 말합니다. '~ 중에서'는 out of라서 [작은 수 + out of + 큰 수]라고 하면 됩니다.

SPEAKING PRACTICE

1 The corn is of pretty low quality, so only about **5 out of 10** (**five out of ten**) actually pop into popcorn.

그 옥수수는 품질이 꽤 낮아서 10개 중 5개 정도만 팝콘으로 튀겨진다.

2 At his high school, **70 out of 100** (**seventy out of one hundred**) on a test was considered above average, but his mother was never satisfied.

그의 고등학교에서는 시험에서 100점 중 70점이면 평균 이상이라고 여겨졌는데, 그의 엄마는 전혀 만족하지 않았다.

3 They need at least **60 out of 100** (**sixty out of one hundred**) of the members to vote yes in order to change the organization's charter.

기관의 헌장을 바꾸려면 적어도 재직 인원 100명 중 60명이 찬성 투표를 해야 한다.

APPLY AND MORE

'1부터 10까지를 맥시멈으로 할 때'로 얘기하고 싶으면 on a scale from one to ten을 쓰세요.

1 On a scale **from 1 to 10** (**from one to ten**), I would say that movie is a solid seven.

1부터 10까지라고 할 때, 나라면 그 영화가 흔들림 없는 7이라고 말하겠다.

2 Can you tell me how bad the pain is, on a scale **from 1 to 10** (**from one to ten**)?

1부터 10까지라고 할 때 고통이 얼마나 심한지 얘기해 주시겠어요?

Dialogue

A How's your new book store doing? Getting lots of customers?

B Sure, but only **1 out of 20** (**one out of twenty**) actually buys a book. I think the rest go home and order online.

A: 새로 연 서점은 어떻게 되어 가고 있어요? 고객들 많이 와요?
B: 네. 그런데 20명 중 한 명만 실제로 책을 사지 나머지는 집에 가서 온라인으로 주문하나 봐요.

PART 2

우리말 속 숫자 표현
영어로 말하기

숫자를 떼어놓고 일상 생활을 하기 힘들 정도로 우리 삶 곳곳에 숫자와 관련된 표현이 들어 있습니다. 이런 숫자 관련 표현, 영어로는 어떻게 할까요? 우리는 숫자를 쓰지만, 영어에서는 숫자가 아닌 다른 단어로 표현하는 경우도 있고, 또 그 반대의 경우도 있을 수 있습니다. 알아두면 스피킹, 리스닝, 리딩, 라이팅에서 엄청 큰 도움이 되는 숫자 표현, 이제부터 하나 하나 펼쳐 보이겠습니다.

CHAPTER 1

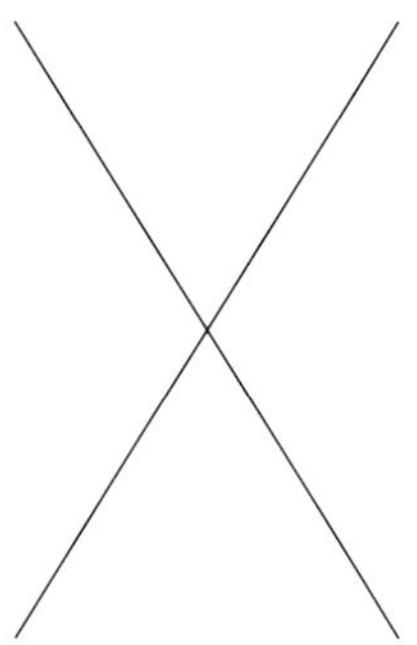

일상 생활 숫자 표현

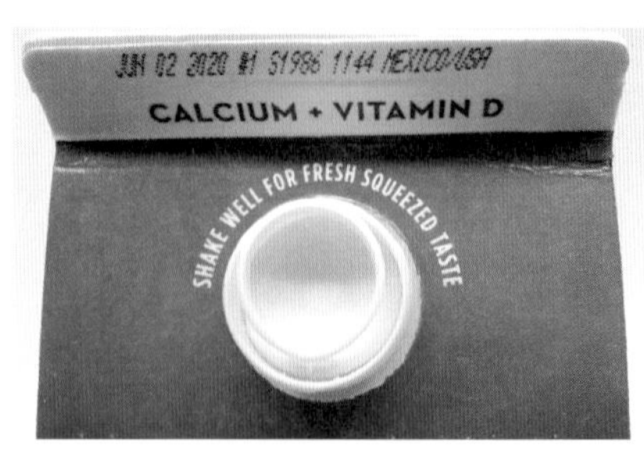

UNIT 1	나 1등 했다.
UNIT 2	선착순 10명
UNIT 3	세계 상위 5개 회사들
UNIT 4	한 번, 두 번, 세 번, 네 번….
UNIT 5	첫 번째, 두 번째
UNIT 6	삼 일에 한 번/ 세 달에 한 번/ 삼 년에 한 번
UNIT 7	유통기한은 2020년 3월 10일이다.
UNIT 8	그거 벌써 절반 정도 끝났다.
UNIT 9	십중팔구로 걔 나한테 지갑 사 줄 걸.
UNIT 10	그가 올 확률은 반반이다.
UNIT 11	오십보백보다!
UNIT 12	3주 만에 처음으로
UNIT 13	높이 10cm, 너비 7cm, 깊이 5cm 상자
UNIT 14	짝수 층에만
UNIT 15	10달러를 5명이 나누면 각각 2달러씩 가져간다.
UNIT 16	가로 10미터 x 세로 3미터
UNIT 17	4의 배수들로
UNIT 18	그럴 가능성은 10,000분의 1보다 적다.

UNIT 1

MP3 065

나 1등 했다.

I won[got] first place[prize].

'1등'은 first place 혹은 first prize라고 합니다. 2등, 3등은 서수로 second, third를 쓰면 되지요. 영어에서는 '1등 하다'고 할 때 동사 win을 쓰는데요, 이때의 win은 '차지하다'의 뜻이에요. 요즘엔 get도 많이 쓰는 편입니다.

SPEAKING PRACTICE

1 She was so excited to have won first prize at the spelling bee.
그녀는 철자법 대회에서 1등을 해서 매우 설레었다.

2 No matter how hard he tried, he could only ever win second place.
그가 아무리 열심히 노력해도 그는 2등밖에 할 수 없었다.

3 You have to get at least third place to get a trophy at the tournament.
토너먼트 시합에서 트로피를 받으려면 적어도 3등은 해야 한다.

APPLY AND MORE

등수를 서수로 쓰다 보니 자꾸 앞에 the를 붙이고 싶어지죠? 그런데 앞에 the first prize 이렇게 쓰면 제일 처음으로 주는 상, 즉 시상식에서 순서상 제일 첫 번째로 나간 상이 됩니다. 그러므로 등수를 나타내는 first, second 앞에는 the를 쓰지 않도록 조심하세요.

1 The first prize at the Oscars is for Actor in a Supporting Role.
아카데미 시상식에서 첫 번째 상은 남우조연상이다.

2 To make it more dramatic, the first prize is usually second place. And the remaining two get first or third place.
시상식을 더 극적으로 하기 위해, 첫 번째 상이 주로 2등이고 남은 두 사람이 1등이나 3등을 받는다.

Dialogue

A Congrats, Tom. I heard you did really well at the singing contest.

B Yeah, I actually surprised myself. I never expect to get second place.

A: 톰, 축하해. 노래 경연대회에서 아주 잘했다고 들었어.
B: 응, 나도 사실 놀랐지 뭐야. 2등 할 거라고는 기대하지도 않았거든.

MP3 066

선착순 10명

The first ten people

도전의식을 불러일으키는 단어 중 하나가 바로 이 선착순입니다. '선착순 몇 명'이라는 건 첫 번째로 먼저 온 사람들 몇 명을 말하니까 영어에서도 첫 번째라는 서수 first를 그대로 가져다 써요. 그래서 [the first + 사람 수] 이렇게 씁니다.

SPEAKING PRACTICE

1 The first ten people in line will get the "door crasher" prizes.

줄 서 있는 선착순 10명이 '도어 크래셔' 상을 받을 것이다.

door crasher: 쇼핑몰 문 열자마자 막 쳐들어오듯이, 문을 부술 기세로 새벽부터 와 줄 서 있는 사람들을 가리키는 말이에요.

2 The first five people to call win a free toaster.

호명된 선착순 5명이 토스터기를 무료로 받는다.

3 The first three people to enter the contest will get a ticket to Las Vegas.

콘테스트에 응모한 선착순 3명이 라스베가스 행 표를 받을 것이다.

APPLY AND MORE

[the first + 사람 수]가 꼭 우리말로 선착순이 아닐 수도 있어요. 문맥에 따라 '첫 번째로 무언가를 한 몇 명'일 수도 있지요. 그리고 '선착순 몇 명'이 아니라 그냥 '선착순'이라고 할 때, 예를 들어, 복지관에 가서 요가 강습을 끊을 때 선착순이라든지 할 때요, 이때는 first come, first served라는 말도 많이 합니다.

1 He was one of the first ten people in the whole world to run a four-minute mile.

그는 세계에서 1마일에 4분대를 달린 첫 번째 열 명 중 하나였다.

2 The registration is first come, first served.

등록은 선착순이다.

Dialogue

A Hurry up. I don't want to be late. I really want to go to this concert.

B I'm coming, I'm coming. Don't worry. The first 100 (**one hundred**) people in line will get tickets.

A: 서둘러. 나 늦기 싫단 말이야. 정말로 이 콘서트 가고 싶다고.

B: 간다, 가. 걱정하지 마. 줄 서 있는 선착순 100명이 표를 받을 거야.

UNIT 3

세계 상위 5개 회사들

the world's top five companies

상위 몇 개라고 표현할 때는 [the top + 숫자 + 명사]라고 하면 됩니다. 위에서부터 몇 개를 끊으니까 top을 쓰는 거죠. 의외로 활용할 일이 많은 표현입니다.

SPEAKING PRACTICE

1 The world's top five companies employ a combined 5 five million people.

세계 상위 5개 회사가 합쳐서 총 5백만 명을 고용하고 있다.

2 As the CEO of one of the world's top three computer software companies, he has appeared on the cover of *Forbes* magazine more than once.

세계 상위 3개 컴퓨터 소프트웨어 회사 중 하나인 회사의 CEO로서, 그는 〈포브스(Forbes)〉 잡지 표지에 한 번 이상 나왔다.

3 Although they produced only a few products, they were still one of the world's top ten companies due to the size of their profits.

그 회사가 2–3개 제품만을 생산하기는 했지만, 그들의 수익 규모 때문에 그곳은 여전히 세계 상위 10개 회사 가운데 하나였다.

MP3 067

APPLY AND MORE

그럼 '하위 몇 개'는 뭘까요? 이 때는 [the bottom + 숫자 + 명사]라고 하면 됩니다. top의 반대가 bottom이니까요.

1 The teacher decided to give the bottom ten students a re-test.

선생님은 하위 열 명 학생들에게 재시험을 보기로 결정했다.

2 The program was very difficult. Every day they cut the bottom two guys.

그 프로그램은 매우 어려웠다. 매일 하위 두 명이 잘려나갔다.

Dialogue

A What is the reason you applied for this position?

B First of all, you are one of the top ten companies in the field.

A: 이 직책에 지원한 이유가 뭐죠?
B: 일단 무엇보다, 귀사가 업계 상위 10개 회사 가운데 하나이기 때문입니다.

UNIT 4

한 번, 두 번, 세 번, 네 번….

once, twice, three times, four times...

회수를 얘기할 때, '한 번'은 once, '두 번'은 twice, 그 다음부터는 [숫자 + times]를 씁니다. times는 이렇게 구체적인 숫자와 쓰이기도 하고, 대략적인 수를 나타내는 단어와도 같이 쓰여 '2–3번, 대여섯 번, 여러 번'이라고 하면 각각 a few times/ several times/ many times라고 하죠.

SPEAKING PRACTICE

1 I've seen the movie **three times** already.

나는 그 영화를 벌써 세 번이나 봤다.

2 We have visited Easter Island **twice**.

우리는 이스터 섬에 두 번 가 본 적이 있다.

3 While I was away, he called me **three times** and visited my office **many times**.

내가 휴가 가 있는 동안, 그는 나에게 세 번 전화했고 내 사무실에 여러 번 왔다.

APPLY AND MORE

once는 이렇게 회수를 얘기할 때도 쓰이지만, '옛날에 한 번'이라는 과거 시간을 나타내는 의미로도 쓰여요. 또 '일단 ~하면'의 부사절 접속사로도 쓰입니다. 뜻이 다양한데 어떻게 구분하냐고요? 문맥을 읽고 판단하는 수밖에 없습니다.

MP3 068

1 Sam once said to me that he had a big crush on me when we were young.

어렸을 때 샘이 나를 아주 좋아했었다고 예전에 한 번 말했었다.

2 Once you pass the screening, Human Resources will get in touch.

일단 적격 심사에 통과하면, 인사과에서 연락할 것이다.

Dialogue

A Have you ever tried Japchae?

B Sure. I've had it **more than three times**. I love that noodle dish.

A: 잡채 먹어 본 적 있어요?
B: 그럼요. 세 번 넘게 먹어 봤죠. 저 그 면 음식 완전 좋아해요.

UNIT 5

첫 번째, 두 번째
the first time, the second time...

'(~해 본) 첫 번째, 두 번째' 라고 하면 the first time, the second time이라고 해요. 짧게 'This is my first time. (이번이 처음이에요.)' 이렇게 얘기할 수도 있지만, 뒤에 동명사(V-ing)나 [주어 + 동사] 문장을 붙여 더 자세하게 설명하며 쓰기도 합니다.

SPEAKING PRACTICE

1 This is my first time riding a roller coaster and I am really nervous.
이번이 내가 롤러코스터를 처음 타 보는 건데 정말 긴장된다.

2 After my second time speaking with my boss, I realized he was open to hearing other people's suggestions.
상사와 두 번째 얘기한 후, 나는 그가 다른 사람의 제안에 귀를 열어 두고 있다는 걸 알아차렸다.

3 The first time I kissed a boy was at sleep-away camp, the summer I turned **16.**
sixteen
내가 남자애랑 처음 키스한 때는 16살 되던 해 여름에 집에서 멀리 떨어진 곳에서 하던 캠프에서였다.

APPLY AND MORE

'(~해 본) 마지막'이라고 하고 싶으면 first 대신 last를 써서 the last time이라고 하면 돼요. 위에서처럼 역시 뒤에 동명사나 문장을 쓸 수 있어요.

MP3 069

1 The last time I talked to Jenny was **2** two weeks ago.
내가 제니와 마지막으로 얘기한 때가 2주 전이었다.

2 I hope this is the last time I ever have to change diapers.
이게 내가 기저귀를 갈아야 하는 마지막이길 바란다.

Dialogue

A This is the third time I've had to bring back my car. You're the worst mechanic I've ever met.
B Well, have you considered your car is just a lemon? No one could fix it.

lemon: 특히 미국에서 제대로 작동되지 않는 쓸모없는 것, 불량품, 고물이라는 뜻으로 쓰입니다.

A: 내가 차를 다시 가져와야 했던 게 이번이 세 번째네요. 그쪽이 내가 이제까지 만난 사람 중 제일 형편없는 수리 기사라고요.
B: 글쎄요, 손님 차가 완전 고물이라는 생각은 안 해보셨나요? 아무도 그거 못 고칠 겁니다.

MP3 070

삼 일에 한 번

every third day

every three days

세 달에 한 번

every third month

every three months

삼 년에 한 번

every third year

every three years

'며칠/몇 주/몇 달에 한 번씩'은 다르게 말하면 '매 며칠/매 몇 주/매 몇 달 마다'입니다. 그래서 [every + 기수 + days/ weeks/ months(복수)]라고 해요. 또, 이걸 서수로 쓸 수도 있는데, 그때는 [every + 서수 + day/ week/ month(단수)]로 쓰면 됩니다. 아마, 영어 원서 등을 읽을 때 많이 보게 될 겁니다.

SPEAKING PRACTICE

1 Every three years, my dad would paint the backyard fence.

3년마다 한 번씩 (3년마다), 우리 아빠는 뒷마당 울타리를 칠하셨다.

2 Every second day, my father would try to get my mom to order pizza for dinner.

이틀마다 한 번씩 (이틀마다), 아빠는 엄마에게 저녁으로 피자를 주문하게 하려고 하셨다.

3 When I was training for the marathon, I would do a really long run only every fifth day.

내가 마라톤 연습을 했을 때는, 난 5일마다 한 번씩만 (5일마다) 장거리를 뛰곤 했다.

APPLY AND MORE

'이틀/ 이 주/ 두 달마다 한 번씩'이라고 할 때는 two나 second 말고 other를 써서 every other day/ week/ month라고도 합니다.

1 Tom and I had a long distance relationship. We used to meet every other week.

톰과 나는 장거리 연애를 했다. 우리는 이 주에 한 번씩 만나곤 했다.

2 There's a big staff meeting in the office every other month.

대규모 직원 회의가 두 달에 한 번씩 있다.

Dialogue

A What's your schedule like this semester?

B I've got math every second day and PE every fifth day, which is once a week.

A: 이번 학기 네 스케줄은 어때?
B: 이틀마다 한 번씩 수학이 있고 5일마다 한 번씩, 그러니까 일주일에 한 번 체육이 있어.

UNIT 7

유통기한은 2020년 3월 10일이다.

The expiration date is March 10, 2020.

March (the) tenth, twenty twenty

'유통기한'은 expiration date인데 직역하면 '만료 날짜'입니다. 날짜 읽는 법은 PART 1에서 나왔는데요, 우리나라와 반대로 '작은 것 먼저, 큰 것 뒤에' 이렇게 생각하시면 금방 입에 익을 거예요. [날짜 + 연도]도 이 순서대로 얘기하세요. 날짜는 [월 + 일]이고요. 일은 항상 서수로 읽습니다. 연도는 두 자리씩 끊어서 읽는데, 2000년부터 2009년까지는 thousand를 써서 자리 수대로 읽는 것, 꼭 기억하세요.

SPEAKING PRACTICE

1 No wonder this milk tastes terrible; the expiration date was May 18.
May eighteenth

이 우유, 맛이 이상한 게 당연하다. 왜냐하면 유통기한이 5월 18일이었으니까.

2 Canned tuna lasts a long time; for this one the expiration date is Nov. 7, 2025.
November seventh, twenty twenty-five

통조림 참치는 오래 간다. 이건 유통기한이 2025년 11월 7일이다.

MP3 071

3 The expiration date is June 1, 2020,
June first, twenty twenty
which was 3
three
days ago, but I bet this yogurt is still fine to eat.

유통기한이 2020년 6월 1일, 즉 3일 전이었지만 나는 이 요거트 아직도 먹어도 괜찮다고 생각한다.

APPLY AND MORE

실제 식료품 라벨이나 뚜껑에 도장으로 찍혀 있는 유통기한 문구는 [best by + 날짜] 혹은 [use by + 날짜]예요. 짧게 써야 하니까요. '언제까지 쓰면 가장 좋다' 혹은 '언제까지 다 써라' 라고 짧지만 효과적으로 얘기해 주는 겁니다.

1 It says on the side of the lid 'use by April 20, 2031'.
April twentieth, twenty thirty-one

뚜껑 옆에 유통기한 2031년 4월 21일이라고 쓰여 있다.

2 This salsa sauce is best by Sep. 2.
September second
Should we still buy it?

이 살사 소스 유통기한이 9월 2일까지인데, 그래도 우리 이거 살까?

Dialogue

A When did you buy this milk? Yesterday, right? It's already expired.

B Let me see that. Yikes, the expiration date is April 6.
April sixth
That was two days ago!

A: 이 우유 언제 샀어? 어제, 맞지? 이미 유통기한이 지났네.
B: 어디 봐. 이런, 유통기한이 4월 6일이네. 그게 벌써 이틀 전이잖아!

UNIT 8

그거 벌써 절반 정도 끝났다.

It's already half finished.

'반'은 half이고, '끝난'이라고 할 때 finished를 쓰므로 '반이 끝난'은 half finished라고 합니다. 앞에 오는 부사는 내가 상황을 어떻게 보냐에 따라 already(이미, 벌써), only(밖에), even(조차도) 등 다양하게 쓸 수 있습니다.

SPEAKING PRACTICE

1 It's midnight and my homework is only **half finished**.

지금 자정인데 내 숙제는 이제 반밖에 안 끝났다.

2 He forgot the book on the bus when he was only **half finished**.

그는 절반 밖에 안 읽었을 때 그 책을 버스에 두고 내렸다.

3 She was so tired of eating the same pie for dessert every day that she threw it out before it was even **half finished**.

그녀는 똑같은 파이를 매일 디저트로 먹는 게 너무 지겨워져서 그걸 반도 다 먹기 전에 버려 버렸다.

APPLY AND MORE

'끝나다' 라고 할 때 be finished 말고 be done도 많이 씁니다. be done과 half를 같이 쓸 때는 half 뒤에 way를 붙여서 halfway done이라고도 합니다.

1 I don't have time to chat with you because my project is only **halfway done**.

프로젝트가 반만 끝나서 내가 지금 너랑 수다 떨 시간이 없다.

MP3 072

2 It felt like the task was almost done because it's already **halfway done**.

그 과제가 이미 반이나 끝나서 거의 다 끝난 것 같은 느낌이었다.

Dialogue

A Alright, everyone. Please hand in your assignments.

B That's due today! I totally forgot and I am only **half finished**.

A: 자, 여러분. 숙제 제출하세요.
B: 오늘 마감이었군요. 완전히 까먹고 있었고 반밖에 안 끝냈는데요.

UNIT 9

십중팔구로 걔 나한테 지갑 사 줄 걸.

Ten to one he'll get me a wallet.

가능성이 높은 것을 얘기할 때 우리말은 10 중 8이나 9, 즉 '십중팔구' 이렇게 표현하지만, 영어는 11을 걸어서 10개는 원하는 결과가 나오고 1개는 원하지 않는 결과가 나온 경우라고 말합니다. 그래서 우리말의 '십중팔구'에 해당하는 말이 ten to one이고, 아주 높은 가능성을 뜻하는 표현입니다.

SPEAKING PRACTICE

1 Ten to one he'll come late and then blame it on the traffic.

십중팔구 그는 늦게 올 거고 교통 탓을 할 것이다.

2 Ten to one she'll want to go for pizza even though everyone else wants to get Chinese food.

십중팔구 그녀는 다른 사람들이 다 중국음식 먹고 싶다고 해도 피자 먹으러 가고 싶다고 할 것이다.

3 Ten to one he sinks the next basket and wins the state championship for his team.

십중팔구 그는 다음 번 트라이에서 골을 넣을 것이고 자기 팀을 주 대항 경기 챔피언으로 이끌 것이다.

APPLY AND MORE

'십중팔구' 라고 할 때 ten to one도 쓰지만 I'll give you ten to one odds라고도 많이 해요. odds 자체가 '가능성, 도박에서의 승률'이라는 뜻이 있기 때문에 그냥 the odds that …(~일 가능성) 이렇게도 많이 씁니다.

MP3 073

1 I will give you ten to one odds that this book will sell well.

십중팔구 이 책 잘 팔릴 거야.

2 The odds that she will get hired are pretty good.

그녀가 고용될 가능성이 꽤 높다.

Dialogue

A Have you heard from Mike yet? He promised he'd call after lunch.

B Nothing yet. Ten to one he doesn't call until tomorrow. He's unreliable.

A: 마이크로부터 소식 들었니? 걔가 점심 먹고 전화하겠다고 약속했는데.
B: 아직 아무것도. 십중팔구 걔 내일이나 돼야 전화할 걸. 걔 믿기 힘들어.

UNIT 10

그가 올 확률은 반반이다.

It's even odds that he will come.

(=The chances that he will come are even.)

앞에서 나온 odds가 또 나왔습니다. 확률이 반반이라는 것도 가능성에 대한 거니까요. even은 '(점수나 양이) 공평한, 동일한'의 뜻도 있고 '대등한'이란 뜻도 있어요. 그래서 even odds라고 하면 확률이 동일한, 즉 '반반'이라는 말이 됩니다. It's even odds that 뒤에 문장을 쓰는데, 이때 that은 생략 가능해요.

SPEAKING PRACTICE

1 It's even odds that he forgot to buy her a birthday present.

그가 그녀에게 생일 선물 사 주는 걸 잊어 버렸을 확률이 반반이다.

2 With the way she drives, it's even odds she'll crash that car within a week.

그녀가 운전하는 식으로는, 일주일 내에 차를 박살낼 확률이 반반이다.

3 When you're flipping a coin, it's even odds it'll come up heads.

동전의 앞면은 head, 뒷면은 tail이라고 합니다.

동전을 던질 때, 동전의 앞면이 나올 확률은 반반이다.

MP3 074

APPLY AND MORE

확률이 반반이라고 할 때 a 50/50 [fifty-fifty] chance가 있다고도 표현해요.

1 There are only two answer choices. There's a 50/50 / a fifty-fifty chance of getting it right.

정답 보기는 두 개밖에 없다. 맞을 확률이 반반이다.

2 There's a 50/50 / a fifty-fifty chance that he will say yes.

그가 수락할 가능성이 반반이다.

Dialogue

A You're ready to go? Come on. We're going to be late for the company picnic.

B Hold on a second. I need to grab my raincoat and umbrella. It's even odds it's going to rain this afternoon.

A: 나갈 준비 다 되었니? 가자. 회사 야유회에 늦겠어.
B: 잠깐만. 비옷이랑 장화 챙겨야지. 오늘 오후에 비 올 확률이 반반이야.

MP3 075

오십보백보다!

It's six of one and half a dozen of the other.

크리스피 크림 도넛 가게에서는 도넛 세트를 더즌(dozen)으로 팝니다. '열 둘'을 의미하는 dozen의 반(half a dozen)이나 6이나 같은 거죠? 그래서 '그게 그거다', '오십보백보다' 라고 할 때 이 표현을 써요. '~와 ~는 별개이다' 라고 할 때 one과 the other를 쓰는데 오십보백보에도 이 one과 the other가 나왔습니다.

SPEAKING PRACTICE

1 After arguing if they should see the new Stallone or new Schwarzenegger movie, they agreed it's six of one and half a dozen of the other.

실베스터 스탤론의 새 영화를 볼지 아놀드 슈왈제네거의 새 영화를 볼지 논쟁 후에, 그들은 이거나 그거나 오십보백보라는 데 동의했다.

2 Both his grandparents were terrible cooks. No matter who was in charge of making dinner, it was six of one and half a dozen of the other.

할머니 할아버지 둘 다 요리를 너무 못하셨다. 누가 저녁을 만들기로 했든 간에, 오십보백보였다.

3 He hated traveling outside of the city, so choosing between the mountains and the seaside was six of one and half a dozen of the other.

그는 도시 밖으로 여행하는 것을 끔찍이도 싫어해서 산과 바다 중에서 고르는 게 그게 그거였다.

APPLY AND MORE

six of one and half a dozen of the other 이게 기억이 안 나면 그냥 쉽게 about the same이라고 하면 됩니다. 또 there's not much difference 혹은 there's no real difference라고 해도 좋아요.

1 She spent a long time deciding which toppings to get, but she figured all pizzas were about the same.

그녀는 어떤 토핑으로 할까 결정하느라 시간을 오래 썼지만 결국 모든 피자가 다 비슷하다고 생각했다.

2 One of the cocktails had fancy imported vodka, but Tim said there was no real difference.

칵테일 중 하나에는 비싼 수입 보드카가 들어 있지만 팀은 별 차이가 없다고 말했다.

Dialogue

A Can you decide between the red polka dot shirt and the one with purple stripes?

B What's the point? They're both awful. It's six of one and half a dozen of the other.

A: 빨간색 물방울무늬 셔츠랑 보라색 줄무늬 셔츠 중에서 결정할 수 있겠어?
B: 그게 뭐가 중요해? 둘 다 완전 별로인데. 오십보백보라고.

UNIT 12

MP3 076

3주 만에 처음으로

for the first time in three weeks

'처음으로'는 for the first time이라고 하는데요. 뒤에 기간을 붙이면 '어느 기간 만에 처음으로' 라는 의미가 됩니다. 의외로 회화나 독해에서 많이 나오는 표현이에요. 이때 뒤의 기간은 [in + 숫자 + days/ weeks/ months/ years] 등의 시간이나 기간 단위로 표현하면 OK!

SPEAKING PRACTICE

1 He called me last night for the first time in three months.

그가 석 달 만에 처음으로 어젯밤 나에게 전화했다.

2 I finally got my daughter to practice piano for the first time in two weeks.

나는 드디어 2주 만에 처음으로 딸아이가 피아노 연습을 하게 시켰다.

3 It rained yesterday for the first time in six months.

6개월 만에 처음으로 어제 비가 왔다.

APPLY AND MORE

앞에서 선착순 얘기하면서 the first ten people(선착순 열 명)이라는 표현이 나왔는데요, 그걸 응용해 the first three weeks라고 하면 '첫 3주'가 됩니다. 마찬가지로 in my first three weeks 뒤에 [of + 동명사]를 쓰면 '내가 ~한지 첫 3주 만에'를 표현할 수 있는 거죠.

1 The medicine seemed to be working in his first two weeks of taking it. He was able to sleep through the night.

그가 약을 복용한지 첫 2주 만에 그 약이 효과가 있는 것 같았다. 그는 밤새 안 깨고 잘 수 있었다.

2 In my first week of working here, I've seen so many terrible customers.

여기서 일한 지 첫 일주일 만에, 나는 진상 고객들을 아주 많이 봤다.

Dialogue

A It must feel great to finally be outside and in the fresh air.

B Sure does. This is the first time in five weeks I've been out of that hospital bed.

A: 드디어 밖에 나가서 신선한 공기를 쐬니 기분 완전 좋겠는걸.
B: 정말 그래. 이게 5주 만에 처음으로 내가 병원 침대 밖으로 나간 거야.

MP3 077

높이 10cm, 너비 7cm, 깊이 5cm 상자

a ten-centimeter-tall, seven-centimeter-wide, and five-centimeter deep box

'~ 치수의 상자' 라고 할 때, 관사 a와 명사 box 사이에 치수를 넣는데, 이때는 [숫자-단위-tall/ wide/ deep/ long] 등을 -(하이픈)으로 연결해서 한 단위의 형용사를 만듭니다. 그때 단위에는 앞의 숫자가 2 이상이어도 -s를 안 붙인다는 점, 꼭 기억하세요.

SPEAKING PRACTICE

1 The rates are crazy for Hawaii, so a 15-cm-tall, 20-cm-wide, and 15-cm-deep **fifteen-centimeter-tall, twenty-centimeter-wide, and fifteen-centimeter deep** box cost most an arm and a leg to send.

하와이까지 배송비가 너무 비싸서, 높이 15cm, 너비 20cm, 깊이 15cm 상자 발송에 돈이 엄청 들었다.

2 Because the safe was so small, he could only fit in a 3-inch-tall, 5-inch-wide, and 4-inch-deep **three-inch-tall, five-inch-wide, and four-inch-deep** book.

그 금고는 너무 작아서 그는 높이 3인치, 너비 5인치, 깊이 4인치 책만 크기가 맞았다.

3 His final project for carpentry class was to make a 2.5-ft-tall, 3-ft-wide, and 1.5 ft-deep **two point five-foot-tall, three-foot-wide, and one point five-foot deep** table out of walnut and pine.

그의 목공반 마지막 프로젝트는 높이 2.5피트, 너비 3피트, 깊이 1.5피트짜리 테이블을 호두나무와 소나무로 만드는 것이었다.

APPLY AND MORE

상자를 얘기할 때 육면체 3면의 길이가 모두 같다면 입방미터(cubic meter) 혹은 입방센티미터(cubic centimeter)로 세제곱(³)을 이용해 말할 수 있어요.

1 It was a weird piece of art, just a simple 3 m^3 **three cubic meter** box, painted gold.

그것은 이상한 미술 작품이었다. 그냥 금색으로 칠해진 3입방미터짜리 상자였다.

2 For the final project in his shop class, Bob had to build a 5 cm^3 **five cubic centimeter** box using different joints.

그의 기술 수업 기말 프로젝트로, 밥은 5입방센티미터 박스를 다른 조인트들을 사용해 만들어야 했다.

Dialogue

A Did you get the ring yet? When are you going to finally pop the question?

B I did get the ring, but now I'm getting a special 10-cm-tall, 7-cm-wide, and 5-cm-deep **ten-centimeter-tall, seven-centimeter-wide, and five-centimeter deep** box made. I want everything to be perfect.

A: 반지 샀니? 결국 언제 프러포즈 할 거야?
B: 반지를 사기는 샀어. 하지만 이젠 높이 10cm, 너비 7cm, 깊이 5cm짜리 특수상자를 맞추고 있어. 모든 게 완벽했으면 해서.

UNIT 14

MP3 078

짝수 층에만

only on even-numbered floors

'짝수'는 even numbers, '홀수'는 odd numbers예요. 이 기본 단어에서 even-numbered라고 하면 '짝수의' 라는 형용사가 되어 뒤에 오는 다양한 명사를 꾸며 줄 수가 있습니다. 여기서는 floor 앞에 놓였는데요, 참고로 floor는 '몇 층에' 라는 의미일 때 전치사 in이 아니라 on을 쓴다는 것, 기억해 주세요.

SPEAKING PRACTICE

1 In order to save electricity, this elevator only stops on **even-numbered floors**.

전기를 아끼기 위해서, 이 엘리베이터는 짝수 층에만 선다.

2 Because his mother was so superstitious, she would only live on **even-numbered floors**.

그의 어머니가 굉장히 미신을 믿는 사람이어서, 그 분은 짝수 층에서만 살려고 했다.

3 According to the building code, the penthouse had to be on **an even-numbered floor**.

거기 빌딩 규약에 따르면, 펜트하우스는 짝수 층에만 있어야 했다.

APPLY AND MORE

반대로 '홀수의'의 형용사는 odd-numbered라고 하면 됩니다.

1 The speed dating event was a bit of a disaster because it was an **odd-numbered** group.

speed dating은 독신 남녀가 애인을 찾을 수 있게 여러 사람을 돌아가며 잠깐씩 만나 보게 하는 행사예요.

스피드 데이트 이벤트는 홀수 그룹이어서 완전히 망했다.

2 His very first computer program randomly drew **odd-numbered** shapes on the screen.

그의 첫 번째 컴퓨터 프로그램이 스크린에다 홀수(면)으로 된 모양을 무작위로 그렸다.

Dialogue

A How's the book? I heard it's really popular with kids.

B It's great. And check out this art! There's a picture on **all the even-numbered pages**.

A: 그 책 어때요? 아이들에게 인기가 아주 많다고 들었어요.
B: 아주 좋아요. 이 그림 좀 보세요. 모든 짝수 페이지마다 그림이 있어요.

UNIT 15

MP3 079

10달러를 5명이 나누면 각각 2달러씩 가져간다.

Divide ten dollars among five people, and they get two dollars each.

divide는 '나누다' 라는 뜻이에요. 나누기를 해야 하는 상황에서 자주 들을 수 있고 써야 하는 문장이지요. 결국 수식으로 쉽게 쓰면 10 ÷ 5 = 2인 것을 풀어서 얘기한 겁니다. 몇 명 사이에서 나눴다고 할 때 둘일 때는 between, 3명 이상이면 among을 씁니다.

SPEAKING PRACTICE

1 They only won a small amount, so they **divided the ten dollars between them and got five dollars each**.

그들은 적은 액수만 따서, 10달러를 자기들끼리 (둘이서) 나누고 각자 5달러씩 가져갔다.

2 Because everyone had eaten some of the chips, they **divided the ten dollars among them and paid two dollars each**.

모든 사람들이 칩을 먹었기 때문에, 그들은 10달러를 자기들끼리 나누고 각자 2달러씩 냈다.

3 After his wealthy father's death, they **divided his twelve cars among three people**, so they got four cars each.

부자인 아버지가 돌아가신 후, 그들은 아버지 차 12대를 3명이 나누고 각자 4대씩 가졌다.

APPLY AND MORE

참고로 여러 명이 돈을 나눠서 내는 것을 chip in이라고 합니다.

1 We all chipped in and bought him a special cake for his birthday, red velvet.

red velvet (cake)는 특유의 붉은 빛을 강하게 낸 초콜릿 케이크입니다. devil's food라고도 한대요.

우리 모두 돈을 내서 그 애 생일에 특별한 케이크인 레드 벨벳을 사 주었다.

2 When they found out Tom had cancer, everyone chipped in to help with the medical bills.

톰이 암에 걸렸다는 걸 알게 되자 모두가 의료비에 보탬이 되려고 돈을 냈다.

Dialogue

A How much longer before the bus gets here? We've been waiting forever.

B Let's just take a taxi. If we **divide ten dollars between us, it's five dollars each**.

A: 버스가 여기 올 때까지 얼마나 더 오래 걸릴까? 우리 완전히 오래 기다렸는데.
B: 그냥 택시 타자. 우리끼리 10달러 나누면 각자 5달러씩이야.

UNIT 16

가로 10미터x세로 3미터

10 ten
meters by
3 three
meters

혹은 **ten by three meters**

가로, 세로 치수를 얘기할 때 10x3, 이렇게 표현하는데, 이 x 자리에 by를 넣어서 읽으면 됩니다. 앞에 나오는 수치가 가로, 뒤에 나오는 수치가 세로예요. 그리고 단위가 같다면 두 번 반복하지 않고 마지막에 한 번만 얘기하기도 해요.

SPEAKING PRACTICE

1 We need enough stucco to cover 10 ft x 3 ft.
ten feet by three feet 혹은 **ten by three feet**

stucco는 벽돌이나 목조 건축물 벽면에 바르는 미장 재료를 말합니다.

가로 10피트, 세로 3피트를 커버하려면 스터코가 많이 필요하다.

2 His impressive boat was 20 m x 5 m.
twenty meters by five meters 혹은 **twenty by five meters**

그의 인상적인 보트는 가로 20미터, 세로 5미터였다.

3 The nightclub was really small, and the dance floor was only 5 m x 5 m.
five meters by five meters 혹은 **five by five meters**

MP3 080

그 나이트클럽은 매우 협소했고 댄스 플로어도 겨우 가로 5미터, 세로 5미터였다.

APPLY AND MORE

육면체 상자나 컨테이너라면 치수가 3개로 나오겠지요. 서양에서는 이사 전후 셀프 보관창고를 많이 이용하기 때문에 컨테이너 치수 얘기하는 게 심심찮게 들립니다.

1 If you want to rent a self-storage container, they are 8 ft x 8.5 ft
eight feet by eight point five feet 혹은 **eight by eight point five feet**
and come in two lengths; **20ft and 40ft.**
twenty feet and forty feet

셀프 보관 창고 용도로 컨테이너를 빌리고 싶으면, 그것은 가로 8피트 세로 8.5피트이고 길이는 20피트, 40피트 이렇게 두 가지로 나온다.

2 They stacked three 8.5 ft-tall
eight point five foot tall
containers all on top of each other, so it's 25.5 in height
twenty-five point five in height
in total.

그들이 8.5피트 높이의 컨테이너 세 개를 쌓아 놓아서 총 25.5피트 높이이다.

Dialogue

A Have you guys decided on the deck for the backyard?

B Yup. We're going to make a huge one. It'll be 10 m x 3 m.
ten meters by three meters 혹은 **ten by three meters**

A: 뒷마당에 세울 데크에 대해서 결정했어요?
B: 네, 우리는 아주 큰 데크로 지을 거예요. 가로 10미터, 세로 3미터가 되겠죠.

UNIT 17

4의 배수들로

in multiples of four

'곱하기'는 multiplication이고, '배수'는 multiples라고 합니다. 그래서 '어떤 숫자의 배수로' 라고 하면 [in multiples of + 숫자] 이렇게 얘기하면 됩니다.

SPEAKING PRACTICE

1 They only sell that beer in multiples of six.

그들은 맥주를 6의 배수로만 판다.

2 The plant usually produced leaves in multiples of four.

그 식물은 잎을 주로 4의 배수로 피웠다.

3 The loaves of bread were really cheap, but you had to buy them in multiples of two.

그 빵은 매우 저렴했지만, 그걸 2배수로만 사야 했다.

APPLY AND MORE

[in groups of + 숫자]는 어떤 숫자의 그룹으로라는 의미인데, 미국이나 캐나다의 초등학교 산수 시간에서는 이 표현으로 곱하기를 가르칩니다.

1 That type of monkey tends to live in groups of between 10 and 15.

ten and fifteen

그 원숭이 종류는 10-15 마리 사이의 그룹으로 모여 사는 경향이 있다.

MP3 081

2 People used to only ever buy can drinks in groups of six, but now they buy them one at a time.

사람들은 캔 음료수를 6개 그룹으로만 샀었는데 지금은 한 번에 하나씩도 산다.

Dialogue

A Why did you buy so many bagels at the bakery? There're only three of us.

B I know that. But they only sell them in multiples of four.

A: 그 빵집에서 베이글을 왜 그리 많이 샀어? 우리 세 명밖에 없는데.
B: 알아. 하지만 거기 빵집이 베이글을 4 배수로만 팔아.

UNIT 18

그럴 가능성은 10,000분의 1보다 적다.

The chances are less than one in ten thousand.

우리말에도 '만에 하나' 라는 말이 있습니다. '만'은 ten thousand이니까 이 '만에 하나'는 one in ten thousand가 됩니다. 만분의 1이니까 그만큼 가능성이 없다는 뜻이에요.

SPEAKING PRACTICE

1 Even though the chances are less than one in ten thousand, he still insisted on going to a doctor and getting tested.

그럴 가능성이 만분의 1보다 적더라도, 그는 여전히 병원에 가서 테스트 받겠다고 고집했다.

2 She told him not to bother buying lottery tickets because the chances are less than one in ten thousand.

그녀는 그에게 가능성이 만분의 1보다 적으니까 괜히 성가시게 복권 같은 거 사지 말라고 했다.

3 She knew the chances of them finding the ring she lost at the beach were one in ten thousand.

그녀는 그들이 그녀가 해변에서 잃어버린 반지를 찾을 가능성은 만분의 1이라는 (아주 적다는) 것을 알았다.

MP3 082

APPLY AND MORE

'가능성이 적다'는 얘기를 할 때 쓰는 표현으로 a slim chance/ a fat chance/ slim to none이 있어요. 재미있게도 a slim chance도 a fat chance도 다 '가능성이 거의 없다'는 뜻입니다. 그리고 slim to none은 그나마도 없는 slim chance가 zero에 가깝다는 뜻이니 가능성이 없다는 뜻이죠.

1 Considering how bad the traffic is, there's a slim chance we'll get there on time.

교통이 얼마나 나쁜지 고려해 보면, 우리가 거기 제시간에 도착할 가능성은 거의 없다.

2 When I asked him if he thought his sister would ever go out with me on a date, he told me, "Fat chance of that ever happening."

내가 자기 여동생이 나와 데이트할 것 같냐고 그에게 물으니, 그는 나에게 "그런 일이 일어날 가능성은 거의 없어" 라고 말했다.

Dialogue

A Check out my new pearl necklace. It's all natural pearls.

B Wow. I heard those are one in ten thousand.

A: 내 새 진주 목걸이 좀 봐. 전부 다 천연 진주야.
B: 와, 천연 진주 목걸이는 거의 만분의 1이라고 들었는데.

CHAPTER 2

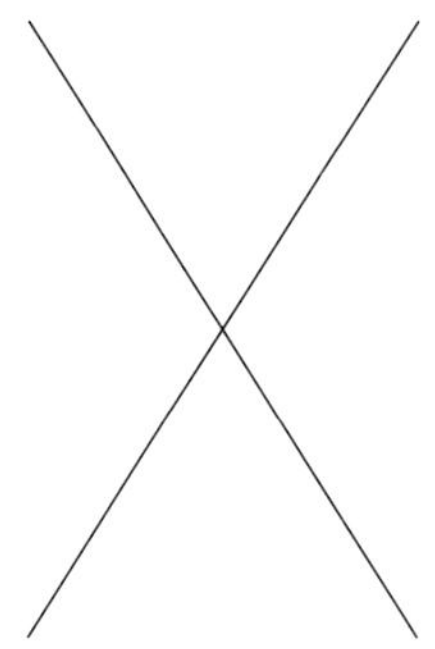

의류, 음식 관련 숫자 표현

UNIT 1	원래 입는 보통 치수보다 두 사이즈 크게
UNIT 2	9 사이즈가 너한테 잘 맞을 것 같다.
UNIT 3	44사이즈로 같은 디자인 있어요?
UNIT 4	나 갈아입을 옷이 이틀치밖에 없다.
UNIT 5	난 신발 275 신는다.
UNIT 6	양말 한 켤레/ 바지 한 벌/ 잠옷 한 벌/ 장갑 한 벌/ 신발 한 켤레
UNIT 7	시금치 한 다발/ 바나나 한 묶음/ 양파 한 자루/ 초콜릿 바 하나/ 우유 한 팩/ 죽 한 그릇
UNIT 8	소금 한 꼬집/ 간장 한 큰 술/ 식초 한 번 휘둘러 뿌리기
UNIT 9	2cm 두께 조각들로
UNIT 10	이 1997년산 위스키
UNIT 11	별 두 개짜리 식당
UNIT 12	(식당에서) 세 사람이요.

UNIT 1

원래 입는 보통 치수보다 두 사이즈 크게

two sizes bigger than your regular size

'한 사이즈 크게'는 one size bigger, '두 사이즈 더 크게'는 two sizes bigger입니다. 반대로 '작게' 라면 smaller를 쓰면 되지요. 비교급이니까 뒤에 than을 붙여 비교 대상보다 얼마나 더 큰 사이즈인지 알려줄 수 있어요. one's regular size는 평소에 입는 보통 사이즈를 얘기합니다.

SPEAKING PRACTICE

1 You look like you're swimming in that sweater; it's got to be two sizes bigger than your regular size.

스웨터 안에서 헤엄친다는 건 스웨터가 너무 커 남아 돈다는 뜻이에요.

너 그 스웨터 속에 폭 빠진 것 같아. 네 평소 사이즈보다 두 사이즈는 분명히 크겠다.

2 You keep tripping because those shoes are two sizes bigger than your regular size.

그 신발이 네가 보통 신는 사이즈보다 두 사이즈 크니까 네가 자꾸 넘어지는 거잖아.

3 If you get one size bigger than your regular size, you will actually look really good in it.

네가 원래 입는 사이즈보다 한 사이즈 큰 걸 사면, 실제로 입었을 때 정말 멋있어 보일 거야.

MP3 083

APPLY AND MORE

쇼핑몰 후기를 보면 '옷이 좀 크게 나왔다 혹은 작게 나왔다' 하는 말들이 보입니다. 영어로는 the sizes run big/ the sizes run small이라고 해요. 그래서 '한 사이즈를 업해라 다운해라' 라고 하는데 이건 콩글리시고, 이때는 go a size larger/ go a size smaller라고 해야 합니다.

1 I got this rain coat for my **2**-year-old (two) daughter. The sizes run big. **2T** (Two T) is too big.

난 이 비옷을 두 살짜리 딸 주려고 샀다. 사이즈가 크게 나와서 2T가 너무 크다.

2 This brand is famous for their sizes running small. You should go a size larger.

이 브랜드는 사이즈가 작게 나오기로 유명해. 한 사이즈 크게 사라.

Dialogue

A What is with those pants? They're at least two sizes bigger than your regular size.

B What are you talking about? This style is all the rage, and they look great on me.

all the rage는 '대단히 유행하는'의 뜻이에요. 특히 일시적인 대유행에 쓰죠.

A: 그 바지 그게 뭐야? 아무리 못해도 네가 원래 입는 사이즈보다 두 사이즈는 크겠는데.
B: 무슨 소리야? 요즘 이 스타일이 난리야. 그리고 이거 나한테 잘 어울린다고.

UNIT 2

9 사이즈가 너한테 잘 맞을 것 같다.

I think a Size nine would fit you right.

영어에서는 사이즈를 말할 때 '나는 사이즈 9이다' 라고 하면 '사이즈 9인 사람'의 느낌으로 앞에 a를 붙여서 a Size 9 이렇게 말해요. 이때 size는 대문자로 씁니다. fit은 '(옷이나 신발이) ~에게 맞다' 라고 해서 전치사 없이 바로 fit me 혹은 fit you처럼 씁니다.

SPEAKING PRACTICE

1 I would guess you're about **a Size 7** (seven) **and a half**.

제 생각에 손님은 대략 7과 1/2 사이즈인 것 같아요.

2 **A Size 2** (two) should fit you perfectly.

손님께는 사이즈 2가 완벽하게 맞겠어요.

3 I think **a Size 6** (six) is going to be a bit too big. It won't fit you right.

제 생각에 사이즈 6은 조금 많이 클 거예요. 잘 맞지 않을 겁니다.

MP3 084

APPLY AND MORE

사이즈가 어떻게 되냐고 물어볼 때는 What size ~라고 던진 후 be동사나 일반동사를 활용해 묻습니다. 아래 내용만 확실하게 알아두면 외국에서 쇼핑할 때 걱정 없습니다.

1 What size are you?

사이즈가 어떻게 되세요?

2 What size shoes do you wear?

신발 사이즈 뭐 신으세요?

답변으로 I'm a Size 8. 〈사이즈 8이에요^^〉

Dialogue

A I'm looking for a new shirt. Something lightweight. Preferably blue.

B I have just the thing you're looking for. You're **a Size 9** (nine), right?

A: 셔츠를 새로 사려고 찾고 있어요. 뭔가 가벼운 걸로요. 파란색을 선호합니다.
B: 고객님이 찾고 계신 게 바로 있습니다. 사이즈 9 맞으시죠?

UNIT 3

44 사이즈로 같은 디자인 있어요?

Do you have the same design in Size 44?
forty-four

'~ 사이즈로' 라고 할 때 앞에 전치사 in을 쓰고, 이때는 사이즈 앞에 a를 안 씁니다. 이게 원칙인데요, 요즘에는 a를 쓰는 사람들이 자꾸 늘어서 북미 지역에서는 in a Size 66 [sixty-six] 이렇게 말하는 걸 종종 들을 수 있습니다. 우리 눈에는 뭔 차이가 있다고 이렇게 구별해 쓰나 싶지만, 원어민들은 이렇게 구별해서 쓰니 알아두시고 활용해 주세요.

SPEAKING PRACTICE

1 Can I exchange this for the same design **in Size 55**?
fifty-five
이거 같은 디자인으로 55 사이즈로 교환할 수 있을까요?

2 I need two of the same design, one **in Size 55**,
fifty-five
the other **in Size 66**.
sixty-six
같은 디자인으로 두 개 필요한데, 하나는 55 사이즈, 다른 하나는 66 사이즈로요.

3 I want the same design **in Size 44**,
forty-four
but in a different color.
저는 같은 디자인에 다른 색깔로 44 사이즈 원해요.

MP3 085

APPLY AND MORE

'~ 색깔로', '~을 입은'이라고 할 때도 전치사 in을 써서 이야기합니다.

1 Have you ever seen *Men In Black*?
〈맨 인 블랙(검은 색 옷을 입은 남자들)〉 봤어요?

2 Do you have this in yellow?
이거 노란색으로 있어요?

Dialogue

A I bought this **in Size 44**,
forty-four
but it's a bit small on me. Do you have this **in Size 55**?
fifty-five

B Let me check our stock.

A: 제가 이걸 44 사이즈로 샀는데, 저에게 조금 작네요. 이거 55 사이즈로 있나요?
B: 재고 확인해 볼게요.

UNIT 4

나 갈아입을 옷이 이틀치밖에 없다.

I only have two changes of clothes.

이틀 여행을 가면 두 번 옷을 갈아입으니까 영어로는 two changes라고 하고 뒤에 of clothes를 붙입니다. 이게 두 번 갈아입을 옷, 즉 이틀치 옷 이렇게 되는 거죠.

SPEAKING PRACTICE

1 The trip is four days long, but I only have **two changes of clothes**.

이번 여행 기간은 4일인데, 나는 갈아입을 옷이 이틀치만 있다.

2 If you're going to stay overnight, you'll need **two changes of clothes**.

하루 자고 갈 거면, 갈아입을 옷 이틀치가 필요할 것이다.

3 Make sure to bring **extra changes of clothes** in case your clothes get dirty.

옷이 더러워질 경우 생각해서 갈아입을 여분 옷을 꼭 가져오세요.

APPLY AND MORE

이렇게 여행을 가면 가방에 옷을 넣어 짐을 챙길 텐데요, 옷을 가방에 꽉 차게 넣어 짐을 쌌을 때 영어로는 a suitcase full of clothes라고 합니다. 불필요한 것 빼고 짐을 가볍게 가지고 여행하는 건 travel light, 짐을 많이 싸가지고 다니는 편이라면 over pack이라고 하지요.

MP3 086

1 The trip is only for two days but I packed a suitcase full of clothes.

여행 기간은 이틀밖에 안 되는데, 나는 여행 가방에 꽉 차게 옷을 쌌다.

2 You should travel light in case you buy a lot of things on your trip.

여행 중에 물건 많이 살 경우를 대비해 짐은 가볍게 가지고 다니면서 여행해야 한다.

Dialogue

A Watch out! Hey! You got ketchup all over my pants.

B Sorry about that. Good thing you brought **two changes of clothes** for the trip.

A: 조심해! 야! 너 내 바지에 케첩 다 묻혔잖아.
B: 미안해. 그래도 네가 여행에 갈아입을 옷 이틀치 가져와서 다행이다.

UNIT 5

난 신발 275 신는다.

I take size 275 two (hundred) seventy-five shoes.

신발 275를 신는다는 건, 275 사이즈를 신는다는 뜻입니다. 동사 take에는 '어떤 특정한 치수의 신발이나 옷을 입다' 라는 뜻이 있어서 '어떤 사이즈의 신발을 신는다' 라고 할 때 [take size + 숫자 + 신발 종류] 형식으로 씁니다. 우리나라 신발 사이즈는 밀리미터(mm)로 해서 숫자 200대가 나오는데요, hundred는 빼고 읽어도 됩니다.

SPEAKING PRACTICE

1 I think my feet have grown and I don't take size 245 **two (hundred) forty-five** shoes anymore.

내 발이 큰 것 같아. 245 사이즈 신발 더 이상 못 신어.

2 I was surprised when she told me she takes size 260 **two (hundred) sixty** shoes.

그녀가 신발 260 사이즈 신는다고 말했을 때 난 놀랐다.

3 He's only in middle school but already he takes size 275 **two (hundred) seventy-five** shoes.

그는 중학생밖에 안 됐지만 벌써 275 사이즈 신발을 신는다.

MP3 087

여기 size 앞에 a가 붙지 않은 건 245/ 260/ 275가 shoes를 꾸며 주는 형용사 역할을 하기 때문이에요.

APPLY AND MORE

미국식 신발 사이즈는 성인이면 Size 5부터 Size 13 정도까지 있는데, Size 12가 우리나라 사이즈로 300이에요. 유럽은 Size 35-36이 우리나라 230-235 사이즈죠. 참고로 '나는 이런 사이즈의 사람'이라는 느낌으로 앞에 a를 붙여 표현하기도 합니다. 다음 예문으로 확인해 주세요.

1 I take a Size 5 1/2 **five and a half** in US sizes, a Size 235 **two (hundred and) thirty-five** in Korean sizes, and a Size 36 **thirty-six** in European sizes.

전 미국 사이즈로는 5와 반 사이즈이고, 한국 사이즈로는 235, 유럽 사이즈로는 36사이즈예요.

2 What's your shoe size?

신발 사이즈가 어떻게 되세요?

Dialogue

A Welcome to Shoe World. What can I help you find today?

B Well, I'm looking for rain boots. I take size 235 **two (hundred) thirty-five** shoes.

A: 어서 오세요, 슈월드입니다. 뭘 찾는 걸 도와드릴까요?
B: 음, 장화를 찾고 있어요. 저는 신발 235 사이즈 신어요.

양말 한 켤레
a pair of socks

바지 한 벌
a pair of pants

잠옷 한 벌
a pair of pajamas

장갑 한 벌
a pair of gloves

신발 한 켤레
a pair of shoes

두 개가 모여 하나의 기능을 하거나 한 쌍으로 가는 것들 앞에는 [a pair of + 복수명사]를 붙여서 얘기해요. 주로 '한 켤레, 한 쌍'을 나타낼 때 이 표현을 쓰고, '두 켤레, 두 쌍' 이상이라면 [two/ three/ four … pairs of + 복수명사] 이렇게 쓰면 됩니다. a pair of와 함께 쓰이는 대표적인 명사로는 신발류(shoes, sneakers, sandals, boots, high heels, loafers, slippers), 바지류(pants, shorts, jeans, trousers) 속옷류(panties, boxers, pajamas), 양말류(socks, stockings), 장갑(gloves, mittens) 등이 있어요.

SPEAKING PRACTICE

1 It's cold outside, so make sure to take a pair of gloves.
밖이 춥다. 장갑 꼭 가져가.

MP3 088

2 My daughter has so many pairs of pajamas, so she has a hard time picking a pair every night.
내 딸은 잠옷이 너무 많아서 매일 밤 하나를 고르는 데 힘든 시간을 보낸다.

3 He wore a pair of socks with his sandals, and everyone laughed at him.
그는 샌들에 양말을 신었고 모두가 그를 보고 웃었다.

APPLY AND MORE

안경류(glasses, sunglasses, contact lenses)와 가위(scissors), 귀걸이(earrings)도 a pair of와 씁니다.

1 I got a pair of diamond earrings for my birthday.
나는 생일 선물로 다이아몬드 귀걸이 한 쌍을 받았다.

2 Do you see the scissors there? Please get me a pair.
저기 가위 보여? 하나만 갖다 주렴.

Dialogue

A What in the world are you doing? Where are your socks? We're heading into a business meeting.

B It's too hot to wear a pair of socks. Besides, these pants are long enough to cover my ankles.

A: 너 도대체 뭐 하는 거야? 양말은 어디 있고? 우리 비즈니스 회의에 가는 건데.
B: 양말 신기에 너무 덥잖아. 게다가, 이 바지가 발목을 덮을 만큼 길다고.

UNIT 7

MP3 089

시금치 한 다발
a bundle of spinach

바나나 한 묶음
a bunch of bananas

양파 한 자루
a bag of onions

초콜릿 바 하나
a bar of chocolate

우유 한 팩
a carton of milk

죽 한 그릇
a bowl of porridge

여러 묶음이나 다발로 된 식료품도 앞에 [숫자 + 단위 + of]로 표현해요. 당연히 2개 이상이면 [숫자 + 단위s + of]로 씁니다. 시금치는 한 다발(a bundle of)로, 바나나는 한 묶음(a bunch of)으로, 양파나 쌀은 봉지에 담겨 있으니까 a bag of로, 초콜릿은 a bar of로, 우유는 카톤 팩에 담겨 있으니까 a carton of로 씁니다. 죽이나 수프는 보울에 담기 때문에 a bowl of로 갑니다.

SPEAKING PRACTICE

1 Goldilocks had **three bowls of porridge** at the bears' house.
골디락스는 그 곰들 집에서 죽 세 그릇을 먹었다.

2 Can you grab me **a bundle of spinach** when you're at the store?
가게에 있으면 시금치 한 다발 좀 사다 줄래?

3 I bought **a carton of milk** and **two bunches of bananas** at the store.
나는 가게에서 우유 한 팩과 바나나 두 묶음을 샀다.

APPLY AND MORE

한 무더기로 쌓여 있는 것을 말할 때는 a pile of라고 합니다. 그리고 휴지는 롤에 말려 있으니까 a roll of로, 치약은 튜브에 있으므로 a tube of 이렇게 써요.

1 He stood over **the pile of chopped onions** crying.
그는 다진 양파가 한 무더기로 쌓여 있는 곳 앞에서 울면서 서 있었다.

2 The toilet paper ran out here. Can you get me **a roll** from the closet?

a roll of toilet paper 대신 a roll이라고만 해도 문맥상 다 이해해요.

여기 휴지 다 떨어졌어요. 하나만 창고에서 갖다 줄래요?

Dialogue

A Go to the store and get us **a bunch of bananas and a bundle of spinach**.

B Sure. I'll get myself **a bar of chocolate** while I'm there.

A: 가게에 가서 바나나 한 묶음이랑 시금치 한 다발 좀 사다 줘.
B: 네. 거기 있는 동안 초콜릿 바 하나 사 먹어야겠어요.

UNIT 8

소금 한 꼬집
a pinch of salt

간장 한 큰 술
a tablespoon of soy sauce

식초 한 번 휘둘러 뿌리기
a dash of vinegar

요리할 때 특히, 한국 음식 레시피를 영어 원어민에게 소개할 때 유용하게 쓸 수 있는 표현입니다. 소금, 설탕처럼 가루로 된 것을 엄지와 검지로 살짝 집어 올리는 걸 '한 꼬집'이라고 하는데, 영어로는 a pinch of로 표현합니다. 액체류 소스의 1 테이블스푼(한 큰 술)은 a tablespoon of고, 1 티스푼(한 작은 술)은 a teaspoon of입니다. 참고로, 한 번 휙 둘러 뿌리는 것은 a dash of를 쓰면 됩니다.

SPEAKING PRACTICE

1 He was surprised the cookie recipe called for a pinch of salt.

그는 그 쿠키 레시피에 소금 한 꼬집이 필요하다는 걸 보고 놀랐다.

2 If you add more than a tablespoon of soy sauce, the dish becomes too salty.

간장을 한 큰 술 넘게 넣으면, 그 음식이 너무 짜진다.

3 What he really loved on his French fries was a dash of vinegar.

그가 감자 튀김에 아주 좋아했던 게 식초를 약간 두른 것이다.

MP3 090

APPLY AND MORE

가루로 된 설탕을 쓰기도 하지만, 각설탕을 쓸 때도 있잖아요. 이렇게 각설탕 1개를 a cube of sugar라고 합니다.

1 What do you take with your coffee? There are cream and cubes of sugar here.

커피에 뭐 넣으세요? 여기 크림이랑 각설탕 있어요.

2 A dash of pepper makes a lot of difference.

후추를 한 번 휙 뿌리면 차이가 엄청 많이 난다.

Dialogue

A What these fish and chips could use is a dash of vinegar.

B Sure. I'll go and ask at the counter if they have any.

A: 이 피시 앤 칩스에는 식초를 한 번 둘러줘야 하는데 말이야.
B: 그러게. 내가 카운터에 가서 있는지 물어볼게.

UNIT 9

2cm 두께 조각들로

into two-centimeter-thick slices

전치사 into는 여러 가지 뜻 중 큰 것을 여러 개의 작은 것으로 나누는 느낌을 줄 때 많이 씁니다. 그래서 cut이나 divide, break 같은 동사와 같이 쓰여요. 그리고 '~ 두께의' 라고 할 때는 2-cm-thick으로 모두 -(하이픈)을 붙여서 형용사로 만듭니다. 이때 cm는 단수로 쓰고 읽는다는 것, 꼭 기억하세요.

SPEAKING PRACTICE

1 He cut the block of chocolate into two-centimeter-thick slices.

그는 초콜릿 블록을 2센티미터 두께의 조각으로 잘랐다.

2 First, cut the cheese into one-centimeter-thick slices.

일단, 치즈를 1센티미터 두께의 조각으로 자르세요.

3 When you're preparing "Texas toast," start with bread that's been cut into one-inch-thick slices.

텍사스 토스트를 준비할 때, 1인치 두께로 썬 빵부터 시작하세요.

APPLY AND MORE

동사 cut 외에 전치사 into와 자주 쓰이는 동사 divide도 꼭 알아두세요. divide A into B(A를 B로 나누다)의 형태로 많이 활용됩니다.

MP3 091

1 The teacher divided the students into three groups.

선생님은 학생들을 세 그룹으로 나누었다.

2 My boss divided the task into four parts and gave us one each.

내 상사는 그 업무를 네 부분으로 나누어서 우리에게 하나씩 주었다.

Dialogue

A You're doing it all wrong. The wood needs to be cut into three-centimeter-thick pieces.

B Are you sure? Give me the instructions and let me check for myself.

A: 너 잘못 하고 있어. 그 나무는 3센티미터 두께의 조각으로 잘라야지.
B: 확실해? 그 설명서 줘 봐. 내가 직접 확인해 볼게.

UNIT 10

이 1997년산 위스키

this

1997

nineteen ninety-seven

whisky

위스키나 와인 같은 술 앞에 생산연도를 붙여서 '00년도 산 ~' 라고 많이 이야기합니다. 그때는 [연도 + 술 종류/브랜드명]을 붙이면 돼요. 연도 읽는 법은 앞에서부터 여러 번 강조했는데, 2000년부터 2009년을 제외하고는 네 자리의 경우 두 자리씩 끊어서 읽으면 됩니다.

SPEAKING PRACTICE

1 You won't believe how smooth **this 1980** (nineteen eighty) **whisky** is.

이 1980년산 위스키가 얼마나 부드러운지 믿지 못할 것이다.

2 He spent a lot of money on **this 1956** (nineteen fifty-six) **wine**, but considering how good it tasted, it was worth it.

그는 이 1956년산 와인에 많은 돈을 썼는데, 얼마나 맛이 좋았는지 생각해 보면, 그만한 가치가 있었다.

MP3 092

3 As a special gift for his father, he bought **a bottle of 2008** (two thousand and eight) **whisky**.

자기 아버지에게 드릴 특별한 선물로, 그는 2008년산 위스키 한 병을 샀다.

APPLY AND MORE

'술 두 개만 사 와'처럼 얘기해서 우리말로는 술이 마치 셀 수 있는 것 같지만, 사실 술 자체는 셀 수 없어요. 그것이 들어 있는 용기를 셀 수 있을 뿐이죠. 그래서 술은 병에 들어 있을 때는 a bottle of로, 또 잔에 마실 때는 a glass of나 a shot of로 씁니다.

1 Should we buy **a bottle of wine** for her housewarming party?

우리 그녀의 집들이 선물로 와인 한 병 살까요?

2 **A shot of tequila** was enough to make them drunk.

데킬라 한 잔이면 그들을 취하게 하는 데 충분했다.

Dialogue

A Here is one of our finest vintages. It's **a 1915** (nineteen fifteen) **red**.

vintage: 특정한 연도, 지역에서 생산된 포도주를 가리켜요.

B Nice bouquet. I bet it pairs perfectly with beef.

A: 여기 저희 식당의 제일 좋은 빈티지 중 하나인 1915년산 레드와인입니다.
B: 향이 좋은데요. 소고기랑 아주 완벽하게 어울릴 것 같아요.

UNIT 11

별 두 개짜리 식당

a two-star restaurant

5성급 호텔, 미슐랭 별 5개 식당처럼 얘기하는 것, 많이 들어봤을 겁니다. 이렇듯 식당이나 호텔 등급을 매길 때 별 개수 1부터 5까지로 표현하는데요, 그래서 [숫자-star]를 한 단위로 -(하이픈)을 넣어 형용사로 만든 다음 식당이나 호텔 앞에 두어 사용합니다.

SPEAKING PRACTICE

1 When you go to Hawaii, even **the five-star hotels** are old and dated.

하와이에 가면, 별 5개짜리 호텔도 오래 되고 구식이다.

2 It was **a three-star restaurant**, but the portions were big and the wait staff were friendly, so it was very popular.

거긴 별 세 개짜리 식당이었지만 음식 양이 많고 웨이터들이 친절해서 인기가 무척 많았다.

3 He started off at **a two-star restaurant** before working his way up into fine dining.

Fine dining: 정식 코스로 상당히 고품질의 음식이 나오며, 무척 비싼 레스토랑에서 경험할 수 있는 식사 형식이에요.

그는 고급 식당에서 일하는 자기 커리어를 쌓아 가기 전에 별 두 개짜리 식당에서부터 시작했다.

MP3 093

APPLY AND MORE

별점으로 얘기하는 것 중에 영화도 있는데요, 이때는 꼭 a five-star review처럼 review를 붙여요. 유명한 영화 평점 사이트인 로튼 토마토는 [숫자 + freshness percentage]라고 표현하기도 합니다. 참고로, 영화 평을 말할 땐 로저 이버트라는 사람이 유행시킨 표현 thumbs up(아주 괜찮은) 혹은 thumbs down(완전 별로인)도 씁니다.

1 *Parasite* got **lots of five-star reviews** in many different countries.

〈기생충〉은 다른 많은 나라에서 별 5개짜리 리뷰를 많이 받았다.

2 I would give that movie **two thumbs down**.

저는 그 영화에 완전 별로라는 평을 주겠어요.

Dialogue

A There's nothing wrong with this place. The food is cheap and the portions are large.

B But the food is actually not very good. It's **a two-star restaurant** at best.

A: 여기 이상한 거 하나도 없는데. 음식도 싸고 양도 많고.
B: 하지만 음식이 사실 그렇게 맛있지는 않아. 잘해야 별 2개짜리 식당이라고.

UNIT 12

(식당에서) 세 사람이요.

A party of three.

party는 의외로 뜻이 다양한 단어입니다. '파티'뿐만 아니라 야당, 여당 할 때의 '정당'이라는 뜻도 있고, '단체, 일행, 그룹'의 뜻도 있어요. 그래서 식당에서 일행이 몇 명이냐고 물었을 때(How many in your party?) '(우리 일행이) 3명이요' 라고 한다면 A party of three라고 합니다.

SPEAKING PRACTICE

1 We made a reservation for a party of six.

우리는 일행 6명으로 예약을 했다.

2 Do you have any tables for a party of ten?

일행 열 명이 앉을 테이블 있나요?

3 Because they always took their kid with them when they went out for dinner, it was always a party of three.

그들은 외식하러 나갈 때 항상 자기 아이를 데리고 갔기 때문에, 늘 일행이 셋이었다.

APPLY AND MORE

'당신 일행 중에' 라고 하고 싶으면 in your party라고 하면 됩니다. 앞에서 식당 예약이 나왔는데, 현장에 가서 확인할 때 '00 이름으로 예약했습니다' 이렇게 말하잖아요. 원어민들은 그 사람 이름 아래에 두고 예약을 했다는 의미로 전치사 under를 써서 make a reservation under one's name이라고 합니다.

MP3 094

1 How many are there in your party?

일행이 몇 분이신가요? (일행 중에 몇 사람이 있나요?)

2 Under whose name did you make a reservation?

누구 이름으로 예약하셨는지요?

Dialogue

A Hi, I need a table for a party of five for Christmas.

B Sure. Can I have your name and phone number, please?

A: 안녕하세요. 크리스마스에 일행 다섯 명이 앉을 테이블이 필요합니다.
B: 알겠습니다. 이름과 전화번호 말씀해 주시겠어요?

CHAPTER 3

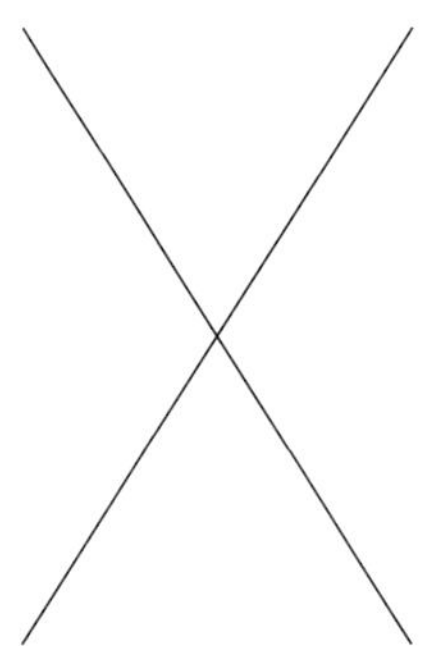

출판, 책 관련 숫자 표현

UNIT 1	그 신문은 발행부수가 150만 부다.
UNIT 2	나 지금 225 페이지 읽고 있다.
UNIT 3	32판이 가장 최신판이다.
UNIT 4	제 5장은 다양한 아시아 문화에 관한 것이다.
UNIT 5	세 번째 단락의 두 번째 줄에
UNIT 6	1판, 10쇄, 매회 2000부씩 열 번 인쇄
UNIT 7	전 5권 세트
UNIT 8	그의 책은 항상 수만 권이 팔린다.
UNIT 9	이 책들 각각 다섯 권씩

UNIT 1

그 신문은 발행부수가 150만 부다.

The newspaper has a circulation of one and a half million.

circulation은 원래 '순환, 유통'이라는 뜻이에요. 신문이나 잡지는 전국으로 유통되기 때문에 '발행부수가 얼마' 라고 할 때 [a circulation of + 숫자]로 표현합니다. 여기에 동사 have가 붙으면 '(신문사 등에서 발행하는) 발행부수가 얼마이다'의 의미가 되죠.

SPEAKING PRACTICE

1 Even with a circulation of two million, the magazine had trouble finding advertisers.

200만 부 발행부수로도, 그 잡지는 광고주를 찾느라 힘들었다.

2 By covering national and international current events, the newspaper was able to build up to a circulation of a million very quickly.

국내외 최신 사건을 다룸으로써, 그 신문은 아주 빨리 100만 발행부수까지 도달할 수 있었다.

3 In its heyday, it had a circulation of two point five million, but the numbers had fallen a lot in the previous five years.

MP3 095

two and a half million이라고 읽어도 OK!

전성기 때 그 회사는 발행부수가 250만 부였지만, 그 숫자는 지난 5년 새 아주 많이 떨어졌다.

APPLY AND MORE

신문이나 잡지는 정기 구독자(subscribers)가 몇 명이냐가 굉장히 중요합니다. 그것과 관련된 문장도 알아두세요.

1 The newspaper company is trying hard to get more subscribers.

그 신문사는 정기 구독자를 더 많이 확보하려고 열심히 노력 중이다.

2 Streaming services such as Netflix or HBO On Demand have millions of subscribers.

on demand: 이용자의 요구에 따라 네트워크를 통해 필요한 정보를 제공하는 방식을 뜻해요.

넷플릭스나 HBO 온 디맨드 같은 스트리밍 서비스는 수백만 명의 구독자가 있다.

Dialogue

A The good old days of the newspaper industry are over. Now that everything's online and no one wants to pay for anything.

B I remember back when I started the paper, it had a circulation of one and a half million.

A: 신문 산업의 좋은 날은 끝났어. 이제 모든 건 온라인이고 아무도 돈 내고 사려고 하지 않는다고.
B: 내가 신문을 처음 시작했을 때 발행부수가 150만 부였던 때가 생각나네.

UNIT 2

MP3 096

나 지금 225 페이지 읽고 있다.

I'm on page
225
two (hundred) twenty-five
now.

지금 책에서 몇 페이지를 읽고 있다고 할 때는 be동사와 전치사 on을 써서 [be동사 + on + page + 숫자] 이렇게 말합니다. 눈동자가 해당 페이지 위에(on) 있는 거니까요. '읽다'의 read 동사를 써서 [read page + 숫자]로 표현하기도 합니다.

SPEAKING PRACTICE

1 Don't spoil it for me; I'm only **on page 102**.
one hundred and two 혹은 **one oh two**

(스토리 얘기해서) 망치지 말아 줘. 나 아직 102 페이지 읽고 있단 말이야.

2 I have to read this book by next week. I'm already **on page 230**.
two (hundred) thirty

다음 주까지 이 책 읽어야 하는데 나 벌써 230 페이지 읽고 있다.

3 I'm reading **page 55**
fifty five
but looks like you are **on page 78**.
seventy-eight

나는 55 페이지 읽고 있는데, 보아하니 넌 78 페이지 나가는 것 같다.

APPLY AND MORE

앞에서처럼 말할 수도 있지만, 몇 페이지 읽고 있냐고 물어볼 수도 있으니까 의문문도 같이 알아두세요. 참고로 작가 입장에서 몇 페이지를 쓰고 있다면 work on, 몇 페이지에 이르렀다면 reach라고 쓸 수 있어요.

1 What page are you on?

지금 몇 페이지 읽고 있어요?

2 By the time he'd reached **page 185**,
one hundred and eighty-five
the author was afraid the book was going to be too long.

그 작가는 185 페이지에 이르렀을 때, 책이 너무 길어질 것 같아 걱정이 되었다.

Dialogue

A Ok, class. Last week we finished Chapter **13**
thirteen.
Please open your books to **page 332**
three thirty-two.

책 몇 페이지를 펴라고 할 때는 [open your book to page + 숫자]로 표현해요.

B What? I missed class last week. I'm only **on page 290**.
two (hundred) ninety

A: 자, 여러분, 우리 지난주에 13장을 끝냈어요. 332 페이지 펴세요.
B: 네? 저 지난주에 수업 빠졌거든요. 이제 겨우 290 페이지 읽고 있어요.

UNIT 3

32판이 가장 최신판이다.

The latest edition is the 32nd.
thirty-second

이미 나온 책을 디자인을 바꾸거나 해서 몇 번 출간했는가를 보여주는 단어가 바로 edition입니다. 초판, 두 번째 판, 이런 식으로 서수와 함께 써요. 숫자가 높을수록 그만큼 출간을 많이 했다는 얘기니까 인기가 많다는 증거죠. latest는 '가장 최신의'의 뜻이므로 the latest edition이라고 하면 '가장 최신 판'을 뜻합니다.

SPEAKING PRACTICE

1 This book is so popular that the latest edition is the 50th. (fiftieth)

이 책은 아주 인기가 많아서 가장 최신판이 50번 째 판이다.

2 When he was asked to design a new cover for the book, he was told the new edition is the 24th. (twenty-fourth)

그가 그 책의 표지 디자인을 새로 해달라고 의뢰 받았을 때, 그는 새 판이 24번 째 판이라고 들었다.

3 The new edition with the leather binding is the 17th. (seventeenth)

가죽 양장의 새 판은 17번 째 판이다.

MP3 097

APPLY AND MORE

북미 지역에는 같은 책인데 딱딱한 커버로 된 hardcover edition도 있고, 종이 커버로 된 paperback edition도 있습니다. 가격은 hardcover edition이 훨씬 더 비싸죠. 그리고 내용을 업데이트 해서 개정판을 낸다면 revised edition이라고 해요.

1 This hardcover edition is $20 (twenty dollars) more expensive than the paperback edition.

이 하드커버 판이 페이퍼백 판보다 20달러나 더 비싸다.

2 I'd like to get a revised edition of this TOEFL test prep book.

나는 이 토플 시험용 교재의 개정판을 사고 싶다.

Dialogue

A Wow, they're still teaching that book in high school? I remember having to read it back when I was a kid.

B Yeah, it's still popular. The latest edition is the 32nd. (thirty-second)

A: 와, 아직도 저 책을 고등학교에서 가르치는 거야? 내가 어렸을 때 읽어야 했던 게 기억나는데.
B: 응, 그거 아직도 인기 많아. 가장 최신판이 32번 째 판이야.

제 5장은 다양한 아시아 문화에 관한 것이다.

Chapter Five is about various Asian cultures.

책, 논문의 소제목으로 쓰이는 chapter는 [Chapter + 숫자(기수)]로 씁니다. 고유명사처럼 쓰이기에 모두 대문자로 시작해요. 하지만 단순히 '몇 번째 챕터' 라는 순서를 말할 때는 [서수 + chapter]로 쓰며, 제목으로 쓰이는 게 아니라서 대문자일 필요가 없습니다. 그리고 내용을 얘기하며 '~에 관한 것이다' 라고 할 때 가장 대표적으로 쓰이는 전치사가 about인데요, 조금 더 자세한 주제를 얘기할 때는 on을 쓸 수도 있고, 동사구 deal with(~를 다루다)를 쓸 수도 있어요.

SPEAKING PRACTICE

1 Chapter One is about various elements of Asian culture.
제 1장은 아시아 문화의 다양한 요소에 관한 것이다.

2 Chapter Three deals with the causes of inflation.
제 3장은 인플레이션의 원인에 대해 다룬다.

3 The fifth chapter is on the effect of global warming on future generations.
다섯 번째 장은 지구 온난화가 미래 세대에게 미치는 영향에 관한 것이다.

MP3 098

APPLY AND MORE

어떤 책이나 논문에 장이 몇 개인지를 알려줄 때는 [기수 + chapters(복수형)]로 씁니다. 참고로, 어떤 내용이 질질 끄는 느낌이거나 스토리가 진행이 안 될 때 쓸 수 있는 동사로 drag가 있습니다.

1 There are twelve chapters in this thesis.
이 논문엔 12개의 장이 있다.

2 Chapter VI sort of drags, but things start to move again in Chapter Seven.

책을 보면 Chapter 뒤의 숫자를 로마자로 표기하는 경우도 있어요. 기본 로마자 숫자를 알아두세요.
I: 1 II: 2 III: 3 IV: 4 V: 5
VI: 6 VII: 7 VIII: 8 IX: 9 X: 10

6장은 좀 질질 끌지만 7장에서 다시 스토리가 좀 나가기 시작한다.

Dialogue

A Have you finished the homework chapter, Chapter Five?

B Chapter Five? I think you might have studied the wrong chapter, Dave.

A: 숙제 해야 할 챕터, 5장 끝냈니?
B: 5장이라고? 데이브, 네가 잘못 알고 다른 챕터를 공부했을 수도 있을 것 같아.

UNIT 5

세 번째 단락 두 번째 줄에

in the second line of the third paragraph

in line two, paragraph three

in paragraph three, line two

수업하다가 혹은 그룹 스터디나 세미나를 하다가 '무슨 단락 어느 줄에' 라는 말 많이 합니다. 이렇게 어딘가에 내용으로 나오면 전치사 in을 써서 말해요. 그리고 단락과 줄을 얘기할 때는 여러 가지 방법으로 말할 수 있는데, 일단 서수로 써서 'in the first line of the first paragraph' 이렇게 하는 방법이 있고, 기수를 써서 'in line one, paragraph one' 혹은 순서를 바꿔서 'in paragraph one, line one' 이렇게 하는 방법도 있어요. 무엇을 써도 다 맞고 다 잘 알아듣습니다.

SPEAKING PRACTICE

1 The lawyer drew our attention to a clause in the third line of the first paragraph.

그 변호사는 첫 번째 단락, 세 번째 줄에 있는 조항으로 우리의 관심을 끌었다.

2 In line ten, paragraph five of the will, Dave explained what he was leaving to his wife.

데이브는 그의 유언장 다섯 번째 단락 열 번째 줄에 부인에게 무엇을 남기는지 설명해 놓았다.

MP3 099

3 And here, in paragraph three, line seven, the author first introduces the main character, John.

그리고 여기, 세 번째 단락 일곱 번째 줄에서 작가는 주인공 존을 처음으로 소개한다.

APPLY AND MORE

수업 시간, 혹은 리포트를 보면서 '무슨 단락 몇 번째 줄을 봐라' 라고 얘기할 때는 look at을 쓰고, '~에 주목하면 좋겠다'고 하고 싶을 땐 want to draw your attention to를 쓰기도 합니다.

1 I'd like to draw your attention to the tenth line of the second paragraph.

두 번째 단락 열 번째 줄에 주목하셨으면 합니다.

2 Look at paragraph one, line five. There's a typo.

첫 번째 단락 다섯 번째 줄을 보세요. 오타가 있네요.

Dialogue

A And as it clearly states in line two, paragraph three, if your company cannot finish the work in time, there are rather serious penalties.

B I'm aware of that part of the contract. Have no fear. We will finish with time to spare.

A: 세 번째 단락, 두 번째 줄에 명시되어 있듯이, 귀사가 일을 제때 못 끝내면 꽤 심각한 위약금이 붙습니다.
B: 저도 계약서의 그 부분 알고 있습니다. 걱정하지 마세요. 여유 시간 가지고 일을 끝낼 테니까요.

1판, 10쇄

First edition, tenth printing

매회 2,000부씩 열 번 인쇄

Reprinted ten times, 2,000 two-thousand copies each time

출판사에서 책을 한 번 찍을 때마다 printing한다고 합니다. 출판 용어로 '쇄' 라고 하죠. 같은 edition(판)을 가지고 여러 번 인쇄할 수 있는데, 몇 번째 edition의 몇 쇄인지는 이렇게 서수로 얘기해요. 보통 표지 안에 있는 내지나 제일 뒤에 출판사 정보와 함께 나와 있어요. 그리고 인쇄를 여러 번 다시 하게 되면 [reprinted + 횟수(숫자 + times)] 이렇게 얘기하고, 한 번에(each time) 몇 부(copies)를 찍는지도 얘기할 수 있습니다.

SPEAKING PRACTICE

1 It was never super popular, but it was a steady seller, having been **reprinted fifteen times, 2,000 two-thousand copies each time**.

그것은 한번도 인기가 완전 많았던 적은 없었지만 스테디셀러여서 한 번에 2,000부씩 15번이나 재인쇄됐다.

MP3 100

2 Even the author was surprised by the book's enduring popularity; he never expected to see it **reprinted thirteen times, 5,000 five-thousand copies each time**.

저자마저도 그 책의 지속적인 인기에 놀랐다. 그는 그 책이 매회 5,000부씩 열세 번이나 재인쇄되는 걸 보리라고는 기대도 안 했다.

3 It took me forever to find **the first edition, first printing of** this book.

내가 이 책의 초판 1쇄 버전을 찾는 데 아주 오랜 시간이 걸렸다.

APPLY AND MORE

책이 시대에 안 맞거나 잘 팔리지 않을 때 절판을 하죠. 영어로는 out of print라고 합니다. 더 이상 인쇄를 안 하고 인쇄해 놓은 게 다 팔리면 끝인 거예요. 그런데 이걸 다시 복간한다면 publish a new edition이라고 하면 됩니다.

1 It was out of print for many years but thanks to a TV show it got popular, so they are going to publish a new edition.

그게 오랫동안 절판 상태였는데 한 TV 프로그램 덕분에 인기가 많아져 회사가 복간할 예정이다.

Dialogue

A And here it is, the holy grail of books. It's **the first edition, tenth printing of** *The Catcher in the Rye*.

B I've been looking for this for ages. Let me get some gloves on before I hold it.

A: 자, 여기 성배 같은 책이 있다. 〈호밀밭의 파수꾼〉 1판 10쇄 버전이야.
B: 나 이거 정말 오랫동안 찾고 있었는데. 만지기 전에 장갑부터 좀 끼고.

UNIT 7

전 5권 세트

a five-volume set

전집은 여러 권이 모여 한 세트를 이루는 경우인데요, 이렇게 전체 여러 권이 한 세트인 책을 말할 때는 숫자와 '권'이라는 뜻의 단어 volume을 하이픈으로 연결해 set 앞에 쓰면 됩니다. 이때 [숫자-volume]은 set를 꾸며 주는 형용사인 거라서 volume을 단수로만 씁니다.

SPEAKING PRACTICE

1 He was amazed to find a first edition five-volume set of Melville's classics.

그는 허먼 멜빌의 고전 전 5권 한 세트 책의 초판을 발견하고는 놀랐다.

2 Their discography was sold as a three-volume set of CDs.

volume은 책뿐만 아니라 이렇게 CD를 말할 때도 씁니다.

그들의 음반은 CD 3장 한 세트로 팔렸다.

3 He bought a used four-volume set of the Oxford English Dictionary.

그는 중고 옥스퍼드 영어 사전 전 4권 세트 한 질을 샀다.

MP3 101

APPLY AND MORE

세트물의 대표적인 예가 바로 대하소설입니다. 이런 대하소설을 영어로는 saga라고 해요. 이때 총 3부작, 이런 식으로도 말하는데 이런 '3부작'을 영어로 trilogy라고 합니다. 여러 권으로 이루어져 있다면 [숫자 + volumes]라고 표현하세요.

1 The movie was based on a famous trilogy of books.

그 영화는 유명한 3부작 책에 기반을 두고 있었다.

2 The saga has ten volumes in total.

그 대하소설은 총 10권짜리다.

Dialogue

A Are you sure you want to buy this? It's a ten-volume set.

B You can learn 3,000 three thousand years of Asian history.

A: 이거 사고 싶은 거 맞아? 전 10권짜리 세트인데.
B: 3,000년 아시아 역사를 배울 수 있다고.

UNIT 8

그의 책은 항상 수만 권이 팔린다.

His books always have sales in the tens of thousands.

일단 tens of thousands는 20,000부터 90,000까지의 숫자를 커버합니다. 그래도 느낌은 뒤쪽 숫자에 가까울 정도로 많다는 느낌을 주지요. 앞에 동사가 오거나 명사가 와서 그것들과 함께 한 단위가 될 때는 [동사 or 명사 + in the tens of thousands]의 형태로 쓰고, 뒤에 있는 명사를 꾸며 줄 때는 [tens of thousands of + 명사] 이렇게 써요.

SPEAKING PRACTICE

1 Whatever he writes and publishes consistently sells **in the tens of thousands**.

그가 쓰고 출판하는 것은 무엇이든 수만 권이 팔린다.

2 **Tens of thousands of** people are trying to get their hands on the book.

수만 명의 사람들이 그 책을 손에 넣으려고 하고 있다.

3 Because he loved the library so much, the wealthy businessman would make an annual donation **in the tens of thousands**.

그 부유한 사업가는 도서관을 매우 좋아해서 그는 매년 수만 달러씩 기부를 했다.

MP3 102

APPLY AND MORE

책이 나와서 수만 권이 팔린다는 건 우리말로는 굉장히 날개 돋친 듯 팔린다는 의미입니다. 이걸 영어로는 fly off the shelves라고 해요. 매대 선반에서 훅훅 날아가듯이 사람들이 낚아채가니까요.

1 Their new English book has been flying off the shelves, so they have to reprint it.

새로 낸 영어 책이 날개 돋친 듯 팔려서 그들은 인쇄를 다시 해야 한다.

2 The lipstick was so popular that as soon as it was displayed, it flew off the shelves.

그 립스틱은 인기가 너무 많아서 진열되자마자 날개 돋친 듯 팔렸다.

Dialogue

A I never thought of them as an investment. I just bought them because I love comic books.

B And all these years later, your collection is worth **tens of thousands of dollars**.

A: 나는 그것들을 투자라고 생각해 본 적이 없어. 그냥 내가 만화책을 좋아하니까 샀을 뿐이야.
B: 그렇게 여러 해가 지난 후에 네 만화책 컬렉션이 수만 달러의 가치가 있게 된다고.

UNIT 9

MP3 103

이 책들 각각 다섯 권씩

five each of these books

무언가를 각 몇 개씩이라고 할 때 [숫자 + each of + 해당 명사의 복수형]이라고 표현합니다. each가 '각각의' 라는 뜻이어서 three each라고 하면 각 3개씩이라는 뜻이에요. 참고로 each 바로 뒤에는 단수형을 쓰지만, each of 뒤에는 복수형이 옵니다. 의외로 이것을 헷갈려하는 분들이 많더라고요.

SPEAKING PRACTICE

1 He wanted to give these books away as gifts, so he bought **two each of them**.

그는 이 책들을 선물로 나눠 주고 싶어서 그것들을 각 두 권씩 샀다.

2 For the bookstore window display, he used **three each of these books**.

서점 쇼윈도 디스플레이용으로 그는 이 책들을 각 세 권씩 사용했다.

3 The librarian knew the books were going to be popular, so she ordered **ten each of them**.

도서관 사서는 그 책들이 인기가 많을 것이라는 것을 알아서 그것들을 각 열 권씩 주문했다.

APPLY AND MORE

책 말고도 이 표현을 쓸 수 있는 것이 무척 많습니다. 같이 연습해 보세요.

1 There were quite a few leftovers after the bake sale. We took **two each of the muffins**.

bake sale은 학교나 자선단체에서 기금을 모으려고 빵이랑 케이크를 구워 파는 행사예요.

베이크 세일 후에 남은 게 꽤 많아서 우리는 머핀을 각 두 개씩 가져갔다.

2 Mom bought a bag of mandarin oranges and we all ate **four each of them**.

엄마가 귤을 한 봉지 사오셔서 우리는 그것을 각 네 개씩 먹었다.

Dialogue

A And how can I help you today? Oh, **four each of these coloring books and crayons**?

B Yes. I have a lot of grandchildren and they never share.

A: 오늘은 뭘 도와드릴까요? 오, 이 색칠하기 책하고 크레용 각 네 개씩이요?
B: 네. 손자들이 많은데 절대 나눠 쓰질 않네요.

책과 관련된 재미있는 이야기

원서를 읽다 보면 책 앞에 판권 페이지라 부르는 copyright page가 있습니다. 이 판권 페이지에 무엇이 있는지 한 번 알아보죠. 우선 이 판권 페이지가 있는 것은 해적판의 난립을 막기 위해서입니다. 그래서 시집이든, 소설이나 논픽션이든 자비 출판한 책이든 모두 상관없이 이 copyright page가 있어야 합니다. 그럼 이 판권은 어떻게 구성되는지 다음을 보세요.

Copyright © 2017 Jane Doe. ❶

All rights reserved. No part of this publication may be reproduced, distributed, or transmitted in any form or by any means, including photocopying, recording, or other electronic or mechanical methods, without the prior written permission of the publisher, except in the case of brief quotations embodied in critical reviews and certain other noncommercial uses permitted by copyright law. For permission requests, write to the publisher, addressed "Attention: Permissions Coordinator," at the address below. ❷

ISBN: 978-0-000000-0 (Paperback)
ISBN: 978-0-000000-0 (Hardcover) ❸

Library of Congress Control Number: 0000000000 ❹

Any references to historical events, real people, or real places are used fictitiously. Names, characters, and places are products of the author's imagination. ❺

Front cover image by Artist. ❻
Book design by Designer. ❼

Printed by DiggyPOD, Inc., in the United States of America.
First printing edition 2017. ❽

Example Publisher
111 Address St.
City, State, 12345 ❾

www.yourwebsite.com ❿

1. copyright 명시와 출간년도, 저자 이름
저자 이름에는 본명 말고 필명을 쓸 수도 있어요. 판을 달리해 찍는다면 Copyright © 2017, 2014, 2012 이렇게 표시합니다.

2. 판권 소유
저자나 출판사의 허락 없이 함부로 재생, 배포될 수 없으며…. 이런 내용이 들어가는 부분입니다.

3. ISBN
국제 도서 규격번호로 13자리이며 국가, 지역, 출판사가 부여받은 번호 뒤에 출판사에서 출간된 순서로 번호 숫자가 붙고 맨 마지막에 부가기호 한 자리 수가 붙습니다. 참고로 한국의 ISBN 국가 번호는 89입니다.

4. 국회 도서관 등록 번호(LCCN)
미국 국회 도서관에 놓이려면 반드시 이 번호를 받아야 합니다.

5. 책임 부인(disclaimer)
소설의 경우, 캐릭터나 장소는 저자 상상력의 산물이며, 특정인과 상관없이 허구로 쓰인 것임을 알리는 문구입니다. 혹시 겹치는 건 우연의 일치라며 책임을 부인하는 것이죠.

6. 허락 공지
여기서는 다른 사람의 사진 이미지를 앞표지에 썼다고 사진 저작권자를 명시하고 있습니다.

7. 관련자 공지
편집자, 사진작가, 일러스트레이터 등을 판권에 넣을 수 있지만, 대부분의 책이 적어도 판권 페이지에 디자인과 일러스트레이션 저작권자는 밝히고 있습니다.

8. 인쇄 국가/판쇄 표시
해당 책이 어느 국가에서 인쇄되는지, 또 몇 판 몇 쇄인지 밝힙니다.

9. 출판사 정보
출판사 이름과 주소가 들어갑니다.

10. 웹사이트 주소
저자 웹사이트 주소입니다.

CHAPTER 4

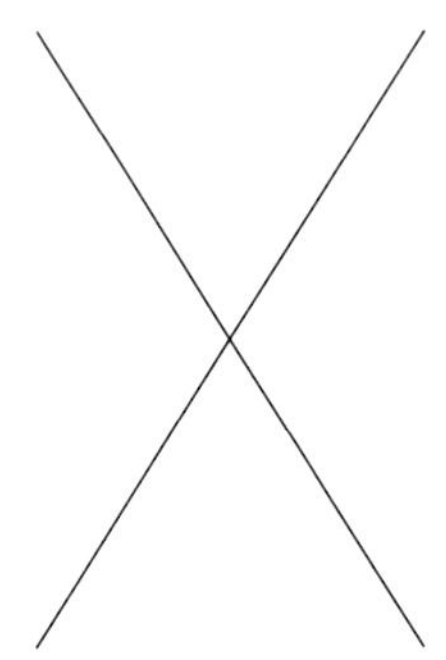

주거, 통신 관련
숫자 표현

UNIT 1	우리 집은 1403동 513호다.
UNIT 2	난 그 건물 3층에 산다.
UNIT 3	그는 우리 집 3층 위에 산다.
UNIT 4	방 세 개짜리 아파트
UNIT 5	13년 된 아파트
UNIT 6	그 집은 148평방미터이다.
UNIT 7	우리 회사는 2층에서 4층까지 있다.
UNIT 8	그 건물은 지상 5층, 지하 2층이다.
UNIT 9	안내는 1번을 누르세요.
UNIT 10	외부 전화는 0번을 먼저 누르세요.

UNIT 1

우리 집은 1403동 513호다.

My home is Apartment 513 five thirteen in Building 1403 fourteen oh three.

아파트 단지 내에서 주소를 알려줄 때는 거의 동과 호수 정도만 말합니다. 큰 장소가 앞에 나오는 한국어와 달리 영어에서 주소는 작은 것 먼저, 큰 것 뒤에가 원칙으로 아파트 호수부터 써서 [Apartment + 호수], 그 다음에 더 큰 건물인 동은 [building + 동 호수] 이렇게 얘기해요. 그리고 그 건물 동 안에 집이 있으니까 전치사 in을 building 앞에 넣습니다. 숫자 읽는 법은 세 자리일 때는 hundred를 빼고, 네 자리 숫자일 때는 연도 읽듯이 두 개씩 끊어서 읽습니다.

SPEAKING PRACTICE

1 Please leave the package in front of Apartment 510 (five ten) in Building 3 (three).

택배를 3동 510호 앞에 놓아 주세요.

2 He lived in a housing project, in Apartment 10A (ten A) in Building 419 (four nineteen).

housing project는 보통 정부 자금으로 개발한 저소득층 주택 단지를 뜻해요.

MP3 104

그는 임대주택 419동 10A호에 살았다.

3 Police and ambulance were called to Apartment 1180 (eleven eighty) which is directly across the hall from my sister's place.

경찰과 앰뷸런스가 1180호로 호출되었는데, 우리 언니네 바로 건너편이다.

APPLY AND MORE

반지하는 영어로 a half basement라고 합니다. a half basement apartment라고도 많이 하지요. 뉴욕을 배경으로 한 드라마나 영화를 자세히 보면 주인공이 사는 건물에 half basement units가 많이 있어요. 그런데 경사지에 집을 지어서 앞에서는 보면 지하인데 뒤에서 보면 완전한 a full story인 경우가 있지요. 그런 건 a walkout basement라고 합니다.

1 Oh, it's not a half basement. It's a walkout basement.

그건 반지하가 아니에요. 워크아웃 지하예요.

2 For a half basement apartment, it gets a lot of sunlight.

반지하 집치고는 햇빛이 많이 드네요.

Dialogue

A Can you please sign for this package? I need a signature.

B Sure. Let's see here. Oh, this isn't for me. I'm Apartment 5A (five A) in Building 3 (three). This is for Apartment 5A (five A) in Building 6 (six).

A: 이 소포 사인 좀 해주시겠어요? 서명이 필요합니다.
B: 네. 어디 보자. 어, 이거 저한테 온 게 아니네요. 전 3동 5A호이고, 이건 6동 5A호에 온 거예요.

UNIT 2

난 그 건물 3층에 산다.

I live on the third floor of the building.

몇 층인지 얘기할 때는 항상 서수로 씁니다. 그리고 어느 층에 있다 혹은 산다고 할 때는 전치사 on과 함께 쓰인다는 점, 꼭 기억하세요.

SPEAKING PRACTICE

1 The apartment didn't have a good view because it was only **on the second floor** of the building.

그 아파트는 건물 2층에 있어서 경치가 좋지 않았다.

2 If you're **on the first floor** of the building, you never use the elevator.

건물 1층에 살면, 엘리베이터는 절대 이용하지 않게 된다.

3 His air conditioner unit fell off **from the fifth floor** of the building.

그의 에어컨 실외기가 건물 5층에서 떨어졌다.

APPLY AND MORE

엘리베이터 없이 층계만 있는 건물을 a walkup이라고 하는데요, 그 앞에 '몇 층(짜리)' 표현을 넣어 얘기할 수 있어요. 건물 전체의 층이 몇 층인지를 나타낼 때는 floor가 아니라 story를 써서 [숫자 + story]라고 씁니다. 참고로, 고급 주택의 제일 높은 층에 있는 아파트는 펜트하우스라고 합니다.

MP3 105

1 She lived in **a three-story walkup**, and really hated not having an elevator.

그녀는 엘리베이터 없는 3층짜리 건물에서 살았는데, 엘리베이터가 없는 게 너무 싫었다.

2 The highest floor of the building is the penthouse, and it's usually one apartment that takes up the whole floor.

그 건물의 가장 높은 층은 펜트하우스인데 주로 층 전체를 다 쓰는 아파트를 말한다.

Dialogue

A So, tell me about this new place. I hear it's a really lively neighborhood with lots of exciting cafés.

B Yeah, and that's great during the day, but I live **on the third floor** of the building, and at night I can hear everything that's happening on the street below.

A: 그래, 이 새 집 얘기 좀 해 줘. 멋진 카페들이 많이 있는 진짜 활기찬 동네라는데.
B: 응, 낮에는 아주 좋아. 하지만 내가 건물 3층에 살거든. 밤에는 길가에서 일어나는 소리가 다 들려.

UNIT 3

그는 우리 집 3층 위에 산다.

He lives three floors above me.

어느 상상의 기준점을 두고 그 위에 있으면 above, 그 아래에 있으면 below라고 합니다. 그래서 바로 윗집에 사는 사람들이면 people above me, 2층 위에 사는 사람들이면 two floors above me, 이런 식으로 얘기하죠. 반대로 아래에 살면 below를 쓰면 돼요.

SPEAKING PRACTICE

1 The party was three floors above me, but I could still hear the music.

파티는 3층 위에서 있었는데도 나는 여전히 음악 소리를 들을 수 있었다.

2 The piano tutor lives two floors below us, which makes it very convenient.

피아노 선생님이 우리 집 2층 아래에 사셔서 아주 편리하다.

3 The people above me are very inconsiderate. They make so much noise.

우리 윗집 사람들은 배려심이라고는 정말 없다. 너무나 시끄럽게 한다.

APPLY AND MORE

above는 물리적인 '위'도 얘기하지만 직책상 윗사람을 얘기하기도 해요. 그럼 아래 사람을 얘기할 때는 below를 쓸까요? 이때는 below가 아니라 under를 씁니다.

MP3 106

1 As a director, I feel very responsible because there are 120 one hundred and twenty people working under me.

임원으로서, 나는 매우 큰 책임감을 느낀다. 내 아래에서 일하는 사람이 120명이나 있기 때문이다.

2 I have three people above me and I am the only one who does all the actual work. This is a very top-heavy company.

top-heavy는 '상급직이 너무 많은'의 뜻이에요. 그러니 구조상 역삼각형 형태를 띠겠죠.

내 위로 세 명이나 있고 실제 모든 일을 하는 사람은 나 혼자다. 여기는 완전 역삼각형 구조의 회사이다.

Dialogue

A I heard that when they got divorced they couldn't agree on who got to keep the apartment.

B That's true. They both loved the neighborhood, so he bought a second place in the same building. Now he lives three floors above her.

A: 그들이 이혼할 때 누가 아파트를 가질 건지 의견 일치를 못 봤다고 들었어.
B: 사실이야. 둘 다 그 동네를 너무 좋아해서 그가 같은 건물에 있는 집을 샀어. 그래서 지금 그 사람 전부인 3층 위에 살아.

UNIT 4

방 세 개짜리 아파트

a three-bedroom apartment

a와 apartment 사이에 three-bedroom을 하이픈으로 연결해서 형용사로 만들어 중간에 넣었어요. 이렇게 형용사로 만들 때 중간에 들어가는 명사는 앞의 숫자가 2 이상이어도 항상 단수형이에요. 그래서 방 세 개짜리 아파트가 된 겁니다. 우리 식의 아파트 건물이 아니어도 영어에서는 내가 사는 공간을 아파트라고 많이 해요. 빌라에 살아도 영어로는 apartment라고 부르는 거죠.

SPEAKING PRACTICE

1 His family quickly outgrew the two-bedroom apartment.

그의 가족은 빨리 늘어 그 방 두 개짜리 아파트가 작아졌다.

2 They told the agent they were looking for a three-bedroom apartment in the Upper East Side.

Upper East Side: 뉴욕 주 맨해튼의 번화가예요.

그들은 중개인에게 어퍼 이스트 사이드에서 방 세 개짜리 아파트를 찾고 있다고 말했다.

3 We downsized from a large five-bedroom home to a two-bedroom apartment.

우리는 방 다섯 개짜리 큰 집에서 방 두 개짜리 아파트로 크기를 줄였다.

MP3 107

APPLY AND MORE

영어에 one room(원룸)이라는 단어는 없어요. 이런 형태의 집을 스튜디오라고 부르고, 아파트도 apartment보다 condo라고 더 많이 써요. 우리가 놀러 갈 때 부르는 콘도는 resort hotel이 맞습니다.

1 Typically, what Koreans call a one-room apartment is called a studio apartment in North America.

보통 한국 사람들이 원룸 아파트라고 부르는 걸 북미 지역에서는 스튜디오 아파트라고 한다.

2 After downsizing, my parents lived in a one-bedroom condo.

집 크기를 줄인 후, 우리 부모님은 방 하나짜리 아파트에서 사셨다.

Dialogue

A In this area, it's going to cost you an arm and a leg for a three-bedroom apartment.

B You're right. It makes more sense to move out to the suburbs and commute.

A: 이 지역에서는 방 세 개짜리 아파트가 아주 비쌀 텐데.
B: 맞아. 그래서 외곽으로 이사 가서 통근하는 게 더 말이 되지.

UNIT 5

13년 된 아파트

a thirteen-year-old apartment

a와 apartment 사이에 이번엔 '13년 된'이라는 연식을 나타내는 말 13-year-old를 하이픈으로 연결해서 중간에 넣었습니다. 역시 형용사로 만들 때 중간에 들어가는 명사는 앞에 나오는 숫자와 상관없이 항상 단수예요.

SPEAKING PRACTICE

1 Even though it was **a thirty-year-old apartment**, the previous owner had done a lot of renovations.

그것은 30년 된 아파트였지만 전 주인이 개보수를 정말 많이 했다.

2 He bought **a ten-year-old apartment** and had to redo the whole kitchen.

그는 10년 된 아파트를 샀고 부엌을 전부 다 고쳐야 했다.

3 If it's only **an eleven-year-old house**, you can assume there won't be any problems with the wiring.

그 집이 11년밖에 안 된 집이면, 전선에는 아무 문제가 없을 거라고 추측해도 된다.

APPLY AND MORE

우리나라는 40년만 넘어도 집이 오래 됐다고 하지만, 미국이나 캐나다에는 100년 넘은 집들이 많아요. 이렇게 19세기 말에서 20세기로 세기가 바뀔 때 지어진 집을 영어로 a turn of the century house라고 합니다.

1 This is a turn of the century building.

이것은 19세기 말에 지어진 건물이다.

MP3 108

2 Her house is a century old, and has terrible wiring and plenty of drafts.

century 뜻은 '100년, 1세기'이지만, a century 자체가 단수형이라 복수형을 쓸 필요가 없어요.

그녀의 집은 100년 된 거라서 전선 상황도 최악이고 바람도 많이 들어온다.

Dialogue

A We bought a place — **a fifteen-year-old apartment** — and didn't have to change a thing.

B That kills me. I bought a place that had been built like five years ago, and had to fix everything.

A: 우리가 집을 하나 샀거든. 15년 된 아파트. 아무것도 바꿀 필요가 없었어.
B: 그 말 들으니 마음이 쓰리다. 나는 5년 전 쯤 지어진 집을 샀는데 다 고쳐야 했거든.

MP3 109

그 집은 148평방미터이다.

The house is 148 m²
one hundred and forty-eight square meters.

집의 크기를 말하는 정식 단위는 평방미터입니다. m^2는 square meter로 읽으면 되고, 앞의 숫자가 2 이상이면 복수형으로 읽습니다. 참고로 148평방미터는 평으로는 45평이에요.

SPEAKING PRACTICE

1 The realtor claimed the house is 200 m², **two hundred square meters** but it felt a lot smaller because there were so few windows.

부동산 중개인은 그 집이 200평방미터라고 주장했지만, 창문이 너무 없어서 훨씬 작게 느껴졌다.

2 That old house, the one over behind the school, is 1,000 m². **one thousand square meters**

그 학교 뒤에 있는 저 오래된 집은 1,000평방미터이다.

3 If you live by yourself, 79 m² **seventy-nine square meters** is more than enough room for you.

혼자 살면 79평방미터는 충분히 여유 있는 공간이다.

APPLY AND MORE

'평'이 익숙할 수도, '평방미터'가 익숙할 수도 있는데, 이때 나올 만한 문장 한번 볼까요? 참고로, '평방미터당 얼마'라고 할 때 per를 써서 얘기하는 것도 알아두세요.

1 This house is about **30** **thirty** *pyong*, but I have no idea how big that is in square meters.

이 집은 약 30평인데. 나는 그게 평방미터로는 얼마나 큰지 전혀 모르겠다.

2 When calculating the price of a house, you need to look at the cost per square meter.

집 가격을 계산할 때는 평방미터당 비용을 봐야 한다.

Dialogue

A Did you say that the house is 79 m²? **seventy-nine square meters** That's not bad. Good size for a starter home.

B I know, but I don't want a starter home. Makes more sense to get a bigger home now so my family doesn't have to move if we outgrow it.

A: 그 집이 79평방미터라고 했니? 나쁘지 않은데. 처음 장만하는 집으론 좋은 사이즈야.
B: 나도 알아. 하지만 난 스타터 홈 이런 거 원하지 않아. 차라리 큰 집을 지금 사서 나중에 식구가 늘어도 이사 갈 필요가 없는 게 더 낫지.

UNIT 7

우리 회사는 2층에서 4층까지 있다.

My company occupies the second to the fourth floor.

회사가 한 건물의 여러 층을 쓰는 걸 표현할 때는 '점유하다, 차지하다' 라는 뜻의 occupy 혹은 take up을 써요. occupy는 타동사라 뒤에 바로 층이 나오고, take up은 뒤에 '~부터 ~까지' 라는 from A to B를 이용해서 몇 층부터 몇 층까지인지 이야기합니다.

SPEAKING PRACTICE

1 The language school was huge, and took up from the 4th to the 11th floor.
the fourth to the eleventh floor

그 어학원은 아주 커서 4층부터 11층까지 썼다.

2 AAA Insurance occupies the 2nd to the 7th floor
the second to the seventh floor
of this building.

AAA 보험은 이 건물의 2층부터 7층까지 쓴다.

3 He worked really quickly in the morning and was able to clean all the exterior windows on the 2nd to the 4th floor.
the second to the fourth floor

그는 아침에 매우 빨리 일했고 2층부터 4층까지 모든 외벽 창문을 청소할 수 있었다.

MP3 110

APPLY AND MORE

'~부터 ~로 흐르다'의 뜻인 run도 앞에서 설명한 뜻으로 창문이나 배너를 말할 때 쓸 수 있어요. 그리고 한 개 층, 두 개 층을 쓰다라고 할 때는 floor 앞에 서수로 쓰지 않습니다.

1 The presidential library has giant windows along the front, and they run from the 2nd to the 4th floor.
the second to the fourth floor

대통령 도서관에는 커다란 창문이 앞에 있는데 그게 2층부터 4층까지이다.

2 When the company started, they only rented one floor but now they take up three floors of the same building.

그 회사가 처음 시작했을 때는 한 개 층만 임대했는데 이제는 같은 건물의 세 개 층을 쓴다.

Dialogue

A How can I find your office?

B When you reach the building, take the elevator. My company occupies the 6th to the 9th floor.
the sixth to the ninth floor
They all have the same signs. Make sure you get off at the 9th
the ninth
floor.

A: 네 사무실 어떻게 찾아가?
B: 건물 도착하면 엘리베이터를 타. 우리 회사는 6층부터 9층까지야. 간판이 다 똑같거든. 꼭 9층에서 내려.

UNIT 8

그 건물은 지상 5층, 지하 2층이다.

The building has five floors above ground and two basements.

'어떤 건물에 몇 개 층이 있다'고 할 때 영어는 그 건물이 몇 개 층을 가지고 있다 라는 식으로 동사 have를 써서 표현합니다. 지상 층은 floor를 쓰고 지하층은 basement를 쓰지요. 그냥 몇 층이 아니라 지상이라는 걸 밝혀 줄 때는 뒤에 above ground를 붙여요.

SPEAKING PRACTICE

1 The company's new headquarters have seven floors above ground and three basements.

그 회사의 새 본사는 지상 7층과 지하 3층이다.

2 The maintenance manager's office is on B2 B two.

지하 2층을 the subbasement라고도 해요.

시설 유지부서의 담당자 사무실은 지하 2층에 있다.

3 After months' of additions and renovations, the department store now has eleven floors above ground and six basements which are all used for parking.

여러 달에 걸친 증축과 개보수 후에, 그 백화점은 이제 지상 11층과 모두 주차장으로 쓰이는 지하 6층이 있다.

MP3 111

APPLY AND MORE

동사 have 대신에 '~이 있다'의 there is/there are라고 표현할 수도 있어요. 그리고 지상 5층이 아니라 그냥 5층짜리 건물이라고 얘기하고 싶으면 a와 building 사이에 5-story를 하이픈으로 연결해 넣으면 됩니다.

1 There are five floors above ground and two basements in this building.

이 건물에는 지상 5층과 지하 2층이 있다.

2 Even minor celebrities seem to have at least a three-story building.

조금 덜 알려진 유명인들도 3층짜리 건물 정도는 못해도 가지고 있는 것 같다.

Dialogue

A Wow. Check out this model. It must have taken a million hours. Did you build this all by yourself?

B Yup. And I designed it, too. It's the big final project in my architecture class. It's got five floors above ground and two basements.

A: 와, 이 모형 좀 봐. 시간 정말 많이 걸렸겠다. 이거 혼자서 다 만든 거야?
B: 응. 내가 그거 디자인도 했어. 건축 수업 마지막 중대 프로젝트야. 지상 5층에 지하 2층이 있어.

UNIT 9

안내는 1번을 누르세요.

Press 1 one for reception.

전화를 걸었을 때 자동 응답기에서 나오는 말입니다. press 뒤에 다이얼 번호를 얘기하고 그 뒤에 for나 to + 동사원형을 써서 문장을 더 길게 연결할 수 있어요.

SPEAKING PRACTICE

1 Press 1 (one) for English, 2 (two) for French.

영어 안내는 1번, 프랑스어 안내는 2번을 누르세요.

2 Press 0 (zero) if you'd like to speak with customer support.

고객 지원팀과 얘기하고 싶으시면 0번을 누르세요.

3 Press 1 (one) to hear the current time and weather.

현재 시각과 날씨를 듣고 싶으면 1번을 누르세요.

MP3 112

APPLY AND MORE

번호 말고도 또 많이 나오는 기호가 있지요. 네, 우물 정자(#)는 pound, 별표(*)는 star라고 합니다.

1 We used to say press 911 (nine eleven) for emergencies, but they switched it to press 911 (nine one one).

911 테러 사건 이후로 이렇게 바뀌었대요.

옛날에는 응급상황에는 nine eleven을 누르라고 했지만 nine one one을 누르라고 말하는 걸로 바꼈다.

2 Press pound to return to the start of the menu. Press star to hear more options.

메뉴를 다시 시작하시려면 우물 정자를, 더 많은 옵션을 들으시려면 별표를 누르세요.

Dialogue

A I think there's something wrong with the phone system. It keeps saying, "Press 1 (one) for reception." But then it doesn't give any other options.

B Yeah, nothing's wrong with it. We wanted all the calls going to the receptionist anyway.

A: 전화 시스템이 뭔가 잘못된 것 같아. 계속 "안내는 1번을 누르세요"만 나오고 다른 옵션은 없는데.
B: 어, 잘못된 거 하나도 없어. 그냥 모든 전화가 리셉셔니스트한테 갔으면 해서 그런 거야.

UNIT 10

외부 전화는 0번을 먼저 누르세요.

First dial 0 (zero) for an outside line.

회사에서 혹은 호텔에서 외부로 전화하려면 0번이나 9번을 눌러야 할 때가 있습니다. 이걸 안내할 때는 '전화를 하다, 번호를 누르다'의 동사 dial을 씁니다. 그 이후에 번호를 얘기하면 돼요. 마지막에 for로 목적을 얘기합니다. '~를 위해서' 라고 이해하면 금방 외워져요.

SPEAKING PRACTICE

1 Dial 0 (zero) for the operator.

교환원은 0번을 누르세요.

2 First dial 9 (nine) for an outside line.

외부 전화는 9번을 먼저 누르세요.

3 Dial the direct extension if you know it.

내선번호를 아시면 내선번호를 바로 누르세요.

MP3 113

APPLY AND MORE

지역 번호는 an area code라고 합니다. '세 자리 지역 번호' 이렇게 표현하고 싶으면 하이픈으로 연결한 three-digit을 area code 앞에 넣으세요.

1 You need to include the three-digit area code when you make a long-distance call.

장거리 전화를 걸 때, 세 자리 지역 번호를 넣어야 한다.

2 For international phone calls, dial 001 (zero zero one) first.

국제 전화를 하시려면 001을 먼저 누르세요.

Dialogue

A Are you sure this is the right number? I keep dialing it, but I get a recording, "We're sorry; we are unable to complete your call as dialed."

B Let me try. It's ringing. Did you remember to dial 9 (nine) to get an outside line?

A: 이게 맞는 번호인 거 확실해? 내가 계속 전화 거는데 "죄송하지만 전화를 걸 수 없습니다" 라고만 나와.
B: 내가 한번 해볼게. 신호 가는데. 외부 전화는 9번 눌러야 하는 거 기억했니?

CHAPTER 5

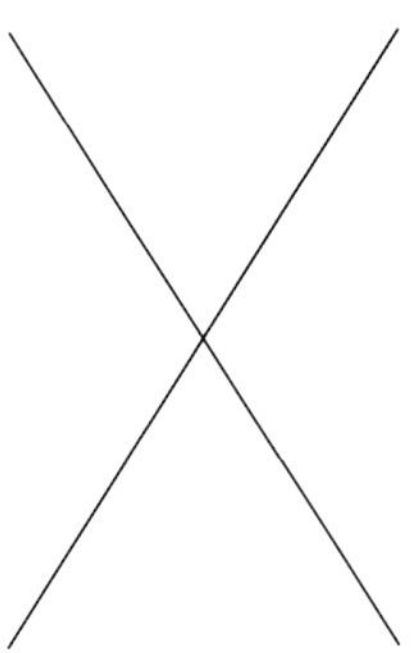

교통 관련
숫자 표현

UNIT 1	20번 버스를 타세요.
UNIT 2	5번 고속도로를 타세요. / 2번 국도를 타세요.
UNIT 3	다음 휴게소까지 3km 남았다.
UNIT 4	이 차는 다섯 명 태울 수 있다.
UNIT 5	기어를 3단으로 넣고 나서 2단으로 내려.
UNIT 6	나는 2003년형 벤츠를 몬다.
UNIT 7	속도를 30으로 줄여.
UNIT 8	승객님 비행기는 3번 터미널에서 출발합니다.
UNIT 9	우리 부모님은 뉴욕발 14:10분 비행기에 타고 계신다.
UNIT 10	런던행 열차는 3번 승강장에서 출발할 것이다.
UNIT 11	나는 목적지에서 세 정거장을 지나쳤다.
UNIT 12	나는 뒤쪽에서 세 번째 칸에 있다.
UNIT 13	2호선 타고 잠실역에서 8호선으로 갈아타세요.
UNIT 14	표는 편도는 3,000원, 왕복은 5,000원이다.

MP3 114

UNIT 1

20번 버스를 타세요.

Take the number 20 twenty bus.

Take the 20 twenty.

'버스를 타다' 라고 할 때 쓰는 가장 대표적인 동사가 take예요. 기본 표현 take a bus에서 bus 자리에 [the number + 버스 번호 + bus]를 넣어서 얘기하면 됩니다. 그러니까the number 20 [twenty] bus라고 하면 되지요. 문맥상 버스 관련 얘기를 하는 중이면 bus는 생략도 가능해요. 참고로, '버스에서 내리다'는 get off the bus입니다.

SPEAKING PRACTICE

1 Take the 68 **sixty-eight** and get off in front of the shopping center.
68번 버스 타고 그 쇼핑센터 앞에서 내리세요.

2 Take the number 470 or 471 **four seventy or four seventy-one** at Garden Road Subway Station stop to go up to Oxfordham area.
옥스포드햄 지역으로 올라가시려면 가든 로드역 정류장에서 470번이나 471번을 타세요.

3 You can't take the number 20 **twenty** bus at this stop; you need to cross the street.
이 정류장에서는 20번 버스 못 타세요. 길 건너셔야 해요.

APPLY AND MORE

버스를 탄다고 할 때 take 외에 동사 catch도 쓸 수 있습니다. 몇 번 버스로 갈아탄다고 할 때는 [transfer to the number + 환승할 버스 번호]를 쓰죠. 그리고 버스는 번호 외에 광역 직행처럼 버스 노선 이름으로 부르기도 합니다.

1 Transfer to the number 20 **twenty** and get off after two stops.
20번 버스로 갈아타고 두 정거장 후에 내리세요.

2 Catch the crosstown express, get off on 123rd **one (hundred and) twenty third**, and take the Pacific Line the rest of the way.

crosstown: '도시를 가로지르는'의 뜻으로 crosstown bus는 '광역 직행버스'를 뜻해요.

광역 직행버스를 타고 123번가에서 내려서 퍼시픽 라인을 타고 계속 가세요.

Dialogue

A Did you just say, "Take the number 20 **twenty** bus"? Are you serious? That's the worst bus in the city.

B Yeah, I know it goes through a couple of rough neighborhoods. But it's the fastest way for you to get to work from here.

A: 지금 20번 버스 타라고 그랬어? 진짜? 그게 이 도시에서 가장 안 좋은 버스인데.
B: 응. 그 버스가 안 좋은 동네 몇 군데 지나가는 건 나도 알아. 하지만 그게 여기서 직장까지 가는 가장 빠른 길인 걸.

MP3 115

5번 고속도로를 타세요.

Take Highway 5.
five

2번 국도를 타세요.

Take Route 2.
two

교통수단에 탑승하는 것 외에 자동차로 어떤 도로를 타는 것도 영어에서는 take를 씁니다. 우리는 주로 국도는 1번 국도처럼 번호로 얘기하고, 고속도로는 경부고속도로처럼 이름으로 부르지만, 영어는 고속도로도 거의 번호로 말합니다.

SPEAKING PRACTICE

1 **Take Highway 1** (one) and get off at the turnpike.
1번 고속도로 타고 가서 톨게이트에서 나오세요.

2 I decided to **take Route 90** (ninety) and as soon as I got onto it, the traffic started.
나는 90번 국도를 타기로 했는데, 그 길에 들어서자마자 교통 정체가 시작됐다.

3 **Take Route 66** (sixty-six) if you want to see all the best roadside attractions.
가장 예쁜 길가 명소를 보고 싶으면 66번 국도를 타세요.

APPLY AND MORE

도로를 타려면 자동차를 몰고 길을 나서야 합니다. 이렇게 '(자동차를 끌고) 길을 나서다'를 나타내는 표현이 바로 hit the road예요. 시동 걸어 출발할 때 바퀴가 도로를 한 번 탁 치고 가는 느낌에서 나온 게 아닌가 싶어요.

1 Let's hit the road!
자, 출발하자고!

2 Once you **hit Highway 5**, (five) turn right and keep going east.
일단 5번 고속도로로 나서면, 우회전 하고서 계속 동쪽으로 가세요.

Dialogue

A Are you sure it's **Highway 1** (one) all the way there? I get on that one road and can get across the country?

B Yes. Like I already told you. **Highway 1** (one) is also called the Trans Canada. It goes from one end all the way to the other horizontally.

A: 거기까지 쭉 가는 게 1번 고속도로란 말이지? 내가 그 길로 가면 전국을 가로질러 갈 수 있다고?
B: 응. 내가 이미 말했잖아. 1번 고속도로를 트랜스 캐나다라고도 하거든. 한쪽 끝에서 다른 쪽 끝까지 가로로 쭉 연결되어 있어.

UNIT 3

MP3 116

다음 휴게소까지 3km 남았다.

It's 3 three kilometers to the next service area.

시간, 날씨, 날짜, 거리, 돈을 얘기하는 문장은 주어 자리에 it을 쓰는 경우가 많습니다. 문법 용어로 비인칭 주어 it이라고 하지요. 그리고 전치사 to는 '~로, ~까지'의 목적의 뜻으로, '~까지 몇 키로다' 라고 할 때 [It is + 거리 + to + 목적지점]으로 표현합니다. 실생활에서 굉장히 많이 쓰는 표현이니 꼭 알아두세요.

SPEAKING PRACTICE

1 Better get gas now; it's over 100 a hundred kilometers to the next gas station.

지금 기름 넣는 게 좋겠어. 다음 주유소까지 100킬로미터 넘어.

2 Can you hold it a bit longer? It's just 1 one kilometer to the next rest stop.

조금만 더 참을 수 있어? 다음 번 휴게소까지 1킬로미터만 가면 돼.

3 It's only 30 thirty kilometers left to Boston. We are almost there.

보스턴까지 30킬로미터밖에 남았어. 거의 다 왔다.

APPLY AND MORE

이 외에 비슷한 표현으로 up the road가 있어요. '나아가는'의 뜻으로 얼마만 나아가면 해당 목적지가 나온다는 의미가 되는 거죠. 참고로, 고속도로 여행을 하다 보면 차 안에서 지루해하는 사람들이 항상 하는 말이 있습니다. Are we almost there yet?(다 왔어요?) 광고에도 많이 나오는 표현이니 참고로 알아두세요.

1 The turnoff is just 3 three kilometers up the road.

나가는 길이 딱 3킬로미터만 가면 된다.

2 Are we almost there yet?

이제 거의 다 왔어요? (아직 다 안 왔어요?)

Dialogue

A I can't go on. I give up. I thought I could do it but I can't. Please let's stop.

B Don't give up, Bob. It's just 3 three kilometers to the finish line. Come on. I believe in you!

A: 나 못하겠어요. 포기. 할 수 있을 것 같았는데, 못하겠어요. 이제 그만하죠.
B: 포기하지 마, 밥. 결승선까지 딱 3킬로미터 남았어. 자, 난 너 믿는다.

MP3 117

이 차는 다섯 명 태울 수 있다.

This car can seat five people.

This car is a five-seater.

차가 몇 인승인지 얘기할 때, 영어로는 '이 차가 몇 명 앉힐 수 있다, 혹은 담을 수 있다' 라고 해서 [seat/hold + 인원수]로 표현하기도 하고, '몇 인승 좌석이 있는 차' 라는 의미로 [a + 숫자-seater] 라고 하기도 합니다.

SPEAKING PRACTICE

1 This van can only **hold three people** when the back seats are down.

짐을 더 실으려고 좌석을 접어 놓은 것을 뜻합니다.

이 밴은 뒤의 좌석을 다 접으면 세 명만 태울 수 있다.

2 We needed **a five-seater** to get everyone to the airport in one trip.

우리는 공항까지 모든 사람들을 데리고 한 번에 갈 5인승 차가 필요했다.

3 This SUV can **seat seven people** because it's the extended cab.

'롱바디'는 3열 좌석형을 뜻하는 것으로 영어로는 extended cab이라고 합니다.

이 SUV는 롱바디 모델이라서 일곱 명을 태울 수 있다.

APPLY AND MORE

이거 외에 '7인승 차, 9인승 차'처럼 표현하려면 a와 car 사이에 '일곱 좌석의', '아홉 자석의'를 하이픈으로 연결해 넣으면 됩니다. 그래서 a seven-seat car, a nine-seat car라고 하죠.

1 Old station wagons were actually **seven-seat cars**, but the last two are in what's called the back back seat.

구식 스테이션 왜건이 실제로는 7인승 차였지만 마지막 두 자리는 소위 말하는 뒤에 뒤 좌석에 있다.

2 He traded in his sports car for **a five-seat car** once he started having kids.

여기서 trade in은 기존에 쓰던 것을 딜러에게 팔고 다른 것을 사는 걸 말해요. 차액만 내면 되는 셈이죠.

그는 아이들이 생기기 시작하자 자신의 스포츠카를 팔고 5인승 차로 샀다.

Dialogue

A Now, most cars with two doors can only comfortably **seat two people**. The back seat is really just for show.

B Yup. That's why I want to get a van. A van is **a true five-seat car**.

A: 요즘, 대부분 투 도어 자동차는 두 사람만 편하게 앉잖아. 뒤 좌석은 그냥 보라고 있는 거고.
B: 응. 그래서 내가 밴을 사고 싶은 거야. 밴이 진정한 5인승 차니까.

UNIT 5

MP3 118

기어를 3단으로 넣고 나서 2단으로 내려.

Shift into third gear, and then shift down into second.

우리가 말하는 수동 기어 차는 영어로 a stick-shift car 혹은 a manual transmission car라고 하고, 오토는 an automatic transmission car라고 합니다. 수동 기어 차를 몰 때는 속도와 상황에 따라 기어를 바꿔야 하는데, 그때 '변환하다'의 동사 shift를 씁니다. '기어를 ~로 넣다'는 shift into, '기어를 올리다'는 shift up to ~ gear를 쓰면 되죠. 그런데 기어를 내릴 수도 있잖아요. 그때는 shift down into ~ gear로 씁니다.

SPEAKING PRACTICE

1 When you're on the highway, you'll want to **shift up to fifth gear**.
고속도로에 있으면, 기어를 5단으로 올리고 싶을 것이다.

2 Whenever he would **shift from second to third**, he'd grind the gears and it would make a terrible sound.

클러치 밟고 떼고 하는 것을 잘 못하면 이렇게 됩니다.

그가 2단에서 3단으로 바꿀 때마다, 그는 기어를 긁었고, 그게 끔찍한 소리를 냈다.

3 **Second gear** is your climbing gear, so use it when you're going uphill.
2단 기어는 올라가는 기어니까 오르막길 올라갈 때 사용해라.

APPLY AND MORE

기어를 내릴 때, 숫자를 떨어뜨리므로 동사 drop을 쓰기도 합니다.

1 He needed to pass the other car on the highway, so he **dropped the car into fourth** to get more acceleration.
그는 고속도로에서 다른 차를 추월해야 해서 더 가속을 하려고 기어를 4단으로 낮췄다.

2 **First gear** is really only good when you're pulling a lot of weight.
1단 기어는 네가 무거운 것을 끌 때만 좋다.

Dialogue

A And then all of a sudden the brakes stopped working. It was crazy. The street was covered in ice, and I had no brakes.

B That's why I love my manual transmission. You can **shift into second gear**, take your foot off the gas, and the engine starts to slow you down.

여기서의 gas는 gas pedal로 액셀러레이터를 뜻합니다.

A: 그러다가 갑자기 브레이크가 작동을 안 하는 거야. 난리 났었지. 도로는 얼음으로 뒤덮였는데 나는 브레이크가 없고.
B: 그래서 내가 내 수동 기어 자동차를 좋아하는 거야. 기어를 2단으로 넣고 발을 액셀러레이터에서 떼. 그럼 엔진이 속도를 늦추지.

나는 2003년형 벤츠를 몬다.

I drive a 2003 two-thousand-and-three Benz.

자동차를 모델명으로도 많이 얘기해서, 'I have a Benz.' 라고 하면 '나는 벤츠 자동차가 있다'입니다. 몇 년 형인지 얘기하고 싶을 때는 하이픈으로 연결해서 형용사를 만들면 되죠. 이 연도는 말로 할 때는 하이픈이 보이지 않지만 글로 쓴다면 하나 하나 다 하이픈으로 연결해야 합니다.

SPEAKING PRACTICE

1 He traded in that old junker for a 2018 **twenty-eighteen** S5. **S five**

그는 오래된 고물차를 팔고 2018년형 S5로 바꿨다.

2 The 2021 **twenty-twenty-one** Tesla has a much longer range than earlier models.

2021년형 테슬라는 이전 모델보다 주행거리가 훨씬 더 길다.

3 He's always wanted to own a 1965 **nineteen-sixty-five** Ford Mustang.

그는 항상 1965년형 포드 무스탕을 갖고 싶어 했다.

MP3 119

APPLY AND MORE

'5년 된 차'는 a와 car 사이에 '5년 된'을 하이픈으로 연결해서 넣으면 됩니다. 그래서 a five-year-old car가 되지요.

1 I'm looking for a 3-4 year-old **three to four year-old** 혹은 **three or four year-old** SUV.

저는 3-4년 된 SUV를 찾고 있다.

2 My parents' car is still running very well for a 12-year-old **twelve-year-old** car.

우리 부모님 차는 12년 된 차치고 여전히 잘 굴러간다.

Dialogue

A Did you see the boss's car? I think he and his wife drive a 2003 **two-thousand-and-three** Camry. Isn't that a bit strange for the CEO of a big company?

B Well, he wants to come across as approachable.

A: 보스 차 봤어? 보니까 부인하고 2003년형 캠리를 모는 것 같아. 큰 회사 CEO치고 좀 이상하지 않아?
B: 글쎄, 좀 다가가기 편한 사람으로 비춰지고 싶어 하더라고.

UNIT 7

속도를 30으로 줄여.

Drop your speed to 30.
thirty

기어도 그랬지만 '~로 속도를 낮추다'는 [drop one's speed to + 속도 숫자] 혹은 [drop down to + 속도 숫자], [slow down to + 속도 숫자]로 표현합니다. 말하는 사람끼리 속도 단위를 알 때는 굳이 붙이지 않아요.

SPEAKING PRACTICE

1 There're a lot of traffic cameras around here, so **drop down to about 45.**
forty-five

여기엔 교통 단속 카메라가 많으니 한 45로 속도 낮춰.

2 In school zones, **drop your speed to 30.**
thirty

스쿨존에서는 속도를 30으로 낮춰.

3 It's a fifty zone. **Slow down to 50.**
fifty

여긴 50킬로미터 구역이야. 50으로 속도 늦춰.

APPLY AND MORE

'속도를 50킬로미터 이하로 유지하다' 라고 할 때 동사는 '유지하다'의 keep을, 그 속도보다 아래니까 전치사 below를 씁니다. 그리고 속도를 낮출 때 브레이크를 밟죠? 그래서 이 '브레이크를 밟다'는 hit the brakes라고 해요.

MP3 120

1 When the weather is bad, even when you're on the highway, **keep below 50.**
fifty

날씨가 나쁠 때는 고속도로에 있어도 50 이하로 유지해라.

2 He hit the brakes as soon as he saw the police cruiser hiding behind the tree.

그는 경찰차가 나무 뒤에 숨어 있는 걸 보자마자 브레이크를 밟았다.

Dialogue

A OK, we're coming up on the turn, so I need you to **drop your speed to 30** and start moving over to the other exit lane.
thirty

B OK. Let me shoulder check… And I don't see anyone in my blind spot, so I'll slow down and start moving over. Here we go.

shoulder check: 차선 바꾸기 전에 사각 지대에 다른 차량이 있는지 어깨 너머로 뒤를 돌아보는 것.

A: 좋아. 우리 턴 하는 곳에 가거든. 그러니까 네가 속도를 30으로 줄이고 나가는 차선으로 움직이기 시작해야 해.
B: 알았어. 숄더 체크 좀 하고. 사각 지대에 아무도 안 보이니까 속도 줄이고 그쪽으로 옮길게. 간다.

MP3 121

승객님 비행기는 3번 터미널에서 출발합니다.

Your plane departs from Terminal 3.
Three

공항에 가면 입국(Arrival), 출국(Departure) 이 표시를 많이 볼 수 있습니다. 동사로 arrive는 '도착하다'이고, depart는 '출발하다, 떠나다'예요. 공항이 크면 터미널이 여러 개 있고 터미널마다 게이트가 있어서 거기서 비행기가 출발하죠. 이 비행기가 출발하는 건 depart를 주로 쓰지만 leave도 쓸 수 있어요. '~로부터' 출발하는 거니까 전치사 from이 나옵니다. 참고로, 터미널 번호나 게이트 번호는 고유명사처럼 쓰여서 모두 대문자로 시작한다는 것, 잊지 마세요.

SPEAKING PRACTICE

1 Flights for New York mostly depart from Terminal 12.
Twelve
뉴욕 행 비행기는 주로 12번 터미널에서 출발한다.

2 If it's a domestic flight, it departs from Terminal 2.
Two
국내선이면, 2번 터미널에서 출발한다.

3 If you go to Europe, your plane leaves from Terminal 2,
Two
not 1.
One
유럽으로 간다면, 비행기는 1번이 아니라 2번 터미널에서 출발한다.

APPLY AND MORE

비행기나 기차, 배에 타는 걸 '탑승하다' 라고도 하는데, 이때 동사 board도 많이 씁니다.

1 Flight AC515
A C five one five
will be boarding at Gate 25
Twenty-five
in Terminal 3.
Three
AC515편이 3번 터미널 25번 게이트에서 탑승할 것입니다.

2 The 11:30
eleven thirty
flight to Houston is now boarding.
휴스턴 행 11시 30분 비행기가 지금 탑승 중입니다.

Dialogue

A Do you have any luggage you'd like to check? Please place it on the scale. Ok. Now here is your ticket. Your plane leaves from Terminal 3.
Three

B Thank you. Yikes! Look at the time. I hope I have enough time to clear security and get on the flight.

A: 체크 하실 짐 있으세요? 저울 위에 놓아주세요. 좋습니다. 자, 여기 티켓이요. 비행기는 3번 터미널에서 출발합니다.
B: 감사합니다. 아이코! 시간 봐라. 보안 검색 지나고 비행기 탈 시간이 충분히 있으면 좋겠네요.

MP3 122

우리 부모님은 뉴욕발 14:10분 비행기에 타고 계신다.

My parents are on the 14:10 (fourteen ten) flight from New York.

스텝을 밟고 올라타는 비행기, 배, 기차, 버스 안에 있다고 할 때, 전치사 in이 아니라 on을 씁니다. 그리고 '~행 비행기'는 [flight to + 목적지], '~발 비행기' 라면 [flight from + 출발지]로 쓰세요. 기본 전치사 뜻을 알면 어렵지 않게 활용할 수 있어요. 참고로 '몇 시 비행기' 라면 [the + 시간 + flight]라고 하면 됩니다.

SPEAKING PRACTICE

1 He misread the ticket and thought he was on **the 9:25** (**nine twenty-five**) **flight** from LA.

그는 표를 잘못 읽어서 자기가 LA발 9시 25분 비행기에 있는 줄 알았다.

2 My best friend is coming to town from Toronto on **the 17:00** (**seventeen hundred**) **flight**.

come to town: 다른 지역에 사는 사람이 우리 지역으로 오는 걸 말해요. 제일 유명한 문장이 Santa Clause is coming to town.이죠.

내 절친이 토론토에서 17시 비행기를 타고 온다.

3 I had to be on **the 7:15** (**seven fifteen**) **flight** to Paris, so I went to bed early.

나는 파리행 7시 15분 비행기를 타야 했기에 일찍 잠자리에 들었다.

APPLY AND MORE

비행기를 타면 기장이 인사말을 하는데 그때 들을 만한 표현 소개합니다. 그리고 직항(direct flight)이 아니라 어디선가 내려 잠깐 체류한 다음 환승할 때는 layover를 한다고 해요.

1 This is your captain speaking; welcome to **the 14:10** (**fourteen ten**) **flight** to Perth.

기장입니다. 14시 10분 퍼스행 비행기에 탑승하신 것을 환영합니다.

2 Instead of taking a direct flight, he's got a layover in Denver.

직항을 타는 대신에, 그는 덴버에서 갈아탄다.

Dialogue

A Excuse me, but do you know which terminal I need to go to? I'm picking up a friend on **the 14:10** (**fourteen ten**) **flight** from New York.

B New York? That's a domestic flight, which means you're in the wrong terminal. You need to go to Terminal **1** (**One**).

A: 실례지만 제가 어느 터미널로 가야 하는지 아세요? 뉴욕발 14시 10분 비행기로 오는 친구를 픽업하거든요.
B: 뉴욕이요? 그거 국내선이니까 터미널을 잘못 오셨어요. 1번 터미널로 가셔야 해요.

UNIT 10

MP3 123

런던행 열차는 3번 승강장에서 출발할 것이다.

The train for London will depart from Platform [Track] 3.
Three

'~행 버스, 기차, 배, 비행기'에서 '~행'은 [for + 목적지]로도 쓸 수 있습니다. for에 ~를 향해 가는 느낌이 있거든요. 그리고 이 교통수단이 ~에서 출발하는 건 depart from으로 쓴다고 앞에서 설명했습니다. 비행기가 게이트에서 출발하듯 열차는 주로 플랫폼(platform)이나 트랙(track)에서 출발해요. 게이트나 터미널에 번호가 붙으면 고유명사가 되듯이 기차역 플랫폼이나 트랙도 번호가 붙으면 고유한 이름이 되기에 모두 대문자로 씁니다.

SPEAKING PRACTICE

1 The train bound for Sheffield will **depart from Platform 1.**
One

'~행, ~로 가는'이라고 할 때 bound for도 많이 써요.

셰필드행 기차가 1번 승강장에서 출발할 것이다.

2 She was waiting for her train which was going to **depart from Track 3.**
Three

그녀는 3번 트랙에서 출발 예정인 기차를 기다리고 있었다.

3 They accidentally left their luggage **on Platform 2.**
Two

그들은 어쩌다 잘못하여 자기네 짐을 2번 승강장에 두고 왔다.

APPLY AND MORE

'승강장에' 라고 할 때는 그 위에 서 있는 느낌이라서 전치사 on과 함께 씁니다. 그래서 '몇 번 승강장에서 탑승을 하다'는 [board on Platform + 숫자]로 표현하죠. 그런데 주의할 게 있어요. '승강장에' 뜻일 때는 on과 쓰이지만 '그 승강장으로 가는'의 의미일 때는 to를 써야 합니다. 즉, 문맥에 따라 전치사를 달리 써야 한다는 점, 명심하세요.

1 Please begin boarding **on Platform 3.**
Three

3번 승강장에서 탑승을 시작해 주십시오.

2 The escalator **to Platform 1**
One
wasn't working so he had to carry his bags up the long flight of stairs.

1번 승강장 가는 에스컬레이터가 작동을 안 해서 그는 길고 긴 층계로 가방을 들고 올라가야 했다.

Dialogue

A It was the worst. Not only were we on the wrong platform but to get to the right one, we had to go all the way back up the stairs and then down again.

B It says right on the ticket that the train **leaves from Platform 3.**
Three
I don't know what you were thinking.

A: 완전 최악이었어. 우리가 다른 승강장에 있었던 것뿐만 아니라 맞는 승강장에 가려면 계단을 다시 전부 다 올라가서 다시 내려가야 했다고.
B: 표에 바로 기차가 3번 승강장에서 출발한다고 쓰여 있네. 네가 무슨 생각을 하고 있었는지 모르겠다.

UNIT 11

MP3 124

나는 목적지에서 세 정거장을 지나쳤다.

I went three stops past my destination.

가끔 버스나 지하철에서 내려야 할 곳(one's destination)을 지나서(past) 정거장(stops)을 더 많이 갈 때가 있지요. 그때는 [지나온 정거장 수 + stop(s) + past ~]라고 얘기합니다.

SPEAKING PRACTICE

1 I fell asleep on the bus and went **three stops past my destination**.

나는 버스에서 잠이 들어서 목적지를 지나 세 정거장을 더 갔다.

2 I was fiddling on my phone when I realized I went **two stops past my destination**.

나는 핸드폰을 보고 있다 내가 두 정거장을 지나왔다는 것을 깨달았다.

3 I went **one stop past my destination** but I decided to walk back because the weather was so nice.

나는 한 정거장을 지나왔지만 날씨가 아주 좋아서 걸어서 돌아가기로 맘먹었다.

APPLY AND MORE

앞에서 설명한 표현을 [숫자 + stops + too far]라고 해도 같은 뜻이에요. 숫자로는 두세 정거장이어도 거리로는 꽤 멀게 온 것이기 때문입니다. 참고로, 버스에 타서 세 정거장 가서 내려야 할 때는 get off in three stops라고 해요.

1 My friend and I were so preoccupied with our chat that we went **three stops too far**.

내 친구랑 내가 수다에 너무 정신이 팔려서 세 정거장이나 너무 멀리 왔다.

2 The driver said I should **get off in three stops** if I wanted to get to the shopping center.

버스 기사가 나에게 그 쇼핑센터에 가려면 세 정거장 가서 내려야 한다고 얘기했다.

Dialogue

A So, how are you enjoying your time in London? It must be exciting to be here as an international student.

B It's been fun, but I still haven't gotten the hang of riding the bus. Just yesterday I went **three stops past my destination**.

get the hang of ~: ~에 익숙해지다

A: 런던에서 있는 시간은 어떻게 잘 보내고 있어? 여기 국제 학생으로 와 있는 거 정말 흥미롭겠다.
B: 재미있어. 그런데 아직도 버스 타는 거에 익숙해지지가 않았어. 어제만 해도 목적지에서 세 정거장이나 지나쳤다니까.

MP3 125

나는 뒤쪽에서 세 번째 칸에 있다.

I'm on the third car from the back.

버스나 기차, 지하철에서 자신이 앉아 있는 좌석의 위치를 알려줄 때 쓸 수 있는 표현입니다. 우리가 '(차)량'이라고 부르는 '기차 칸'을 영어로는 car라고 해요. 버스, 기차, 비행기 안에 있다고 할 때는 전치사 on과 함께 쓰인다고 앞에서 얘기했죠? 몇 번째 칸이니까 순서를 나타내는 서수를 쓰면 되지요. 참고로 '앞에서부터' 라면 from the front, '뒤에서부터' 라면 from the back을 뒤에 넣으면 됩니다.

SPEAKING PRACTICE

1 Meet me on the platform; I'm on the second car from the back.

승강장에서 저랑 만나요. 저 뒤에서 두 번째 칸에 있어요.

2 I'm waving right at you on the third car from the front.

나는 지금 앞에서 세 번째 칸에서 너한테 손 흔들고 있잖아.

3 I think we're on the same train; come meet me on the fourth car from the back.

우리 같은 기차 탄 것 같아요. 뒤에서 네 번째 칸으로 저 보러 오세요.

APPLY AND MORE

car가 자동차가 아닌 '기차나 지하철의 량'으로 쓰이는 경우의 예를 더 보세요.

1 In India, the subways have special women-only cars that are only for women and small children.

인도에는 지하철에 여성과 아이들을 위한 특별 여성 전용 차량이 있다.

2 On a train, the very last car is often called the caboose.

기차에서는 마지막 량을 승무원실(caboose)이라고 부른다.

Dialogue

A It was the coolest thing ever. I was there on the subway, on the third car from the back, and all of a sudden ten people on the car started dancing. They took off their jackets and were even wearing similar costumes.

B I've heard of that before. That line goes by a famous performing arts school, and the students pull those kinds of stunts all the time.

stunt는 여기서 '사람들의 이목을 끌기 위한 행위'의 의미로 쓰였습니다.

A: 정말 최고로 멋진 거였다니까. 내가 지하철에, 뒤에서 세 번째 칸에 있었거든. 그런데 갑자기 그 칸에 있던 열 명이 춤을 추기 시작하는 거야. 재킷을 벗었는데 비슷한 옷들을 입고 있더라.
B: 나 그거 전에 들어본 적 있어. 그 지하철 노선이 유명한 공연 예술학교를 지나가서 거기 학생들이 항상 그런 종류의 쇼를 펼친대.

UNIT 13

2호선 타고 잠실역에서 8호선으로 갈아타세요.

Take Line (number) Two, and transfer onto Line (number) Eight at Jamshil Station.

지하철로 목적지 가는 법을 알려줄 때 정말 많이 쓰고 들을 수 있는 표현입니다. 지하철이나 버스를 타는 건 take, 환승하는 건 transfer 혹은 get 동사를 써요. 그래서 '00역에서 몇 호선으로 갈아타다'는 [transfer onto/to Line number + 호선 숫자 + at + 역 이름]을 쓰면 됩니다. 호선 얘기할 때 number는 생략 가능해요.

SPEAKING PRACTICE

1 Take Line Two and then transfer to Line Three at Gyodae Station.

2호선 타고 교대역에서 3호선으로 갈아타세요.

2 If you take Line Two, you can get onto Line Four at Sadang Station.

2호선을 타면, 사당역에서 4호선으로 갈아탈 수 있다.

3 Where should I transfer to go to Gyungbokgung Station?

경복궁역으로 가려면 어디서 갈아타야 하나요?

MP3 126

APPLY AND MORE

지하철이 주는 편리함 때문에 지하철 노선을 연장하는 건 주변 주민들의 초미의 관심사이기도 한데요, 이렇게 지하철을 연장한다고 할 때 동사 extend를 씁니다. 지하철을 탄다고 할 때 take를 쓰는 건 그 지하철을 이용한다는 의미고, 실제로 이 지하철을 '타고 내리다'는 get on/ get off 혹은 hop on/ hop off로도 씁니다. 이 hop은 '폴짝 뛰다'의 뜻이지요.

1 They're going to extend Line One so it meets Line Four.

그들은 1호선을 4호선과 만나게 연장할 것이다.

2 This way is easier but takes **20** twenty minutes longer. Instead of hopping on and then having to transfer, just stay on the same line.

이 방법이 더 쉽지만 20분 더 걸려. 지하철 탔다가 갈아타야 하는 것 대신에 그냥 같은 노선 타고 쭉 있어.

Dialogue

A So, let me see. I need to take Line Two, and transfer at Euljiro 3-ga Station, onto Line Three?

B The other way around. You start on Line Three and then transfer to Line Two.

A: 자, 봅시다. 2호선 타고 가다가 을지로3가역에서 3호선으로 갈아타라고요?
B: 그 반대요. 3호선 타고 가다가 2호선으로 갈아타시는 거죠.

UNIT 14

표는 편도는 3,000원, 왕복은 5,000원이다.

The tickets are three thousand won one way and five thousand (won) round trip.

'편도'는 one way, '왕복'은 round trip이라고 합니다. 이런 표 가격을 얘기할 때 [가격 + one way/ round trip]으로 얘기하면 간단하죠. 돈의 단위가 앞이나 뒤 모두 같으면 뒤에 오는 화폐 단위는 생략해도 괜찮습니다.

SPEAKING PRACTICE

1 She said the tickets are ₩55,000 fifty-five thousand won one way and ₩100,000 one hundred thousand (won) round trip.

그녀는 표가 편도 55,000원, 왕복 10만 원이라고 말했다.

2 One-way tickets are ₩5,000, five thousand won but round-trip tickets are only ₩7,000 seven thousand (won).

one-way, round-trip처럼 하이픈으로 연결이 되면 형용사화되어 명사 앞에 놓입니다.

MP3 127

편도 표는 5,000원인데 왕복 표는 7,000원밖에 안 한다.

3 On the website, the tickets are ten thousand one way and a few hundred more round trip.

웹사이트에서는 편도가 만 원, 왕복이 2-3백 원 더 붙는다.

APPLY AND MORE

비행기나 기차표 좌석 세일을 a seat sale이라고 하고, 이런 '세일을 하다'를 have a seat sale이라고 합니다. 참고로, 비행기 좌석을 취소해도 환불 받을 수 있게 드는 보험을 flight cancelation insurance라고 해요.

1 They were having a seat sale, so I got a couple of cheap flights to California.

좌석 세일을 하고 있어서, 난 캘리포니아로 가는 저렴한 비행기 표를 몇 장 샀다.

2 Make sure to get flight cancelation insurance. You never know what could happen.

좌석 취소 보험 꼭 들어 놔. 무슨 일이 일어날지 모르니까.

Dialogue

A Check out this online deal I just found. Tickets to Mexico are $300 three hundred dollars one way and $550 five hundred and fifty dollars round trip.

B Sounds good. Ah, here's the catch. You can only use them in off peak season.

catch는 명사로 '숨은 문제점, 애로사항'을 뜻합니다.

A: 내가 방금 찾은 이 온라인 딜 좀 봐. 멕시코 가는 표가 편도 300달러, 왕복 550달러래.
B: 좋은데. 어, 여기 숨은 문제점이 있네. 비수기 때에만 쓸 수 있어.

CHAPTER 6

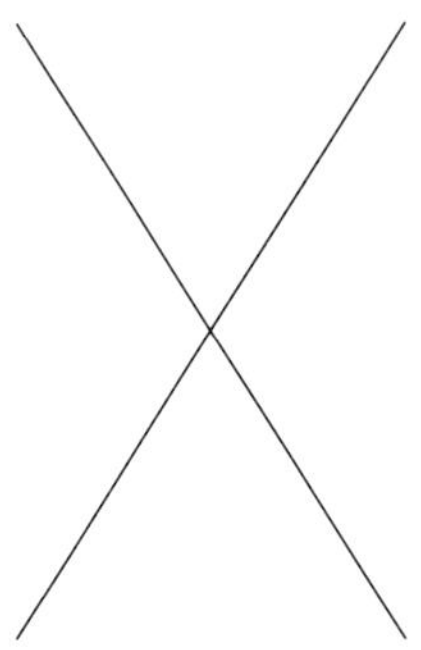

종교, 정치, 음악, 군대 관련 숫자 표현

UNIT 1	창세기 23장 4절
UNIT 2	베토벤 9번 교향곡
UNIT 3	10곡 들이 CD
UNIT 4	차트 순위 2위
UNIT 5	그는 3선 국회의원이다.
UNIT 6	링컨은 미국 16대 대통령이었다.
UNIT 7	제 32조 4항에 따르면
UNIT 8	이 앨범은 12곡이 들어 있다.
UNIT 9	일렬종대로
UNIT 10	일렬횡대로
UNIT 11	왼쪽으로 세 발짝 가./ 앞으로 세 발짝 가./ 뒤로 세 발짝 가.

UNIT 1

창세기 23장 4절

Genesis, Chapter
23
Twenty-three,
Verse
4
Four

영어 예배(service)에 참석하거나 유튜브 영상을 보시면 성경 몇 장 몇 절이라는 얘기 많이 들을 겁니다. 일단 '성경'은 the Bible, '구약'은 the Old Testament, '신약'은 the New Testament예요. 기독교를 믿지 않아도 영화나 미드에 자주 등장해서 많이 들리는 것이 창세기(Genesis), 출애굽기(Exodus), 요한계시록(Revelation)이에요. 이 성경의 장은 [Chapter + 숫자(기수)]로, 절은 [Verse + 숫자(기수)]로 얘기합니다. 고유명사로 보기 때문에 모두 대문자로 쓰는 것, 알아두세요.

SPEAKING PRACTICE

1 Please open your books to Matthew, Chapter 7, Verse 7.
Seven / Seven
마태복음 7장 7절을 펴세요.

2 We're going to look at Genesis, Chapter 3, Verses 15 through 20 in today's Bible study group.
Three / Fifteen / Twenty
오늘 성경 스터디 그룹에서는 창세기 3장 15절에서 20절까지 살펴보겠습니다.

MP3 128

3 He got a tattoo of his favorite Bible passage, Job, Chapter 23, Verse 10.
Twenty-three / Ten
그는 그가 좋아하는 성경 구절 욥기 23장 10절을 문신으로 새겼다.

APPLY AND MORE

성경책과 떨어질 수 없는 짝꿍이 바로 찬송가입니다. 영어로는 hymn이라고 하고, 끝의 n은 묵음(silent sound)으로 발음하지 않습니다.

1 Please rise and open your books to hymn 208.
two hundred eight
일어서서 찬송가 208장을 펴세요.

2 The congregation ends each service singing hymn 139.
one hundred and thirty-nine
그 교구는 찬송가 139장을 부르며 각 예배를 끝낸다.

Dialogue

A Wow, dude. That's an awesome tattoo. What's it say? I can't make out the fancy lettering.

B It's my favorite passage from Matthew, Chapter 7, Verse 7.
Seven / Seven

A: 와, 야, 문신 멋진데. 뭐라고 써 있는 거야? 서체가 복잡해서 못 읽겠어.
B: 마태복음 7장 7절에 나온 내가 좋아하는 구문이야.

UNIT 2

MP3 129

베토벤 9번 교향곡

Beethoven's Ninth Symphony

Beethoven's Symphony No. 9
number nine

누구의 몇 번 교향곡, 몇 번 콘체르토 이렇게 부르는 걸 많이 들으셨을 거예요. 클래식 음악의 곡 이름을 이야기할 때는 작곡자 이름을 소유격으로 만들어서 서수로 곡명을 얘기하거나 아니면 [작곡자 이름's + 곡의 형태(Symphony, Concerto, etc.) + No. + 숫자(기수)] 이렇게 말합니다.

SPEAKING PRACTICE

1 His all-time favorite is **Dvorak's Symphony No. 9** (**number nine**) **in E minor**, "From the New World".

그의 최애 곡은 드보르작의 9번 교향곡 E 단조 '신세계로부터'이다.

2 He expected everyone in the orchestra to already know **Mozart's Symphony No. 41** (**number forty-one**) **in C Major** "Jupiter".

그는 오케스트라의 모든 사람들이 모차르트 교향곡 41번 C 장조 '주피터'를 이미 알 거라고 기대했다.

3 The radio show was playing **Brahms's Third Symphony**.

라디오 쇼에서는 브람스의 3번 교향곡이 나오고 있었다.

APPLY AND MORE

'클래식 음악'은 classical music이라고 합니다. classic music은 틀린 표현이에요. 참고로, classic이 형용사로는 '전형적인', 명사로는 '고전, 명작'의 뜻이 있습니다.

1 Most people would listen to rock or pop and play air guitar, but my dad loved classical music, so he would wave his arms around like he was the conductor.

사람들 대부분이 록음악이나 팝음악을 듣고 기타 치는 흉내를 냈지만 우리 아버지는 클래식 음악을 엄청 좋아해서 마치 본인이 지휘자인 양 손을 휘젓곤 했다.

2 What a classic and predictable ending the movie had!

그 영화가 어찌나 전형적이고 예측 가능한 결말이던지!

Dialogue

A How are the piano lessons going? I guess it's been a month since you started, right?

B I'm just a bit frustrated. I'm still stuck learning *Twinkle, Twinkle Little Star* when I want to be playing **Beethoven's Piano Sonata No. 8** (**number eight**).

A: 피아노 레슨은 어떻게 되어 가고 있어? 시작한지 한 달 된 것 같은데.
B: 그냥 좀 불만스러워. 아직도 '반짝 반짝 작은 별' 가지고 배우는데 마음은 베토벤의 피아노 소나타 8번을 치고 싶거든.

MP3 130

10곡 들이 CD

a CD with
10
ten
tracks

a ten-track CD

음악 CD에 들어 있는 곡들을 트랙(track)이라고 부릅니다. 그래서 몇 곡이 들어 있는 CD인지 얘기할 때 [a CD with + 숫자 + tracks]라고 하던가, [a + 숫자-track + CD]라고 해요. 그런데 요즘 CD도 점점 사라져가고 있으니, 시간이 더 흐르면 CD도 박물관에 가서야 볼 수 있는 유물이 될지도 모르겠어요.

SPEAKING PRACTICE

1 His band just released a 12-track CD.
a twelve track C D

그의 밴드는 12곡 들이 CD를 방금 출시했다.

2 It was the all-time best-selling 10-track CD.
ten track C D

그건 역대 베스트셀러 10곡 들이 CD였다.

3 It took Elton years to write all the songs for a CD with 10 tracks.
a C D with ten tracks

엘튼이 10곡 들이 CD 한 장에 넣을 곡을 쓰는 데 몇 년이 걸렸다.

APPLY AND MORE

CD는 한 면에 모든 트랙이 다 들어가 있지만 옛날 LP판이나 카세트테이프 시절에는 A면(A-side)과 B면(B-side)이 있었어요. A면에는 음반사에서 미는 곡, 그래서 유명한 곡들이 있었고 B면에는 조금 덜 유명한 곡들이 있었죠. 그래서 B-sides라고 하면 조금 덜 유명한 노래를 뜻하기도 해요. 그리고 유명한 가수라면 여러 음반을 모아서 CD가 여러 개 들어가 있는 박스 세트도 있지요.

1 I know all his famous songs and all the B-sides, too.

나는 그의 모든 유명한 노래랑 B면에 있는 덜 유명한 노래까지도 다 안다.

2 He decided to get the box set, so now he has all their CDs plus a bunch of bonus tracks.

그는 박스 세트를 사기로 맘먹어서 이제 그들의 모든 CD에 보너스 트랙까지도 갖고 있다.

Dialogue

A I still think it's a bit too expensive. I mean, it's over **$20**.
twenty dollars

B Too expensive? What are you talking about? It's a CD with 20
twenty
tracks.
It's like a buck a song.

A: 난 그래도 그게 좀 너무 비싼 것 같아. 20달러가 넘어.
B: 너무 비싸다고? 무슨 얘기야? 20곡이 들어 있는 CD라고. 그럼 한 곡당 1달러야.

UNIT 4

차트 순위 2위

No. 2

number two

on the chart

음악 차트에서 1위, 2위에 있는 상태를 number one [two] on the chart라고 합니다. 그런데 이 chart를 동사로 써서 똑같은 의미를 나타낼 수 있어요. 이때는 chart at number one/ two··· 이런 식으로 씁니다.

SPEAKING PRACTICE

1 That song was No. 2
number two
on the Billboard charts.
그 노래는 빌보드 차트 2위였다.

2 The song charted at No. 6.
number six
그 노래는 6위로 차트에 들었다.

3 Jimmy's new song is No. 2
number two
on the charts
with a bullet.

with a bullet은 어떤 차트에 높은 순위에 오르거나 엄청 빠른 속도로 진입할 때 쓸 수 있는 표현입니다.

지미의 새 노래는 엄청 빠른 속도로 차트 2위에 올라 있다.

MP3 131

APPLY AND MORE

딱 한 곡만 히트시키고 그 곡으로만 유명한 가수들이 참 많습니다. 그런 사람을 a one-hit wonder라고 하지요. 그리고 노래 순위 빌보드 차트에 해당하는 게 영화의 박스 오피스(box office)인데, 이 박스 오피스 순위는 [number + 등수 숫자 + at the box office]로 표현합니다.

1 Later on in his career, he never had a song that charted. A lot of people dismissed him as a one-hit wonder.
그의 이후 커리어에서는 차트에 진입한 노래가 하나도 없었다. 많은 사람들이 그를 한 곡만 히트시킨 사람으로 일축했다.

2 The new *Batman* is No. 1
number one
at the box office
this week.
새 〈배트맨〉 영화가 이번 주 박스 오피스 1위이다.

Dialogue

A He is going to have a concert here next month. Want to get tickets?

B Nah. I liked him before he had that song that was No. 1
number one
on the chart.
Now he's too popular. I'm over him.

A: 그가 다음 달에 여기서 콘서트를 하네. 표 사고 싶어?
B: 싫어. 차트에서 1등 했던 그 노래를 부르기 전에는 그 사람 좋아했지만 지금 그 가수가 너무 유명해. 그 사람 좋아하는 건 이미 끝났어.

UNIT 5

그는 3선 국회의원이다.

He's a three-time senator.

He's a three-time congressman.

3선 의원이라는 건 세 번 당선된 국회의원이므로 three times를 하이픈으로 연결해서 형용사를 만든 후 senator나 congressman 앞에 놓습니다. 국회의원 외에 MVP 같은 단어 앞에도 쓸 수 있지요. 하이픈을 연결해 형용사를 만들 때 하이픈 뒤에 오는 명사는 단수형인 것, 척척 나와야 해요. 참고로, 양원제인 미국에서 하원의원은 representative, 상원의원은 senator, 우리나라 국회의원은 congressman이라고 합니다.

SPEAKING PRACTICE

1 He's a three-time congressman and his father was also a four-time congressman.
그는 3선 국회의원이고 그의 아버지도 4선 국회의원이었다.

2 He's a two-time Hall of Famer.
그는 명예의 전당에 두 번이나 올라간 사람이다.

3 They waited outside the locker room to get the three-time MVP's autograph.
그들은 세 번이나 MVP를 한 선수의 사인을 받기 위해 라커룸 밖에서 기다렸다.

MP3 132

APPLY AND MORE

three-time이 나온 김에 같은 어구가 쓰인 다른 표현을 알아볼까요? 영어에 a three-time loser라는 표현이 있어요. 운이 너무 없거나 재주가 없어서 계속 지기만 하는 사람을 가리킵니다. 문맥에 따라 '감옥에 세 번 수감된 재소자' 라는 의미도 있어요. 참고로 미국에는 three-strike law라는 게 있는데, 중범죄로 세 번째 기소되는 사람들에게 아주 중형을 선고하는 법입니다.

1 He's hopeless. He's a three-time loser. I don't think he will try again.
그는 가망 없어. 완전 계속 실패만 해. 그 사람, 다시 시도하지 않을 것 같아.

2 Since the enactment of three-strike laws, some states have seen dramatic decreases in their crime rates.
삼진 아웃법 제정 이후, 몇몇 주에서는 범죄율이 극적으로 떨어졌다.

Dialogue

A All that guy ever does is make sure he gets re-elected. I don't think he's ever actually tried to help people.

B Yeah, he's really good at getting people to vote for him, and he's already a three-time senator.

A: 그 남자가 하는 거라곤 본인이 꼭 재선되게 하는 것밖에 없어. 실제로 사람들을 도우려고 한 적도 없는 것 같아.
B: 응, 사람들이 자기한테 표를 던지게 하는 걸 그 사람이 진짜 잘하기는 해. 이미 3선 의원이라고.

UNIT 6

링컨은 미국 16대 대통령이었다.

Lincoln was the sixteenth president of the United States.

'몇 대 대통령'은 순서를 나타내기에 [the + 서수 + president]로 표현합니다. 초대 대통령은 the first president라고 하는데요, 뒤에 [of + 국가명/기관명]을 써서 어느 나라 혹은 어떤 기관의 장이나 대통령인지 얘기할 수 있어요. president 외에 다른 직위를 써서 얼마든지 활용할 수 있는 표현입니다.

SPEAKING PRACTICE

1 Who was **the third president of Korea**?

한국의 3대 대통령은 누구였습니까?

2 At the age of just seventeen, he was elected **the first president of the new club**.

겨우 17살에, 그는 새로운 클럽의 첫 번째 회장으로 선출되었다.

3 Barak Obama was **the first African-American president of the United States**.

버락 오바마는 미국의 첫 번째 흑인 대통령이었다.

APPLY AND MORE

독재 국가가 아닌 한 대통령을 투표로 선출합니다. 이렇게 사람들이 '(표를 던져) ~을 …로 선출하다' 라고 할 때 동사 elect를 쓰고, 선출된 사람을 칭하거나 설명할 때는 elected를 써서 표현합니다.

MP3 133

1 She was **the second female elected to the board of directors**.

그녀는 이사회 멤버로 선출된 두 번째 여성이었다.

2 Sunny Tam was **the first visual minority elected President**.

visual minority: 백인 사회에서 외모만 봐도 외국인 이민자인 걸 알 수 있는 동양인, 흑인을 일컫는 말이에요.

써니 탬은 회장으로 선출된 첫 번째 이민자였다.

Dialogue

A Did you see *Who Wants a Lot of Money* last night? I couldn't believe how easy the final question was.

B I was a bit surprised, too. "Who was **the sixteenth president of the United States**?" is not hard at all for the final question.

A: 어젯밤에 〈Who Wants a Lot of Money〉 봤어? 마지막 질문이 얼마나 쉬운지 믿기지가 않더라니까.
B: 나도 좀 놀랐어. 미국의 16대 대통령이 누구였냐는 마지막 질문치고 전혀 어렵지 않았다고.

UNIT 7

MP3 134

제 32조 4항에 따르면

according to article
32,
thirty-two
section
4
four

계약서나 법안의 내용을 얘기하다 보면 몇 조 몇 항이라는 말이 나옵니다. 우리말의 '조'가 article이고, '항'이 section이에요. 숫자는 이 단어들 뒤에 넣어 읽습니다.

SPEAKING PRACTICE

1 The lawyer referred the judge to article 32, **thirty-two** section 4 **four** of the statute.
변호사는 판사에게 그 법령의 32조 4항을 참조하게 했다.

2 According to article 40, **forty** section 1 **one** of the homeowners' associate handbook, front lawns had to be cut at least twice a month.
집주인 연합 편람 제 40조 1항에 의하면, 앞마당 잔디를 적어도 한 달에 두 번은 깎아야 했다.

3 The whole case revolved around the interpretation of article 12, **twelve** section 15 **fifteen** of the employment contract.
그 사건 전체는 고용 계약서 제 12조 15항의 해석을 두고 일어났다.

APPLY AND MORE

계약서나 약관은 작은 글자로 인쇄돼 있는데, 그걸 fine print라고 합니다. 이때의 fine은 '작은, 미세한'의 뜻이지요. 그리고 서명하는 난은 주로 점선으로 되어 있어서 dotted line이라고 해요. 뭐든 계약서나 약관에 분명히 명시되어 있어야 법적 근거로 삼을 수 있는데, 이렇게 '분명히 명시되어 있는'을 영어로는 in black and white라고 합니다.

1 You'll need to read all the fine print before signing on the dotted line.
서명란에 서명하기 전, 작은 글자 부분을 모두 읽어야 한다.

2 It's right here in the contract in black and white. You won't be able to get out of this agreement.
여기 계약서에 분명히 명시되어 있네요. 이 합의 내용에서 빠져 나가지 못하실 겁니다.

Dialogue

A What do you mean I signed away the rights to my character, Billy the Mouse? Are you saying I'm not going to see any money from the movie?

B It's right here in the contract, article 32, **thirty-two** section 4. **four** You gave them exclusive use of the character in movies.

A: 내가 캐릭터 빌리 더 마우스에 대한 권리를 서명해 양도했다는 게 무슨 뜻이죠? 이 영화로 제가 어떤 돈도 못 만져볼 거라고 말씀하시는 거예요?
B: 여기 계약서 제 32조 4항에 있네요. 영화 속 그 캐릭터 사용에 대한 배타적 독점권을 그들에게 주셨는데요.

UNIT 8

이 앨범은 12곡이 들어 있다.

This album has 12 twelve tracks.

'~가 있다'라고 할 때 have/ has를 쓰기도 하고, there is/ there are를 쓸 수도 있어요. 물론 차이점은 있습니다. have를 쓸 때는 소유자를 분명히 하는 것이고, there is/ there are는 '있다' 라는 존재에 더 방점을 두는 것이니까요. 이는 말하는 사람이 뜻하는 바에 따라 달라질 수 있습니다. 참고로, CD나 레코드에서 곡은 song이 아니라 track이라고 한다는 점, 알아두세요.

SPEAKING PRACTICE

1 His first album had 12 twelve tracks, but no hit singles.
그의 첫 번째 앨범에는 12곡이 있었지만 히트한 싱글은 없었다.

2 You have to sit through 3 three tracks before you get to the really good songs.
정말 괜찮은 노래가 나올 때까지 세 곡을 앉아서 들어야 한다.

3 I listened to about 5 five tracks before the music put me completely to sleep.
내가 한 다섯 곡 정도 듣다가 완전히 잠이 들어버렸다.

MP3 135

APPLY AND MORE

CD에 들어갈 음악(track)을 만드는 걸 lay down a track이라고 해요. 말 그대로 하면 '(육상) 트랙을 깔다' 라는 표현인데, 그걸 그대로 음악에 대입해서 쓰는 겁니다.

1 He's in the studio laying down some new tracks.
그는 새 트랙을 만들며 스튜디오에 있다.

2 For this track, they sampled a bunch of cool bass lines from hit songs from the 70s. seventies

음악에서 샘플링을 한다는 건 '새 음악 작품의 일부를 샘플 녹음한다'는 뜻입니다.

이 곡을 위해서, 그들은 1970년대 히트 송에서 가져온 멋진 베이스 라인을 다수 샘플링했다.

Dialogue

A After all that time in the studio, we have almost 20 twenty great tracks. Let's tell the music company we're ready to release the album.

B They're never going to let you release everything at the same time. Remember, most albums have only about 10 ten tracks.

A: 그렇게 스튜디오에서 시간을 보낸 후, 우리는 거의 20곡의 멋진 새 트랙이 생겼어. 음반사에 우리가 앨범 낼 준비가 되었다고 얘기하자.
B: 그쪽에서는 절대 동시에 모든 곡을 다 내게 하지는 않을 거야. 대부분의 앨범엔 약 10곡 정도만 들어 있다는 거 기억해.

UNIT 9

일렬종대로

in single file

일렬종대라는 말은 군대나 밴드 연습 시간에 나올 만한 표현입니다. 세로 일렬로 쭉 서 있는 것을 말하는데, 영어로는 이때 file 단어를 써서 in single file이라고 해요.

SPEAKING PRACTICE

1 Several people protested on the street marching in single file.

대여섯 명의 사람들이 일렬종대로 행진하면서 거리에서 항의 시위를 했다.

2 The officer said "Keep in single file!"

장교는 "일렬종대 유지!" 라고 말했다.

3 When I was in the school marching band, we marched in columns of five.

내가 학교 밴드부에 있었을 때, 우리는 5열 종대로 행진했다.

APPLY AND MORE

위에서 잠깐 나왔는데, 군대나 밴드의 일렬종대가 아니라 일상에서 4열 종대, 5열 종대 이렇게 표현할 때는 [in columns of + four/five]나 [in + four/five + columns]로 표현합니다. 오히려 이게 사람들이 좀 더 많이 쓰는 표현이에요. column은 원래 기둥이라는 뜻인데, 세로로 한 줄을 의미해요. file은 사실, 우리가 흔히 아는 파일의 의미로 더 많이 쓰입니다.

MP3 136

1 She followed her manager's instructions and all the data was entered into the spreadsheet in three columns.

그녀는 상사의 지시에 따랐고, 모든 데이터는 3열로 스프레드 시트에 입력됐다.

2 Put all the images into a single file.

모든 이미지를 한 파일에 넣으세요.

Dialogue

A Did you see the parade?

B Yeah, but it was different from all the other parades I've seen before. Strangely, everyone was walking in single file.

A: 그 퍼레이드 봤어?
B: 응. 그런데 그게 내가 전에 본 다른 퍼레이드하고는 달랐어. 이상하게도 사람들이 다 일렬종대로 걷고 있더라고.

UNIT 10

일렬횡대로

in a single row

in a single line

이번엔 가로로 한 줄 길게 서 있는 것을 의미하는 일렬횡대입니다. 엑셀에서도 많이 나오는데 가로줄, 즉 행은 a row예요. 물론 a line으로 쓰기도 합니다. 그래서 '일렬횡대로', 혹은 '가로 한 줄로'는 in a single row 혹은 in a single line이라고 해요.

SPEAKING PRACTICE

1 All the students were made to stand in a single row so it would be easier to count them before the teacher let them into the classroom.

선생님이 학생들을 교실로 들여보내기 전에 숫자를 세기 쉽게 모든 학생들은 일렬횡대로 세워졌다.

2 He lined up all the chairs in two rows so that everyone could see the screen during the presentation.

모든 사람들이 발표 동안 스크린을 볼 수 있게 그는 모든 의자들을 이열횡대로 줄 지어 놓았다.

3 She entered all the data into the spreadsheet in three rows.

그녀는 모든 데이터를 (가로) 세 줄로 스프레드시트에 입력했다.

APPLY AND MORE

엑셀 사용 시 row가 나오는 말을 조금 더 살펴볼까요?

1 Please delete the second and the third rows.

두 번째 세 번째 줄을 없애세요.

MP3 137

2 If you click the number on the far left, it selects the whole row.

제일 왼쪽에 있는 숫자를 클릭하면 전체 줄을 다 선택하게 된다.

Dialogue

A We need to hurry. The presentation starts in **20**
twenty
minutes.

B I will arrange the chairs in two rows so that everyone can see the speaker.

A: 우리 서둘러야 해. 20분 후에 발표 시작이야.
B: 내가 의자를 가로 두 줄로 놓을게. 모두가 발표자를 다 볼 수 있게 말이야.

UNIT
11

MP3 138

왼쪽으로 세 발짝 가.
Three steps to the left.

앞으로 세 발짝 가.
Three steps forward.

뒤로 세 발짝 가.
Three steps backward.

사진 찍을 때, 혹은 군대의 연병장 등에서 많이 들을 수 있는 말입니다. '왼쪽으로'는 to the left, '오른쪽으로'는 to the right, '앞으로'는 forward, '뒤로'는 backward를 씁니다. the left와 the right는 명사이기에 전치사 to와 함께 쓰였지만, forward나 backward는 부사로 이미 장소, 방향의 느낌이 들어 있기 때문에 전치사 to를 따로 쓸 필요가 없어요.

SPEAKING PRACTICE

1 Life often feels like one step forward, two steps backward.

인생은 종종 한 발자국 앞으로 나갔다가 두 발자국 뒤로 가는 것 같이 느껴질 때가 있다.

2 The dance moves are simple: three steps forward, three to the left, and then two steps back.

무용 동작은 아주 단순하다. 세 발자국 앞으로, 세 발자국 왼쪽으로, 그러고 나서 두 발자국 뒤로이다.

3 You roll a die and move forward according to the number.

주사위를 던져서 나오는 숫자만큼 앞으로 가.

APPLY AND MORE

right과 left는 '오른쪽으로, 왼쪽으로'의 부사로도 쓰입니다. 그때는 to 없이 쓸 수 있는데, 주로 동사 turn과 같이 나올 때 그렇습니다.

1 Turn right at the corner of Portage and Main.

포티지 스트리트와 메인 스트리트 코너에서 우회전 하세요.

2 Go along the street and turn left after **100 m**.
one hundred meters

이 거리를 타고 쭉 가다가 100미터 후 좌회전 하세요.

Dialogue

A OK, everyone, please gather around the bride. The person behind the bride, please go two steps to the right.

B Are you talking to me? Oh, OK.

A: 좋습니다, 여러분. 신부 주변으로 모이세요. 신부님 뒤에 계신 분, 오른쪽으로 두 걸음 가세요.
B: 저 말씀하시는 거예요? 아, 네.

알아두면 재미있는 영어로 보는 군대 용어

차려	Attention
열중쉬어	Parade rest
쉬어	At rest
편히 쉬어	Rest
경례	Bow
제자리걸음 실시	Mark time, march
앞으로 가	Forward, march
뛰어 가	Double time, march
제자리에 서	Halt
좌향 앞으로 가	Left wheel
우향 앞으로 가	Right wheel
우로 봐	Eyes right
좌향좌	Left turn/ Left face
우향우	Right turn/ Right face
반좌 우향우	Half face
뒤로 돌아	About turn/ About face/ Right about
앞으로 나란히	Eyes front/ Forward dress
좌로 나란히	Left dress
우로 나란히	Right dress
엎드려	Fall
일어서	Rise
앞에 총	Port arms
세워 총	Order arms
걸어 총	Pile arms
좌로 어깨 걸어 총	Left shoulder arms
우로 어깨 걸어 총	Right shoulder arms
받들어 총	Present arms

CHAPTER 7

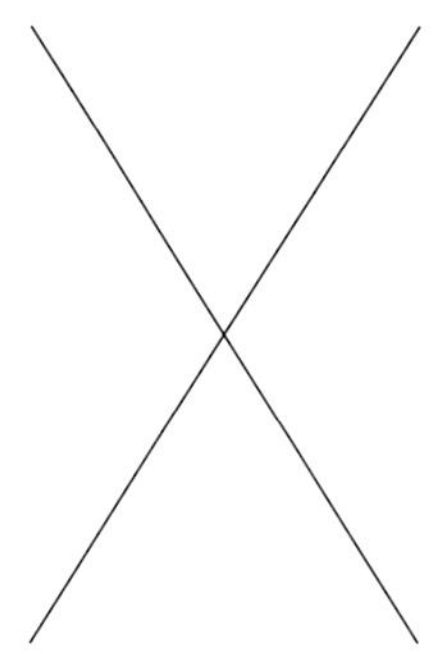

시간, 기간, 시대, 수 관련 숫자 표현

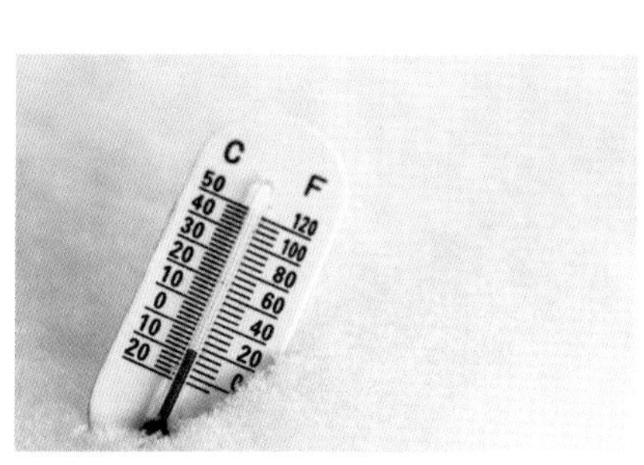

UNIT 1	오전 10시 23분 36초
UNIT 2	두 시 오 분 전 / 두 시 삼 분 전
UNIT 3	7시 15분
UNIT 4	그는 한국계 미국인 2세이다./ 이 가게의 주인은 3대째이다.
UNIT 5	우린 4인 가족이고, 난 삼 남매 중 둘째이다.
UNIT 6	17세기 중반에
UNIT 7	시저는 기원전 44년에 살해됐다.
UNIT 8	1970년대에
UNIT 9	난 두 시 몇 분 즈음 도착했다.
UNIT 10	한 각이 40도인 도형 / 이 언덕의 경사도는 30도다.
UNIT 11	태풍 10호가 수도권을 덮쳤다.
UNIT 12	금요일은 최고 기온이 10도, 최저 기온이 2도였다.
UNIT 13	높이 100미터 건물

UNIT 1

오전 10시 23분 36초

10:23:36 a.m.

ten twenty-three, thirty-six (and) seconds a.m.

초 단위까지 나오는 시계를 읽는다고 해도 기본 시간을 읽는 방법은 같습니다. 뒤에 초만 seconds라고 덧붙이면 되지요. 오전은 라틴어 antemeridian의 약어인 a.m., 오후는 post meridian의 약어인 p.m.으로 시간 뒤에 놓입니다.

SPEAKING PRACTICE

1 The doctor called the time of birth at **2:34:12 a.m.**
two thirty-four, twelve seconds a.m.

의사는 오전 2시 34분 12초로 출생 시간을 알렸다.

2 The doctor called the time of death at **10:15:30 p.m.**
ten fifteen and thirty seconds p.m.

의사는 오후 10시 15분 30초로 사망 시간을 알렸다.

3 The giant apple in Time Square fell a bit too fast and stopped at exactly **11:59:50**.
eleven fifty-nine and fifty seconds

한 해의 마지막 날 뉴욕 타임 스퀘어 광장에서 카운트다운을 하는데, 카운트다운 전에 엄청 큰 사과 모형을 떨어뜨립니다.

타임즈 스퀘어에서 그 큰 사과가 약간 너무 빨리 떨어지더니 정확히 11시 59분 50초에 멈췄다.

MP3 139

APPLY AND MORE

분과 초가 00으로 끝나는 정각은 on the dot이라고 하거나 sharp라고 합니다. 시간 뒤에 바로 붙여서 써요. 그리고 '시간에 맞게, 제 시간에'는 in time을 씁니다. 초가 나와서 말인데요, 우리는 '몇 초 상관으로' 라는 말을 자주 쓰는데, 영어로는 seconds away from ~이라고 표현해요. '~로부터 단 몇 초 떨어져 있는'이죠.

1 Hurry up! We're going to be late for the movie. It starts at nine on the dot.

서둘러. 우리 영화에 늦겠다. 그거 9시 정각에 시작한단 말이야.

2 And then he moved just in time, right before the axe fell off the wall. He was seconds away from getting killed.

벽에서 도끼가 떨어지기 바로 직전에 그는 딱 맞게 움직였다. 몇 초 상관으로 죽음을 면했다.

Dialogue

A I'll never forget it. The day you were born, my whole life changed. It was July third, exactly **10:23:36 a.m.**
ten twenty-three, thirty-six seconds a.m.

B Mom, I was born July fourth.

A: 엄마는 절대 잊지 못할 거야. 네가 태어난 날, 내 인생이 송두리째 바뀌었어. 7월 3일, 정확히 오전 10시 23분 36초였지.
B: 엄마, 저 7월 4일생이거든요.

UNIT 2

두 시 오 분 전

five to two

두 시 삼 분 전

three minutes to two

'2시 5분 전'은 영어에서는 '5분만 가면 2시' 이런 식으로 표현해서 five to two라고 해요. 주로 10분, 5분 이 정도 남아 있을 때 쓰지, 그 이상으로 넘어가면 이 표현으로는 잘 쓰지 않고 그냥 평소 시간 읽는 것처럼 읽습니다.

SPEAKING PRACTICE

1 He arrived early for the interview, at ten to two.

그는 2시 10분 전에 인터뷰 때문에 일찍 도착했다.

2 According to my watch, it's only ten to five.

내 시계에 의하면, 이제 5시 10분 전밖에 안 되었다.

3 She handed in her homework just before the deadline, at three minutes to five.

그녀는 숙제를 마감 시간 직전인 5시 3분 전에 제출했다.

APPLY AND MORE

이런 '몇 시 몇 분 전'을 나타낼 때 before를 쓸 수도 있어요. 다만 다른 점이 있다면 to를 쓸 때는 그 앞에 minutes를 쓰기도 하고 안 쓰기도 하지만, before는 five minutes before three처럼 minutes, seconds를 꼭 써 줍니다. 마감 3분 전이 주는 느낌은 '아슬아슬하게, 딱 마지막 순간에'죠? 영어에서는 이것을 under the wire로 표현해요.

MP3 140

1 The countdown usually starts about ten seconds before midnight.

카운트다운은 보통 자정 약 10초 전에 시작한다.

2 He got there just under the wire, and was able to pay his parking ticket without having to pay any late fees.

그는 거기에 딱 아슬아슬하게 도착해서 연체료 물 필요 없이 주차비를 낼 수 있었다.

Dialogue

A Finally. I was wondering if you were going to make it at all. You're always late.

B What are you talking about? I'm actually early this time. It's only five to two. It's not even two.

A: 마침내 왔네. 네가 시간에 맞춰서는 올까 했지. 네가 항상 늦잖아.
B: 뭔 얘기하는 거야? 이번엔 진짜 일찍 왔잖아. 2시 5분 전밖에 안 됐어. 2시도 안 되었다고.

7시 15분

7:15

seven fifteen

혹은

a quarter past [after] seven

시간을 나타낼 때 15분은 a quarter라고 많이 합니다. a quarter가 1/4로 15분이 60분의 1/4이니까요. 그냥 평범하게 시간을 읽어도 되지만 영어에서는 '15분이 지난 몇 시'라고 할 수도 있어요. 그때는 [a quarter past[after] + 시]라고 합니다. 30분도 이렇게 '30분이 지난 몇 시' 라고 쓸 수 있는데, 이때는 half라고 하세요.

SPEAKING PRACTICE

1 The movie starts at 8:15.
eight fifteen

그 영화는 8시 15분에 시작한다.

2 I told her to meet me in front of the station at a quarter past 7.
seven

나는 그녀에게 역 앞에서 7시 15분에 만나자고 얘기했다.

3 You'll need to arrive no later than half past 7
seven
if you want to catch that flight.

그 비행기 타고 싶으면 늦어도 7시 반까지는 도착해야 할 것이다.

APPLY AND MORE

옛날에는 집에 매 시 정각마다 울리는 뻐꾸기시계가 있었어요. 영어로는 cuckoo clock이라고 합니다. 이런 '매 시 정각마다'는 every hour on the hour라고 표현합니다.

MP3 141

1 I used to love that old cuckoo clock my grandma had. That little bird would come out every hour on the hour.

난 할머니가 가지고 있던 오래된 뻐꾸기 시계가 참 좋았다. 작은 새가 매 시 정각마다 나왔었다.

2 Set the alarm to go off at half past 6.
six
That'll give you enough time to have a shower, eat breakfast, and catch the early bus.

6시 반에 알람 울리게 맞춰. 그럼 너 샤워하고 아침 먹고 조기 탑승 버스 타고 갈 시간이 충분히 있을 거야.

Dialogue

A Oh my gosh! I'm late. I have an important meeting with a client at 8:45 a.m.
eight forty-five a.m.

B You should've set the alarm to go off at 6:15.
six fifteen
Don't worry. I'll give you a ride to work.

A: 이런! 나 늦었어. 오전 8시 45분에 클라이언트랑 중요한 미팅 있는데.
B: 그러니까 6시 15분에 알람 울리게 맞춰 놨어야지. 걱정하지 마. 내가 회사까지 태워다 줄게.

MP3 142

그는 한국계 미국인 2세이다.

He is a second generation Korean American.

이 가게의 주인은 3대째이다.

The owner of this store is the third generation.

한국계 2세에서 2세는 2세대를 뜻하는 말입니다. '세대'는 영어로 generation이에요. 우리말로는 기수로 표현하지만, 영어에서는 집안에서 무언가를 한 '첫 번째 (세)대, 두 번째 (세)대' 라고 해서 서수를 앞에 붙여 얘기합니다. 이때는 generation을 단수로 써요.

SPEAKING PRACTICE

1 Rachel is a fourth generation doctor in her family but she hates her job.

레이첼은 자기 집안에서 4대째 의사이지만 자기 일을 싫어한다.

2 Kevin is a second generation Korean Canadian so it's often easier for him to express himself in English.

케빈은 한국계 캐나다인 2세라서 그에게는 영어로 자신을 표현하는 게 더 쉽다.

3 He's the third generation to graduate from law school.

그는 로스쿨을 졸업한 3대째 자손이다.

APPLY AND MORE

이런 세대 말고, 3대가 같이 거주한다거나 아버지 세대, 자식 세대 같은 의미로 쓰일 때는 generation 앞에 기수를 쓰고 복수형도 가능합니다.

1 There are three generations living in that tiny apartment.

이 작은 아파트에 3대가 살고 있다.

2 *Kim's Convenience* is about two generations of a Korean-Canadian family who owns a convenience store in Toronto.

〈김 씨네 편의점〉은 토론토에서 편의점을 하는 한국계 캐나다인 가족의 두 세대에 관한 것이다.

Dialogue

A Have you talked with Jane? She sounds kind of funny. Her accent is off sometimes.

B Oh, it's because she is a second generation Korean American. At least she speaks Korean.

A: 너 제인이랑 얘기해 봤어? 걔 약간 말이 웃기게 들려. 억양이 가끔 좀 이상해.
B: 어, 걔가 한국계 미국인 2세라서 그래. 그래도 걔는 적어도 한국어를 하잖니.

UNIT 5

우린 4인 가족이고, 난 삼 남매 중 둘째이다.

We are a family of four. I'm the second of three children.

가족이 몇 명이라고 할 때 [a family of + 숫자]로 얘기합니다. '몇 명인 가족'의 뜻이지요. 그리고 형제자매 중 몇 째라고 할 때는, 여러 명의 아이들(기수) 중 첫 번째, 두 번째(서수)이니까 [the + 서수 + of + 숫자(기수) + children]이라고 하면 됩니다. 형제 자매 아무도 없이 외동이다? 그럼 an only child라고 하면 OK!

SPEAKING PRACTICE

1 We'll need a bigger car once we become a family of four.
우리가 일단 4인 가족이 되면 더 큰 차가 필요할 것이다.

2 That hotel room is too small for a family of five.
그 호텔방은 5인 가족에게는 너무 작다.

3 He's the baby of the family, the third of three children.
걔는 그 가족의 아기로, 세 아이 중 셋째이다.

APPLY AND MORE

a family of four가 4인 가족이고, a party of four라고 하면 '일행 4명'의 뜻이에요. 주로 식당 안내 보는 서버가 몇 명이냐고 물어봤을 때 할 수 있는 표현입니다. 그리고 인스타그램 같은 곳에서 자기 소개를 보면 '애 셋 엄마' 라는 식의 표현이 있어요. 이때는 a mother to three children이라고 합니다.

MP3 143

1 There will be a party of twelve from Saramin tonight.
오늘 밤에 사람인에서 일행 12명이 올 것이다.

2 Samantha is a mother to four children, ages between one and eight.
사만다는 1세부터 8세 사이의 네 아이 엄마이다.

Dialogue

A Tell me about yourself and your family.

B We are a family of three. I am an only child. Oh, to be exact, I am the first of two children. My mom calls the dog her second child.

A: 본인과 가족에 대해서 말해 보세요.
B: 3인 가족이고, 저는 외동입니다. 아, 정확히 얘기하면 둘 중 첫째예요. 저희 어머니가 개를 둘째라고 부르시거든요.

MP3 144

17세기 중반에

in the mid- 17th seventeenth century

세기를 얘기할 때는 [the + 서수 + century]로 씁니다. 시간을 나타내는 단위 앞에 in, at, on 등이 올 수 있지만, 세기의 경우에는 in을 주로 씁니다. 참고로, '~세기 초기/후반'이라고 하고 싶으면 서수 앞에 early, late를 넣으면 돼요.

SPEAKING PRACTICE

1 This style of painting was very popular in the late-18th eighteenth century.

이런 스타일의 그림은 18세기 후반에 매우 인기가 많았다.

2 By the mid-17th seventeenth century, the country was already producing a wide variety of wines.

17세기 중반 즈음에, 그 나라는 이미 다양한 종류의 와인을 생산하고 있었다.

3 It wasn't until the mid-19th nineteenth century that people understood the importance of hygiene.

사람들이 위생의 중요성을 이해하게 된 건 19세기 중반이 되어서였다.

APPLY AND MORE

유명한 연대기들의 이름을 알아볼까요? 14–16세기에 이르는 르네상스 시대는 the Renaissance, 19세기 산업혁명 시대는 the Industrial Revolution이라고 합니다. 지금 우리는 4차 산업혁명 시대(the Fourth Industrial Revolution)를 살고 있지요.

1 The title of the keynote speech is "What skills will survive in the Fourth Industrial Revolution?"

기조연설의 제목은 "무슨 기술이 4차 산업혁명 시대에 살아남을 것인가?"이다.

2 Michelangelo is the greatest artist of the Renaissance.

미켈란젤로는 르네상스 시대의 가장 위대한 예술가이다.

Dialogue

A Have you been to the Sistine Chapel?

B No, but who doesn't know about Michelangelo and his paintings on the ceiling of the chapel? Can you believe that he painted those in the early 15th fifteenth century? He's a genius.

A: 시스틴 성당에 가 봤어?
B: 아니, 하지만 미켈란젤로와 그가 그 성당 천장에 그린 그림 모르는 사람이 어디 있겠니? 그가 그 그림들을 15세기 초에 그렸다는 게 믿겨져? 그 사람은 진짜 천재야.

UNIT 7

시저는 기원전 44년에 살해됐다.

Caesar was murdered in 44 BC.

forty-four B C

앞의 PART 1에서도 나왔던 내용이지만, 한번 복기하고 갑니다. 기원전은 BC로 Before Christ의 앞 글자를 땄고, 연도 뒤에 놓습니다. 반대로 기원후는 AD로 Anno Domini의 앞 글자고, 이것은 특이하게 연도 앞에 놓아서 읽어요.

SPEAKING PRACTICE

1 The first five books of the Old Testament reached their present form by 332 BC.
three hundred and thirty-two B C

구약 성서의 첫 다섯 책은 기원전 332년에 이르렀을 즈음에 현재 형태를 띠게 되었다.

2 Archeologists believe the temple was completed in 10 BC.
ten B C

고고학자들은 그 사원이 기원전 10년에 완공되었다고 믿고 있다.

3 Alexander the Great lived from 356 BC to 323 BC.
from three hundred and fifty-six B C to three hundred and twenty-three B C

알렉산더 대왕은 기원전 356년부터 323년까지 다스렸다.

MP3 145

APPLY AND MORE

아주 오래 전 즉, 선사시대라고 하는 prehistoric age는 백만 년도 훨씬 더 전이겠죠? 백만은 million인데, 330만을 3,300,000 이렇게 쓰고 three million three hundred thousand 하면 너무 복잡하잖아요. 이때는 줄여서 3.3 million 이런 식으로 많이 쓰고 읽습니다. 가운데 소수점은 point로 읽으면 돼요.

1 Human prehistory dates back 3.3 million
three point three million
years ago when stone tools were first used.

인간의 선사시대는 석기 도구가 처음 사용되던 330만 년 전으로 거슬러 올라간다.

2 The most recent ice age began about 2.5 million
two point five million
years ago.

가장 최근의 빙하 시대는 약 250만 년 전에 시작되었다.

Dialogue

A Have you watched the movie *300*? These 300
three hundred
Spartan warriors fought against millions of Persia's army in 480 BC.
four hundred and eighty B C

B What? 300
three hundred
against millions? No way! I don't buy it.

I don't buy it.은 그것을 사다가 아니라 '(당신이 한 말에) 동의할 수 없어'의 의미입니다.

A: 영화 〈300〉 봤니? 스파르타 전사 300명이 기원전 480년에 수백만의 페르시아 군대에 맞서서 싸웠어.
B: 뭐라고? 300명 대 수백만? 말도 안 돼. 안 믿어.

UNIT 8

1970년대에

In the nineteen-seventies

70년대처럼 70년부터 79년까지 다 통틀어서 얘기하고 싶을 때는 연도 앞에 the를 쓰고 **70 [seventy]**를 복수형 seventies로 만들어서 말합니다. 그리고 It was popular in 70's. 같은 문장을 본 적도 있을 거예요. 70's가 바로 nineteen seventies의 다른 표현법입니다.

SPEAKING PRACTICE

1 Folk music was very popular **in the 1960s**.
nineteen-sixties
포크 음악은 1960년대에 매우 인기가 많았다.

2 Reagan was the US president **during the 1980s**.
nineteen-eighties
레이건은 1980년대에 미국 대통령이었다.

3 It wasn't **until the 1940s**
nineteen -forties
that women started working in factories in large numbers.
많은 여성들이 공장에서 일하기 시작한 것은 1940년대가 되어서였다.

APPLY AND MORE

세기 외에 70년대, 90년대에도 앞에 early, mid, late를 넣어 초반, 중반, 후반을 얘기할 수 있습니다. 현재 한국의 정치인들을 통틀어 말할 때 386세대라고 얘기하듯이, 미국에도 40년대 후반에서 60년대 초반에 태어난 사람들을 일컫는 표현이 있어요. 바로 baby-boomer죠.

MP3 146

1 Baby boomers are people who were born **between the late-1940s and early-1960s**.
between the late nineteen forties and early nineteen sixties
베이비부머는 1940년대 후반과 1960년대 초반 사이에 태어난 사람들이다.

2 Do you know what the **386**
three eight six
generation is?
386세대가 뭔지 아세요?

Dialogue

A When were you born? You sound like someone who was born **in the 2010s**.
twenty-tens

B Uh… thank you? I was born **in the early 1990s**.
nineteen nineties

A: 너 몇 년 생이야? 꼭 2010년대에 태어난 사람처럼 말하네.
B: 어, 고맙다고 해야 하나? 나 1990년대 초반 생이야.

UNIT 9

난 두 시 몇 분 즈음 도착했다.

I arrived at two something.

원어민들은 시간을 얘기할 때 시간만 알고 정확한 분을 모르면 앞의 시간은 얘기하고 분 자리에 something을 넣어 표현합니다. 이렇게 하면 사실 커버하는 시간이 5분부터 55분까지 좀 넓은 느낌이에요.

SPEAKING PRACTICE

1 I'm not sure of the exact time, but I think it was around two something.

정확한 시간은 모르겠지만, 한 2시 몇 분 즈음이었던 것 같다.

2 His shift started at noon, but he didn't bother to show up until one something.

그의 교대근무는 정오에 시작했지만 1시 몇 분까지 코빼기도 안 보였다.

3 He said the delivery would be here around six something.

그는 배송이 6시 몇 분 즈음에 여기 올 거라고 말했다.

APPLY AND MORE

시간 뒤에 -ish를 붙여주면 딱 정확한 시간은 아니고 '그 즈음'이라는 뜻이 돼요. something을 붙이는 것보다는 훨씬 범위가 좁죠.

1 Should we meet, let's say, 6-ish tonight?
six-ish

오늘 밤에, 어디 보자, 6시 즈음에 만날래?

MP3 147

2 The ticket says the movie starts at 2:15 but after all those ads and trailers, I think it will start at 2:30-ish.
two fifteen / **two thirty-ish**

표에는 영화가 2시 15분에 시작한다고 쓰여 있지만, 광고랑 예고편 다 하고 나면 2시 30분 즈음에 시작할 것 같아.

Dialogue

A Rod said he's going to be here around nine something.

B Nine something when? 9:10-ish? 9:30-ish? Or 9:45-ish?
Nine ten-ish / nine thirty-ish or nine forty-five-ish

A: 로드가 여기에 9시 몇 분 즈음에 온다고 했어.
B: 9시 몇 분 언제? 9시 10분 즈음? 9시 30분 즈음? 아니면 9시 45분 즈음?

UNIT 10

MP3 148

한 각이 40도인 도형

a shape with one angle of 40 forty degrees

이 언덕의 경사도는 30도다.

This slope has an incline of 30 thirty degrees.

영어에서 angle은 '각'을 나타내고, degree는 30도, 40도 할 때의 '도'를 말해요. '한 개의 각이 40도인' 이건 영어로 어떻게 표현할까요? '각'인 angle을 써서 with one angle of **40[forty]** degrees라고 하면 됩니다. '40도 기울기/ 경사도'는 an incline of **40[forty]** degrees라고 합니다. 2도 이상부터는 degree를 복수형으로 한다는 것, 기억하세요.

SPEAKING PRACTICE

1 The teacher drew a shape with one angle of 20 degrees **twenty degrees** on the board.

선생님은 한 각이 20도인 도형을 칠판에 그렸다.

2 The old house's floor has a dangerous incline of 15 degrees. **fifteen degrees**

그 옛날 집 마루는 위험하게도 15도 기울어져 있었다.

3 The bunny hill at this ski resort has an incline of only 30 degrees, **thirty degrees** which makes it perfect for real beginners.

bunny hill: 스키나 스노우보더 초보자들이 타는 슬로프를 뜻하는 말입니다.

이 스키 리조트의 버니 힐은 겨우 30도 경사도라서 진짜 초보자에게 완벽한 곳이다.

APPLY AND MORE

핸드폰으로 찍은 사진을 보다 보면 제대로 보기 위해 회전해야 할 때가 있습니다. 이걸 rotate한다고 하는데 뒤에 각도를 더해 얘기할 수 있어요. 이때 사진을 오른쪽으로 혹은 왼쪽으로 회전시킨다면 to the right/ to the left를 붙이세요.

1 I think you hung the artwork the wrong way; you need to rotate it 180 degrees. **one hundred and eighty degrees**

네가 그 작품 잘못된 방향으로 건 것 같다. 180도 회전시켜야 한다.

2 Rotate the picture 90 degrees **ninety degrees** to the right.

그 사진을 오른쪽으로 90도 회전시키세요.

Dialogue

A This is a regular triangle with one angle of 60 degrees. **sixty degrees** Then what are the other two angles?

B 60 degrees **Sixty degrees** each.

A: 이건 한 각이 60도인 정삼각형이야. 그럼 다른 두 각의 각도는 뭘까?
B: 각 60도씩이요.

UNIT 11

태풍 10호가 수도권을 덮쳤다.

Typhoon 10

Typhoon number ten hit the metropolitan area head on.

우리나라 지역엔 여름에 태풍(typhoon)이 옵니다. 태풍도 한 해에 여러 개가 생성되어 번호와 이름을 붙여서 부르는데요, 태풍 10호라면 typhoon 10 이렇게 쓰고 읽을 때는 typhoon number ten이라고 합니다.

SPEAKING PRACTICE

1 The current prediction is that
typhoon 6
typhoon number six
will hit the coast early tomorrow morning.
현재 예보로는 태풍 6호가 내일 아침 일찍 해안을 강타하겠습니다.

2 Typhoon 9
Typhoon number nine
is expected to make landfall within the next few days.
태풍 9호가 다음 2-3일 내로 산사태를 일으킬 것으로 예상된다.

3 Typhoon 3
Typhoon number three
subsided after claiming 90
ninety
lives in Japan.
태풍 3호가 일본에서 90명의 사망자를 낸 후 잦아들었다.

MP3 149

APPLY AND MORE

열대 폭풍이 날짜 변경선 서쪽 태평양에서 발생하면 태풍이라고 하고, 동쪽 태평양에서 발생하면 허리케인이라고 합니다. 이런 태풍과 허리케인은 이름으로도 많이 불립니다.

1 Hurricane Katrina caused about
$100 billion
one hundred billion dollars
in damage.
허리케인 카트리나는 약 1,000억 달러에 달하는 피해를 초래했다.

2 The country is usually hit by
several typhoons every summer.
The deadliest ever to hit the country was Sara in **1959**.
nineteen fifty-nine
그 나라는 대개 여름마다 5-6개의 태풍이 온다. 이제까지 그 나라를 강타한 것 중 가장 치명적이던 건 1959년 태풍 사라였다.

Dialogue

A Did you see the weather forecast? A typhoon is heading our way.
B Come on, it's already fall.
This is typhoon 11.
typhoon number eleven
I wonder what they named it this time.

A: 일기 예보 봤어? 태풍이 올라오고 있대.
B: 그만 좀 하지. 벌써 가을인데. 이번이 11호 태풍이야. 이번엔 이름을 뭐라고 지었나 궁금하네.

MP3 150

금요일은 최고 기온이 10도, 최저 기온이 2도였다.

Friday saw a high of ten degrees and a low of two degrees.

기온을 얘기할 때, 최고 기온은 [a high of + 숫자 degrees], 최저 기온은 [a low of + 숫자 degrees]라고 합니다. TV에 나오는 기상 캐스터나 신문의 weather news에서 일기예보(weather forecast/weather prediction)를 하면서 쓰는 표현이 바로 제목에 나온 Friday saw …인데요, 실제 사람들이 날씨 얘기할 때 쓰는 표현은 아니랍니다. 보통은 '기온이 어땠다' 라고 할 때 It was …를 쓰거나 We had …를 쓰지요.

SPEAKING PRACTICE

1 The weather service is predicting a high of 10 °C (**ten degrees Celsius**) and a low of 2 °C. (**two degrees Celsius**)

앞에 degrees가 나왔기 때문에 뒤에 나오는 degrees는 생략 가능해요.

일기예보는 최고 기온 10도, 최저 기온 2도라고 예측한다.

2 Winnipeg has a low of -20 °C (**minus twenty degrees Celsius**) in the winter but it feels more like -35 °C. (**minus thirty-five degrees Celsius**)

위니펙은 겨울에 최저 기온이 영하 20도인데, 실제로는 영하 35도처럼 느껴진다.

APPLY AND MORE

최고 기온과 최저 기온은 평균치를 내서 얘기할 수도 있지요. 평균 최고는 the average high, 평균 최저는 the average low랍니다. 그리고 '~만큼 높게', '~만큼 낮게' 라고 해서 as high as 혹은 as low as를 이용해서도 최고 기온과 최저 기온을 얘기할 수 있어요.

1 During the summer, the average high is 25 °C (**twenty-five degrees Celsius**) while the average low is 5 °C. (**five (degrees) Celsius**)

여름 동안 평균 최고 기온은 25도이고 반면 평균 최저 기온은 5도이다.

2 It goes up as high as 35 °C (**thirty-five degrees Celsius**) in the summer and down as low as -15 °C (**minus fifteen degrees Celsius**) in the winter.

여름에는 온도가 35도까지 올라가고 겨울에는 영하 15도까지도 내려간다.

Dialogue

A I wonder what the weather will be like tomorrow.

B Oh, this weather app says it will be sunny and mild with a high of 18 °C (**eighteen degrees Celsius**) and a low of 5 °C. (**five degrees Celsius**)

A: 내일 날씨가 어떨까 궁금하네.
B: 응, 이 날씨 앱 보니까 최고 기온 18도에 최저 기온 5도로 화창하고 온화할 거래.

UNIT 13

높이 100미터 건물

a building a hundred meters high

a building a hundred meters in height

a hundred-meter-high building

'몇 미터 높이의 건물'을 표현할 수 있는 방법이 여러 개 있어요. 일단 기본 a building에서 시작해 building 앞에 [숫자-meter-high]를 넣어서 설명하는 방법이 있습니다. 그리고 a building 뒤에 [숫자 + meters high]를 덧붙이거나 [숫자 + meters in height]를 써도 좋아요. 이때는 관계대명사 which is/that is가 생략된 것입니다.

SPEAKING PRACTICE

1 In the downtown area, there are many buildings a hundred meters or more high.

시내에는 100미터 혹은 그 이상 높이의 건물이 많이 있다.

2 If you are planning on base jumping, you'll need a building that's less than a hundred meters in height.

base jumping: 높은 건물이나 댐 같은 곳에서 뛰어내리는 낙하산 점프를 말해요.

베이스 점프를 할 계획이라면, 100미터보다 더 낮은 건물이 필요하다.

MP3 151

3 His grandfather was the first to erect a hundred-meter-high building in the city.

그의 할아버지는 이 도시에 100미터 높이 건물을 처음 세운 분이셨다.

APPLY AND MORE

건물 높이를 얘기할 때 high 외에 tall도 쓸 수 있어요.

1 How tall is Sears Tower? It seems like you can see it from everywhere in Chicago.

시어스 타워는 얼마나 높죠? 시카고 어디에서도 다 볼 수 있는 것 같아요.

2 New York is famous for its skyscrapers that are more than three hundred meters tall.

뉴욕은 300미터 이상 높이인 마천루로 유명하다.

Dialogue

A I don't think we have any buildings a hundred meters or taller in the city.

B We are on the prairies so everything is spread out. It's wide open. No need to build a tall building here. It's not like New York.

A: 우리 도시에는 100미터나 그보다 높은 건물은 하나도 없는 것 같아.
B: 우리는 대평원 지역에 있잖아. 그래서 모든 게 띄엄띄엄 있지. 다 펼쳐진 곳. 여기에 큰 건물을 지을 필요가 없잖아. 뉴욕 같지 않으니까.

알아두면 재미있는 태풍 이야기

태풍인 typhoon은 그리스 신화의 티폰(Typhon)에서 그 유래를 찾을 수 있습니다. 대지의 여신 가이아와 거인족 타르타로스 사이에서 태어난 티폰은 100마리 뱀의 머리와 강력한 손과 발을 가진 용이었으나 사악하고 파괴적이어서 우여곡절 끝에 제우스에게 모든 능력을 빼앗기고 폭풍우를 일으키는 능력만 남게 되었죠. 이런 티폰을 폭풍우와 연관시켜 typhoon이라는 영어 표현이 만들어졌습니다. 우리나라에 태풍이란 말이 처음 등장한 때는 1904년부터 1954년까지의 기상 관측 자료가 정리된 〈기상연보 50년〉에서입니다.

태풍 매미, 태풍 사라 등 태풍은 뒤에 숫자가 오기도 하고, 이름이 오기도 합니다. 이런 태풍에 처음으로 이름을 붙인 사람은 호주의 예보관들로 자신이 싫어하는 정치가의 이름을 태풍에 붙였다고 해요. 2차 세계대전 이후에는 미 공군과 해군이 공식적으로 이름을 붙이기 시작했는데, 이때는 자기 부인이나 애인의 이름을 사용했지요. 그래서 1978년까지는 태풍 이름이 여성이었다가 그 이후부터는 남자와 여자 이름을 번갈아 사용하고 있습니다.

1999년까지는 괌에 있는 미국 태풍합동경보센터에서 정한 이름을 쓰다가 1997년 홍콩에서 열린 제 30차 태풍위원회에서 회원국인 미국과 아시아가 자국 언어로 된 고유한 이름으로 바꾸어 쓰기로 합의한 후 2000년부터는 지금의 방식으로 사용하고 있습니다.

그럼 이 태풍의 이름은 어떻게 지을까요? 세계 기상 기구(WMO)에서는 태풍의 영향을 받는 14개국을 지정했습니다. 바로 한국, 북한, 미국, 중국, 일본, 캄보디아, 홍콩, 필리핀, 태국, 말레이시아, 베트남, 라오스, 마카오, 미크로네시아인데 이 국가별로 10개씩 이름을 제출하면 140개가 됩니다. 이것을 28개씩 5개조로 나누어 국가명 알파벳 순서에 따라 차례대로 붙이는 거죠.

태풍이 1년에 30여 개 정도 발생하기에 이 140개를 다 쓰는 데 평균 4~5년이 걸립니다. 이 140개를 다 사용한 후에는 1번부터 다시 사용합니다. 참고로 북한이 제안한 것에는 소나무, 도라지, 버들, 갈매기, 봉선화, 매미, 민들레, 메아리, 날개 열 개가 있고, 남한에서 제안한 이름에는 개미, 제비, 나리, 너구리, 장미, 고니, 수달, 메기, 노루, 나비 등 열 개가 있습니다.

CHAPTER 8

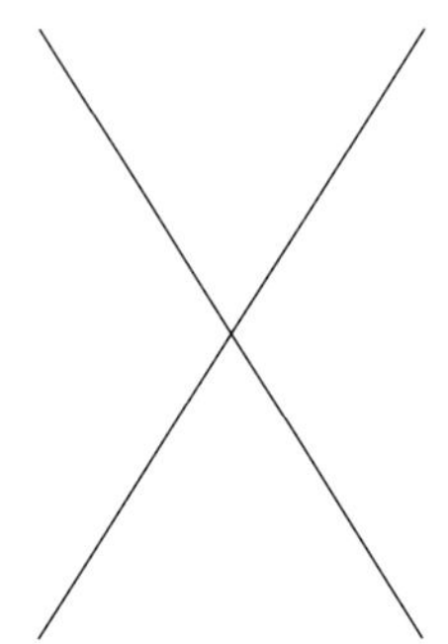

기술, 방송 관련 숫자 표현

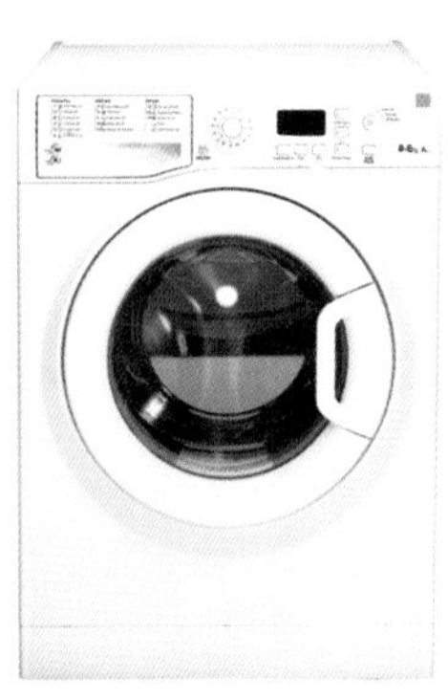

UNIT 1	30자X20행으로 서식을 설정해 봐.
UNIT 2	그거 두 배속으로 틀어 봐.
UNIT 3	그건 1시간 반짜리 TV 프로그램이다. / 그건 40분짜리 TV 프로그램이다.
UNIT 4	(방송) 7번에서는 뭐 해?
UNIT 5	그건 10부작 시리즈이다.
UNIT 6	독일에서는 220볼트를 쓴다.
UNIT 7	현재 TV는 가로 세로 화면비가 16대 9이다.
UNIT 8	이건 에너지 효율 1등급이다.

UNIT 1

30자 X 20행으로 서식을 설정해 봐.

Try to set the format to
30
thirty
characters per line and
20
twenty
lines.

학생들에게 과제를 내줄 때 워드 프로그램에서 단락(paragraph)이나 페이지(page) 서식(format)을 설정(set)할 때 한 줄(line)에 몇 자(characters) 그리고 한 페이지에 몇 줄(line)이 되게 할지 얘기하는 상황이에요. 원하는 숫자를 넣으면 얼마든지 응용 가능합니다.

SPEAKING PRACTICE

1 Can you set the printer to 35 **thirty-five** characters per line and 25 **twenty-five** lines per page?
프린터를 페이지당 35자x25행으로 설정할 수 있어요?

2 If you're preparing text for a magazine ad, don't go smaller than 40 **forty** characters per line and 30 **thirty** lines per page.
잡지 광고용으로 텍스트를 준비하고 있다면, 페이지당 40자x30행보다 적게 잡지 마세요.

MP3 152

3 We need the posters to be really easy to read, so set it for 10 **ten** characters per line and 5 **five** lines per page.
그 포스터들은 가독성이 아주 좋아야 하니까 페이지당 10자x5행으로 설정하세요.

APPLY AND MORE

리포트나 글을 쓸 때 한 페이지당 몇 단어(words)가 들어가게 하라는 것도 많이 나오는 말이에요. 그리고 타이핑을 할 때 1분에(per minute) 몇 단어(words)를 치는지도 job description에 가끔 나오죠. 그걸 wpm (words per minute)로 줄여 쓰기도 합니다.

1 When you're going to write a paper at university, set the word processor to 250 **two hundred and fifty** words per page.
대학교에서 리포트를 쓸 때, 페이지당 250단어로 워드 프로그램을 설정하세요.

2 We want someone who can type 55 **fifty-five** words per minute.
우리는 일 분에 55단어를 칠 수 있는 사람을 원한다.

Dialogue

A Does this look too scrunched up? It's sort of hard to read, right?

B Yeah. I mean, all those colors are nice, but the text is tiny. Try setting it for 30 **thirty** characters per line and 20 **twenty** lines per page.

A: 이거 너무 꽉 차서 구겨진 것처럼 보이죠? 좀 읽기 힘든 편인 것 같죠?
B: 네. 색깔들은 다 예쁜데 글자가 작네요. 설정을 페이지당 30자x20행으로 한번 해보세요.

UNIT 2

그거 두 배속으로 틀어 봐.

Play it at double speed.

전치사 at은 한 지점을 나타낼 때 써요. 그래서 속도계의 바늘이 가리키는 지점이라 '~ 속도로' 라고 할 때 이 at을 써서 표현합니다. 그래서 '두 배 속도로'는 at double speed, '3배 속도로'는 at triple speed, '4배 속도로'는 at quadruple speed라고 합니다.

SPEAKING PRACTICE

1 If you play the record at double speed, it sounds like chipmunks are singing.

레코드 판을 두 배 속도로 틀면, 마치 다람쥐가 노래하는 것처럼 들린다.

2 The online lecture was so boring he played it at triple speed to get done quicker.

그 온라인 강의가 너무 지루해서 그는 더 빨리 끝내려고 그걸 3배속으로 돌렸다.

3 He played the movie at quadruple speed, trying to find his favorite scene.

그는 자기가 좋아하는 장면을 찾으려고 하면서 그 영화를 4배속으로 돌렸다.

APPLY AND MORE

'1/2의 속도로'는 at half speed라고 해요. 군대에서 선임이 두 배로 더 빨리 가라고 할 때, double time이라고 한답니다. 결국 '더 빨리 뛰어' 이 말이죠.

MP3 153

1 If you play the music at half speed, it sounds like the singer is about to fall asleep.

음악을 1/2 속도로 틀면, 가수가 막 잠들려고 하는 것처럼 들린다.

2 The sergeant wanted them to march faster, so he yelled "Double time!"

병장은 그들이 더 빨리 행군하기를 바랐고 그래서 "두 배속으로 뛴다!" 라고 소리질렀다.

Dialogue

A For the life of me, I can't figure out this new audio player. This app is super confusing.

for the life of me: 아무리 해 봐도

B Ha! I tried that one, too. I could never figure out how to make it not play at double speed. Deleted it and downloaded another one.

A: 아, 정말 이 새 오디오 플레이어 어떻게 하는 건지 아무리 해 봐도 모르겠어. 이 앱 정말 헷갈린다.
B: 하! 나도 그거 해 봤어. 두 배속으로 플레이 하는 걸 어떻게 못 하게 하는지 알아낼 수가 없었다니까. 그냥 그거 지우고 다른 것 다운 받았어.

UNIT 3

그건 1시간 반짜리 TV 프로그램이다.

It's a one-and-a-half-hour TV program.

그건 40분짜리 TV 프로그램이다.

It's a forty-minute TV program.

프로그램이나 TV쇼를 얘기하면서 많이 하는 표현입니다. a program이나 a TV show 사이에 '한 시간 반짜리' 혹은 '40분짜리' 이런 식으로 형용사를 만들어 넣는 건데, 앞에서 많이 나와 아실 거예요. 단어와 단어 사이에 하이픈(-)을 이용해서 한 단위로 만들고, 그때는 앞의 숫자가 아무리 복수여도 뒤의 단위는 단수로 쓰는 거죠. 참고로, show는 우리가 알고 있는 그 쇼 외에 TV나 라디오의 프로그램을 뜻하기도 합니다.

SPEAKING PRACTICE

1 When you see movies on TV, they've been cut down to fit a one-and-a-half-hour time slot.

텔레비전에서 해 주는 영화를 보면, 그것들은 한 시간 반짜리 타임 슬롯에 맞게 편집된 것들이다

2 Without all these silly commercials, it's only a twenty-two-minute program.

이 바보 같은 광고들을 빼면, 그냥 딱 22분짜리 프로그램이다.

MP3 154

3 Back in the **80s**, (eighties) when they aired the original *Superman* movie on TV, it was the extended three-and-a-half-hour version.

1980년대만 해도 텔레비전에서 오리지널 〈슈퍼맨〉 영화를 방영할 때는 그게 3시간 30분짜리 연장 버전이었다.

APPLY AND MORE

그냥 '그 TV 쇼는 50분짜리야' 라고 할 수도 있잖아요. 그때는 다음과 같이 말합니다.

1 The season finale of the show will be two hours long.

그 TV 쇼의 시즌 피날레는 2시간짜리일 것이다.

2 All the kids' cartoons on TV are fifteen minutes long.

TV에 나오는 모든 아동 만화는 15분 길이이다.

Dialogue

A Do you have time to watch another episode? Come on! Don't you love binge watching this show?

B We're at the end of the first season already? Cool. Let's watch the one-and-a-half-hour season finale.

A: 다른 에피소드 하나 더 볼 시간 있어? 야, 이 프로그램 한 번에 몰아 보는 거 좋아하지 않아?
B: 벌써 첫 번째 시즌 끝이야? 짱인데. 한 시간 반짜리 시즌 피날레 같이 보자.

MP3 155

(방송) 7번에서는 뭐 해?

What's on Channel 7 seven?

전치사 on은 뜻과 사용법이 굉장히 많은데, 그 중 하나가 어떤 것이 기록되고 공연, 상영되는 형태를 나타내는 겁니다. 그래서 on TV는 'TV로 (방영되는)', on Channel 7은 '7번 채널에서 (방영되는)'의 의미를 담고 있지요. 참고로 채널 명과 방송사 이름은 모두 고유명사로 대문자로 쓰는 것, 꼭 기억하세요.

SPEAKING PRACTICE

1 What's on Channel 13 (thirteen)?
13번 채널에서 뭐 해요?

2 Has the news started on Channel 2 (two) yet?
2번 채널에서 뉴스 시작했어요?

3 Channel 12 (twelve) always has the best sports coverage.
12번 채널에서는 항상 최고의 스포츠 방송이 나온다.

APPLY AND MORE

채널을 돌리고 바꾸는 건 change the channel이고, 리모컨(a remote control)을 가지고 채널을 계속 바꾼다고 할 때는 flip through the channels라고 합니다. flip이 '(책장을) 휙휙 넘기다'의 뜻인데, 거기서 차용해 채널 넘기는 것에도 쓰는 겁니다.

1 Can we change the channel? HG TV, please.
채널 바꿔도 돼? HG TV로 틀어 줘.

2 I just like flipping through the channels. I don't particularly watch TV.
나는 그냥 채널 바꾸면서 보는 것을 좋아할 뿐이지 딱히 TV를 보는 건 아니다.

Dialogue

A I think my favorite show will be on soon. Channel 13 (thirteen), please.

B Is it another one of those house flipping shows? What's on Channel 160 (one (hundred) sixty)? Let's watch something else.

house flipping show: flip은 '(집을 구매해 살짝 손 봐서) 얼른 팔아버리다'는 의미로 house flipping show는 말 그대로 집을 개조해서 파는 과정을 보여주는 프로그램이에요.

A: 내가 좋아하는 프로그램 곧 시작할 것 같은데. 13번 채널 좀 틀어 줘.
B: 그거 또 집 개조해서 파는 그런 프로그램이야? 160번에서는 뭐 하니? 다른 거 보자.

UNIT 5

그건 10부작 시리즈이다.

It's a ten-part series.

우리도 보면 16부작 미니시리즈, 3부작 구성 시즌 이런 말 많이 하잖아요. 간단하게 '몇 부작 시리즈'는 [숫자-part + series]라고 합니다. 미드의 영향으로 우리나라에서도 몇 부작 시즌제 드라마라는 말을 하게 되었는데 역시 season 앞에 [숫자-episode + season(s)]라고 하면 아주 깔끔하게 표현할 수 있어요.

SPEAKING PRACTICE

1 Instead of doing a movie, they made the book into a five-part mini-series.

영화화 대신에, 그들은 그 책을 5부작 미니 시리즈로 만들었다.

2 *Parasite* will be made into a six-part TV series.

〈기생충〉은 6부작 TV 시리즈로 만들어질 것이다.

3 *Friends* usually had twenty-four-episode seasons.

〈프렌즈〉는 대개 24부작 시즌이었다.

APPLY AND MORE

드라마 얘기를 하다가 10부작 중 5회 차 에피소드라고 말할 수도 있잖아요. 그때는 다음과 같이 서수로 이야기합니다.

1 This is the fifth episode out of ten.

이번이 10부작 중에서 5회 차 에피소드이다.

MP3 156

2 When you're watching the fourth or fifth episode in a series of eight, you often feel it is boring.

8부작 시리즈 중 4회나 5회 에피소드를 보다 보면, 종종 지루하다고 느끼게 된다.

Dialogue

A Have you finished the season yet? I don't want to spoil any of it for you.

B Not yet. But it's only a six-episode season. I'm going to watch them all Sunday night.

spoil: 원래 '망치다'의 의미지만, '(영화나 드라마의 줄거리를 미리 알려줘서) 흥을 깨다'의 뜻이 있어요.

A: 그 시즌 다 봤니? 내가 스포하고 싶지는 않은데.
B: 아직 안 봤어. 하지만 6부작 시즌밖에 안 되잖아. 일요일 밤에 다 볼 거야.

UNIT 6

독일에서는 220볼트를 쓴다.

We use

220 volts

two (hundred and) twenty volts

in Germany.

전원은 볼트(volt)라는 단위를 씁니다. 생활 속에서 많이 쓸 수 있는 표현이에요. 읽을 때는 백 단위 hundred (and)를 빼고 읽어도 괜찮습니다. 우리말로는 볼트라고 단수로 얘기하지만 실제 영어로 말할 때는 복수형인 volts로 말해야 합니다.

SPEAKING PRACTICE

1 Because France uses **220 volts**, (**two (hundred and) twenty volts**) your North American hairdryer isn't going to work here.

프랑스는 220볼트를 쓰기 때문에, 북미에서 구입한 네 헤어드라이어는 여기선 작동 안 할 것이다.

2 North American countries such as America and Canada use **110 volts**. (**one (hundred and) ten volts**)

미국과 캐나다 같은 북미 국가는 110볼트를 사용한다.

3 Is it **110 or 220** (**one ten or two twenty**) in your country?

이렇게 volts 없이 숫자로만 쓰기도 합니다.

너네 나라는 110볼트야, 220볼트야?

MP3 157

APPLY AND MORE

'220볼트의' 라는 형용사를 써야 할 때도 있죠. 이때는 '220 [two (hundred and) twenty]-volt'로 명사를 꾸며 주면 됩니다.

1 If you have an adaptor, you can use your **220-volt** (**two (hundred and) twenty volt**) charger in a **110** (**one hundred ten**) outlet.

어댑터가 있으면, 110볼트 전원 꽂는 곳에 220볼트 충전기를 사용할 수 있다.

2 If you stick a **110-volt** (**one (hundred and) ten volt**) appliance into a **220-volt** (**two (hundred and) twenty volt**) plug, you'll see sparks.

110볼트 가전제품을 220볼트 플러그에 꽂으면 스파크가 일어나는 걸 보게 될 것이다.

Dialogue

A Did you pack the converter? Remember, they use different plugs over there.

B I know. I'm bringing the little one that fits over the **220-volt** (**two (hundred and) twenty volt**) plugs so you can stick it in **110-volt** (**one (hundred and) ten volt**) plugs.

A: 변압기 챙겼어? 거기선 다른 플러그 쓴다는 거 기억해.
B: 나도 알아. 110볼트 플러그에 꽂을 수 있게 220볼트 플러그에 맞는 작은 변압기 가지고 갈 거야.

UNIT 7

현재 TV는 가로 세로 화면비가 16대 9이다.

The current TV has a 16:9 sixteen to nine aspect ratio.

TV나 모니터 화면 등을 세팅하면 나오는 말 중 하나가 화면비예요. 가로 세로 종횡비를 aspect ratio라고 하는데, 보통 4:3 혹은 16:9입니다. 어떤 책에서는 a horizontal to vertical ratio of 16:9 이렇게 써 놓았는데, 아무도 이렇게는 쓰지 않으니 꼭 알아두세요.

MP3 158

APPLY AND MORE

화면비를 얘기할 때 단순하게 in 16:9 [sixteen to nine] 이렇게 해도 되고, 혹은 aspect 없이 a 16:9 [sixteen to nine] ratio라고 해도 됩니다. 그리고 이 aspect ratio는 TV나 스크린에만 쓰지 인스타그램이나 사진 얘기할 때는 쓰지 않아요. 그때는 '비율'의 뜻인 ratio만 씁니다.

1 Those black bars along the top and bottom of the screen mean the movie is in 16:9 **sixteen to nine**.

스크린 위 아래에 있는 검은색 줄은 그 영화가 16대 9 화면비로 되어 있다는 것을 의미한다.

2 If you want them to look good on Instagram, you need to use pictures with an 8:10 **eight to ten** ratio.

인스타그램에서 예뻐 보이려면, 8대 10 비율의 사진을 써야 한다.

SPEAKING PRACTICE

1 When we watch classic movies, it's always in 16:9 **sixteen to nine** aspect ratio.

우리가 고전 영화를 볼 때, 그건 항상 16대 9 화면비로 되어 있다.

2 Old TVs had a 4:3 **four to three** aspect ratio.

옛날 TV들은 4대 3 화면비였다.

3 Canada's famous IMAX technology uses a special lens to project movies with a 1.9:1 **one point nine to one** aspect ratio.

캐나다의 유명한 아이맥스 기술은 특수 렌즈를 사용하여 1.9대 1의 화면비로 영화를 투사해 상영한다.

Dialogue

A This show looks awful. Why is the screen so small and square?

B It's an old TV show, so it was shot in 4:3 **four to three** aspect ratio.

A: 이 드라마 되게 이상하게 보여. 스크린이 왜 이렇게 작고 정사각형이야?
B: 옛날 TV 쇼라 4대 3 화면비로 찍혀서 그래.

UNIT 8

MP3 159

이건 에너지 효율 1등급이다.

This has the first grade energy efficiency rating.

가전제품 살 때 참고하는 것 중 하나가 바로 에너지 효율 등급(an energy efficiency rating)입니다. 이게 높을수록 전기 요금이 적게 나오기 때문이죠. 우리나라는 등급으로 표시하니까 energy efficiency rating 앞에 first grade(1등급), second grade(2등급)…를 넣어 주세요.

SPEAKING PRACTICE

1 We got a new space heater with a first grade energy efficiency rating.

우리는 에너지 효율 1등급인 히터를 새로 샀다.

2 You'll pay more for appliances with a first grade energy efficiency rating, but you'll save money over time.

에너지 효율 1등급인 가전제품은 (살 때) 돈을 더 지불해야 하지만, 시간이 갈수록 결국은 돈을 아끼게 된다.

3 What is the energy efficiency rating for this washer?

이 세탁기는 에너지 효율이 어떻게 되나요?

APPLY AND MORE

등급 외에 에너지 효율을 어떻게 표시할 수 있을까요? 미국, 캐나다의 북미 지역은 energy efficiency를 high나 low로 표시합니다. 즉, 효율이 높다/낮다로 나타내죠.

1 This dryer has high energy efficiency, so you don't have to worry about your electricity bill.

이 건조기는 에너지 효율이 높아서 전기세 걱정은 안 해도 된다.

2 Even though a TV might be rated high energy efficiency, it might still use a lot of "vampire power" in its standby mode.

vampire power: 피를 빨아먹는 뱀파이어처럼 전력을 잡아먹는 걸 이렇게 표현해요.

텔레비전이 에너지 효율이 높다고 해도, 대기 전력 모드에 있으면, 여전히 전력을 많이 소비하게 된다.

Dialogue

A Still using that old flat screen TV? Aren't you worried about all the money you're wasting on vampire power?

B I went out and got a special plug adaptor, so now the TV uses as much stand-by power as one with the first grade energy efficiency rating.

A: 아직도 그 옛날 플랫 스크린 TV 쓰는 거야? 그 전기 먹는 기계에 돈 낭비하는 거 걱정 안 돼?
B: 내가 나가서 특수 플러그 어댑터를 사 왔거든. 그래서 이제 TV가 에너지 효율 1등급 가전제품만큼의 대기 전력을 써.

CHAPTER 9

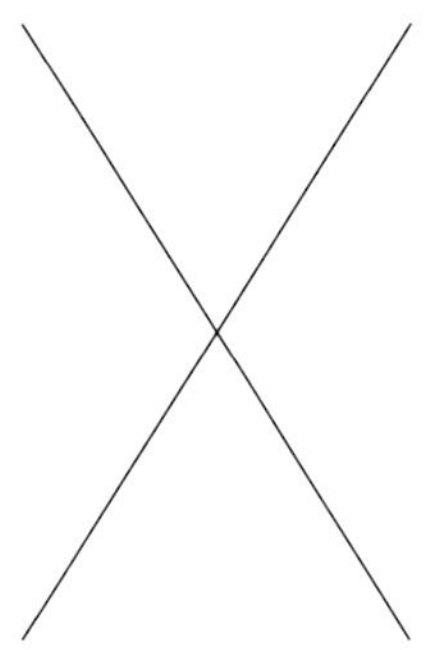

경제, 직장 관련 숫자 표현

UNIT 1	월세가 한 달에 80만 원이다.
UNIT 2	한 달 용돈 15만 원
UNIT 3	100달러 흑자인/ 100달러 적자인
UNIT 4	3개월 치 월급 상당의 ~
UNIT 5	월급날은 매달 15일이다.
UNIT 6	1인당 30달러/ 학생들은 10달러
UNIT 7	20달러어치 과일
UNIT 8	중국인 다섯 명당 미국인 한 명
UNIT 9	개당 2달러에 팔다
UNIT 10	20퍼센트 할인
UNIT 11	정가에서 10% 할인 가격에
UNIT 12	총액은 15달러이다.
UNIT 13	2/4분기 영업 실적
UNIT 14	이건 저것의 거의 두 배 가격이다.
UNIT 15	난 에이스전자 주식이 100개 있다.
UNIT 16	다우지수가 100 포인트 하락했다.
UNIT 17	100퍼센트 확신할 수 없다.
UNIT 18	GDP가 3분기 연속 감소했다.
UNIT 19	난 계약금으로 10만 원을 냈다.
UNIT 20	네 봉급이 나보다 두 배 더 높다. / 난 너보다 두 배 더 많이 번다. / 그건 작년보다 반값이다.
UNIT 21	지난 3년간, 판매가 세 배 증가했다.
UNIT 22	그건 세계에서 두 번째로 큰 회사이다.
UNIT 23	나 36개월 할부로 차 구입했다.
UNIT 24	난 공공요금 절반을 은행 자동인출로 지불하고 있다.
UNIT 25	10달러짜리 지폐를 1센트짜리 동전 10개, 5센트짜리 4개, 10센트짜리 7개, 25센트짜리 4개, 그리고 나머지는 1달러 지폐로 바꿔 주세요.

UNIT 1

월세가 한 달에 80만 원이다.

The rent is 800,000 won eight hundred thousand won a month.

'월세'는 rent이고, 우리나라 돈으로는 십만 단위(hundred thousand won) 혹은 백만 단위(million won)까지 나오니까 큰 단위 숫자 읽는 법을 연습해 보세요. 그리고 한 달에 한 번씩 내니까 a month 혹은 per month를 끝에 붙입니다.

SPEAKING PRACTICE

1 The landlord jacked the rent up to 1,200,000 won **one million two hundred thousand won** 혹은 **one point two million won** a month.

집주인이 월세를 한 달에 120만 원까지로 올렸다.

2 The rent is 900,000 won **nine hundred thousand won** a month, but that includes all the utilities.

월세는 한 달에 90만 원이지만 거기에 모든 관리비와 공공요금이 포함되어 있다.

MP3 160

3 Rent in this neighborhood is as expensive as 1,500,000 won. **one million five hundred thousand won** 혹은 **one point five million won**

이 동네 월세는 150만 원 정도로 비싸다.

APPLY AND MORE

'집세를 혼자 내지 않고 나눠 낼 때 쓸 수 있는 동사가 split입니다. [split + 액수 + in 숫자 + way]라고 하면 '몇 명이 나눠 내다'의 뜻이에요. 또, 몇 달 치 월세' 라고 하고 싶을 때는 [숫자 + months' rent]라고 소유격으로 표현하세요. 그래서 '일 년치 월세'라면 a year's rent라고 하면 됩니다. 북미 지역은 우리처럼 보증금을 많이 받지 않고 damage deposit이라는 이름으로 두 달치 정도를 받아요. 혹시 계약 기간 안에 세입자가 뭔가 고장 내거나 망가뜨리면 그 보증금에서 제하는 거죠.

1 The roommates split the 800,000 won **eight hundred thousand won** rent three ways.

룸메이트들은 80만 원 월세를 3명이 나눴다.

2 You should pay two months' rent for a damage deposit.

집세 보증금으로 두 달치 월세를 내야 한다.

Dialogue

A How much do you pay for rent there?

B It's 500,000 won. **five hundred thousand won** But I pay my own utilities and Internet.

A: 너 거기 월세 얼마 내?
B: 50만 원. 그런데 내가 공공요금이랑 인터넷은 따로 내.

UNIT 2

한 달 용돈 15만 원

a monthly allowance of 150,000 won

one hundred and fifty thousand won

아르바이트(part-time job)를 안 하는 학생들이라면 보통 용돈을 받습니다. 용돈은 북미 영어에서는 allowance라고 하고, 영국에서는 pocket money라고 해요. 그래서 '한 달 용돈 얼마' 라고 할 때 [a monthly allowance of + 금액] 이렇게 얘기하면 됩니다.

SPEAKING PRACTICE

1 Most high school students get a monthly allowance of 150,000 won.
one hundred and fifty thousand won
대부분의 고등학생들이 한 달 용돈으로 15만 원을 받는다.

2 Because his grades were terrible, his parents took away his monthly allowance of 100,000 won.
one hundred thousand won
그의 성적이 아주 형편없어서 부모님이 한 달 용돈 10만 원을 빼앗았다.

3 He complained it was really hard to get by on a monthly allowance of 260,000 won.
two hundred and sixty thousand won
그는 한 달 용돈 26만 원으로 살아가기가 매우 힘들다고 불평했다.

MP3 161

APPLY AND MORE

'용돈'을 뜻하는 단어 중에 spending money도 있어요. '돈을 쓰다'의 spend에서 나온 단어로, [금액 + spending money a month]라고 표현합니다. allowance도 이런 식으로 쓸 수 있는데, [금액 + monthly allowance]라고 하면 됩니다.

1 I get 350,000 won spending money every month.
three hundred and fifty thousand won
나는 매달 35만 원의 용돈을 받는다.

2 My sister gets 150,000 won monthly allowance, which is 50,000 won more than me.
one hundred and fifty thousand won
fifty thousand won
우리 언니는 한 달 용돈을 15만 원 받는데, 나보다 5만 원 더 많다.

Dialogue

A It must be tough being a student and having to work part-time on the side.

B Sure is. I really envy my roommate Tom. He gets 150,000 won spending money every few weeks.
one hundred and fifty thousand won

A: 학생이면서 사이드로 아르바이트까지 해야 하는 건 힘들겠다.
B: 당연하지. 나 정말 내 룸메이트 톰이 부러워. 그 애는 2-3주마다 15만 원씩 용돈을 받는다니까.

100달러 흑자인

in the black by 100 dollars

a hundred dollars

100달러 적자인

in the red by a hundred dollars

옛날에는 회계 장부를 기록할 때 적자는 빨간펜, 흑자는 검은펜으로 기록했다고 해요. 거기서 나온 것으로 '00 금액이 흑자이다'는 [be in the black by + 금액], '00 금액이 적자이다'는 [be in the red by + 금액] 이렇게 이야기합니다.

SPEAKING PRACTICE

1 At the end of the month, the car wash was only **in the black by 200 dollars**.
two hundred dollars

월말에 그 세차장은 겨우 200달러 흑자였다.

2 After having to pay for the boiler repairs, at the end of the month Tom was **in the red by 500 dollars**.
five hundred dollars

보일러 수리에 돈을 주고 난 후, 월말에 톰은 500달러 적자였다.

MP3 162

3 No matter how hard he tries not to spend money, at the end of every month, Mike was **in the red by 100 dollars**.
a hundred dollars 혹은 **one hundred dollars**

아무리 열심히 돈을 안 쓰려고 애를 써도, 매 월말마다 마이크는 100달러 적자였다.

APPLY AND MORE

'얼마 흑자/적자'를 얘기할 때 [금액 + in the black/in the red]로 얘기할 수도 있어요. 참고로 개인 월급에서 수입과 지출을 0으로 딱 맞추면 make ends meet라고 합니다.

1 With this monthly salary, I barely save anything. I just make ends meet. But I'm happy I'm not in the red.

이 월급으론 난 저축 거의 못 해. 번 돈으로 한 달 딱 써. 그래도 적자가 아니어서 기쁘다.

2 Luckily, I am **1,000 dollars** **in the black** a month probably because I don't have any children.
one thousand dollars

1,000 dollar in the black은 1,000 dollars ahead라고도 할 수 있어요.

운 좋게도 나는 한 달에 천 달러 흑자인데 아마 내가 애가 없기 때문일 것이다.

Dialogue

A So I stopped eating out and going to movies and buying comics. Now at the end of each month, I'm **100 bucks in the black**.
a hundred bucks

B Sounds great, Tim. But, honestly, it also sounds really boring.

북미인들은 dollar를 buck이라고도 말합니다.

A: 그래서 내가 외식, 영화 보러 가는 것, 만화책 사는 거 다 끊었어. 그랬더니 매월 말에 100달러 흑자야.
B: 잘됐다, 팀. 하지만 솔직히 너무 재미없게 사는 것 같다.

UNIT 4

3개월 치 월급 상당의~

~ worth

three months' salary

worth는 형용사로는 '~의 가치가 있는, ~ 상당의'의 뜻이고, 명사로는 '가치, 값어치'의 뜻입니다. 형용사로 써서 [worth + 숫자 + day's/ week's/ month's/ year's salary]라고 하면 '며칠/ 몇 주/ 몇 달/ 몇 년 치 월급 상당의' 라는 뜻이에요. 이 형태로 명사나 be동사 뒤에 놓여서 주로 쓰입니다. worth를 명사로 써서 [a day's/ week's/ month's/ year's worth of + 명사]라고 하면 '하루/ 일주일/ 한 달/ 일 년 치의 00'라는 뜻이 되죠. 알아두면 상당히 유용한 표현입니다. 참고로 앞의 숫자가 복수형이면 days'/ weeks'/ months' / years'가 된다는 것도 꼭 알아두세요.

SPEAKING PRACTICE

1 The rule of thumb is the engagement ring should be **worth three months' salary**.

rule of thumb: 과학적인 방법보다 경험에서 도출한 일반적인 수단이나 방침

사람들이 쓰는 어림치로는 약혼반지는 석 달 치 월급 정도의 금액이어야 한다는 것이다.

2 He got lucky at poker and won a pot **worth six months' salary**.

그는 포커에서 운이 좋아서 6개월 치 월급에 상당하는 잭팟을 터뜨렸다.

3 That one speeding ticket, the one he got trying not to be late for work, cost him **a month's (worth of) salary**.

회사에 안 늦으려다 그가 받은 그 속도 위반 딱지는 한 달 치 월급에 상당하는 돈이 들었다.

MP3 163

APPLY AND MORE

'평생에 상당하는 무언가' 라고 표현하고 싶을 때는 a lifetime을 쓰면 됩니다.

1 Because he won the contest, he got a lifetime supply of toothpaste.

그는 콘테스트에서 우승해서 평생 쓸 치약을 받았다.

2 That old photo album contained a lifetime's worth of memories for my grandmother.

그 오래된 사진 앨범에는 우리 할머니 평생에 상당하는 추억이 담겨 있었다.

Dialogue

A I heard things are going really well for you at work. I even heard you got a big bonus recently.

B Yeah. Things are going great. That bonus? It was **worth three months' salary**.

A: 너 회사에서 진짜 잘 나가고 있다고 들었어. 최근에 보너스도 큰 거 받았다며.
B: 응. 다 잘 되고 있어. 보너스? 석 달 치 월급에 해당하는 돈이었어.

UNIT 5

월급날은 매달 15일이다.

Payday is the 15th the fifteenth of the month.

'월급날'은 payday라고 합니다. 뒤에 날짜를 써서 월급날이 며칠인지 표현할 수 있는데, 이때, 날짜는 항상 서수로 씁니다. 즉, [the + 날짜(서수) + of the month]라고 하면 '그 달의 몇 번째 날'이라는 뜻이에요. 월급은 매달 나오니까 매달 며칠이라고 이렇게 표현합니다.

SPEAKING PRACTICE

1 HR says payday is 25th (the twenty-fifth) of the month.

앞에 the가 없어도 읽을 때는 the를 넣어 읽어요.

인사과에서 월급날은 매달 25일이라고 한다.

2 His mortgage payment is due on 1st (the first) of the month.

그의 주택 융자금 이자 납입 마감일은 매달 1일이다.

3 This month's paydays are the 6th and the 20th. (the sixth and the twentieth)

이번 달 월급날은 6일과 20일이다.

MP3 164

APPLY AND MORE

'월급을 받다'는 영어로 뭘까요? '월급을 받다'는 get paid라고 하는데, 북미에서는 주로 2주마다 한 번씩 월급, 정확히는 주급이 나옵니다. 이 '2주마다'는 every two weeks나 every other week 혹은 every second week라고 할 수 있어요.

1 When is your payday?

당신 월급날은 언제예요?

2 In North America, people get paid every two weeks, usually every second Friday.

북미 지역에서는 사람들이 2주마다 한 번씩, 주로 2주마다 금요일에 월급을 받는다.

Dialogue

A You know it feels like my paycheck just goes through my bank account. Within a week of payday, all the money is gone.

B Same here. My pay day is the 25th (twenty-fifth). Let's go out for a drink around that time. OK?

A: 있잖아, 월급이 내 통장을 그냥 거쳐가는 것 같아. 월급날 일주일 안에 돈이 다 없어져.
B: 나도 그래. 내 월급날은 25일이거든. 우리 그때쯤 한잔하러 나가자. 괜찮지?

MP3 165

1인당 30달러
30
thirty
dollars per person

학생들은 10달러
10
ten
dollars for students

1인당 얼마라고 하고 싶으면 [금액 + per person]이라고 하면 간단합니다. 2명이면 [금액 + each]만을 쓰기도 하죠. 그리고 표 같은 것을 팔 때 학생, 어르신, 어린이 요금이 각각 다르잖아요. 그때는 [금액 + for students/ for seniors/ for children] 이렇게 표현할 수 있습니다. 영화나 경기장, 놀이공원 매표소 등에서 많이 볼 수 있습니다.

SPEAKING PRACTICE

1 We divided the check and it came out to about 30 bucks
thirty bucks
per person.

우리는 계산서를 나눴고 그것은 1인당 30달러 정도로 나왔다.

2 Tickets are 10
ten dollars
for students and 7
seven
for seniors.

표는 학생은 10달러, 어르신은 7달러이다.

3 He was selling the old records 3
three for 10
ten dollars.

그는 옛날 레코드를 10달러에 3개를 팔고 있었다.

APPLY AND MORE

마트나 시장에서 '3개에 1,000원' 이런 식으로 써 놓은 가격표 보신 적 있죠? 영어로는 three for 1,000[one thousand] won이라고 하면 됩니다.

1 The bagels are 3
three for 7
seven
dollars.

베이글은 3개에 7달러이다.

2 The donuts are 2
two dollars each
or 2
two for 3
three
dollars.

도넛은 한 개에 2달러 혹은 2개에 3달러이다.

Dialogue

A The eggs are 10
ten for 5
five dollars
but 20
twenty for 8
eight dollars.
How many would you like?

B Why don't we get 20
twenty and pay
4
four dollars per person
혹은 4
four dollars each?

A: 계란은 10개에 5달러이지만 20개에는 8달러야. 몇 개 사고 싶어?
B: 우리 20개 사서 각자 4달러씩 내는 게 어때?

UNIT 7

20달러어치 과일

20 dollars'

twenty dollars'

worth of fruit

이 표현의 핵심은 '00달러어치'입니다. 우리는 그냥 돈 단위 뒤에 어치를 넣어 편하게 쓰지만, 영어는 '어떤 것의 00달러의 가치'라는 살짝 복잡한 형태로 표현합니다. 중요한 건 영어에서는 시간, 가격의 명사는 사물이어도 아포스트로피 '를 붙여서 소유격을 만들 수 있다는 거예요. 원래는 이렇게 무생물인 단어의 소유격은 전치사 of를 써서 만드는 데 말이죠. 그래서 [금액s' worth of + 명사] 이렇게 쓰면 '00어치의 명사'라는 뜻입니다. 참고로 영어에서는 복수형 명사의 소유격을 쓸 때는 's가 아니라 '만 찍어서 표현합니다.

SPEAKING PRACTICE

1 She sent him to the store to get 20 dollars' twenty dollars' worth of candy.

그녀는 사탕 20달러어치를 사오라고 그를 가게에 보냈다.

2 We decided to get the kid 30 dollars' thirty dollars' worth of gifts for her birthday.

우리는 그 아이에게 생일 선물로 30달러 상당의 선물을 사 주기로 결정했다.

3 He caused thousands of dollars' worth of damage when he hit my car.

그는 내 차를 들이받아서 수천 달러 상당의 피해를 냈다.

MP3 166

APPLY AND MORE

이 worth는 생략할 수도 있는데, 이때는 소유격으로 worth를 꾸며 주지 않으므로 앞의 돈 단위에 붙였던 '는 빼세요. 발음할 때는 어차피 복수형이라 달라지는 것은 없지만 쓸 때는 주의해야 합니다.

1 I was in charge of buying 50 dollars fifty dollars of party supplies, including candy and drinks.

나는 사탕과 음료수를 포함해 50달러 상당의 파티 용품을 구매하는 임무를 맡았다.

2 Michael buys 100 dollars one hundred dollars of lottery tickets every week.

마이클은 매주 100달러 상당의 복권을 구입한다.

Dialogue

A How's the cooking class going so far? I always wanted to take some myself, but they seem sort of expensive.

B I know what you mean. On top of paying the instructor, we have to buy 20 dollars' twenty dollars' worth of ingredients every class.

A: 지금까지 요리 수업 어떻게 되어 가고 있어?
나는 항상 듣고는 싶은데 좀 비싼 것 같아서.
B: 무슨 얘기인지 알아. 강사에게 돈 내는 것 말고도
매 수업 때마다 20달러 상당의 재료를 사야 해.

UNIT 8

중국인 다섯 명당 미국인 한 명

one American for every five Chinese

'매 2주마다'는 every를 써서 every two weeks라고 나타낸다고 앞에서 배웠습니다. 이걸 응용하여 '중국인 5명당 미국인 한 명'을 '매 중국인 5명마다 미국인 한 명'이라고 할 수도 있어요. 대신, 이때 영어는 순서를 바꿔서 [미국인 한 명 for 매 중국인 5명] 이런 식으로 나와요. 그래서 one American for every five Chinese가 되는 거죠.

SPEAKING PRACTICE

1 The festival was very popular with the locals, with one foreign tourist for every five Germans.

그 축제는 지역 주민들에게 매우 인기가 있어서 독일인 다섯 명당 외국인 한 명 꼴로 있었다.

2 You buy this brand's cards in packs, and there's one good card for every three bad ones.

'엽서'인 postcard를 줄여서 그냥 card라고도 합니다.

이 브랜드의 엽서를 팩으로 사는데, 별로인 엽서 3장당 괜찮은 엽서가 하나 있다.

3 There are a lot more Chinese immigrants in Canada, so you can see one Korean for every five Chinese.

캐나다에는 중국인 이민자들이 훨씬 더 많아서 중국인 다섯 명당 한국인 한 명을 볼 수 있다.

MP3 167

APPLY AND MORE

다섯 명당 한 명은 20%잖아요. 그런데 비율이 반보다 많으면 more than half라고 할 수 있고, 한쪽이 훨씬 더 많아져서 대다수가 되면 majority라고 합니다. 그래서 '~의 대다수'를 the majority of ~라고 표현하지요.

1 More than half the students are from north of Corydon St.

학생의 반 이상이 코리든 스트리트의 북쪽 출신이다.

2 The majority of the people who attended the webinar are working in the same field.

webinar: 세미나의 온라인 버전이에요. 코로나 바이러스로 인해서 굉장히 유행하게 되었죠.

그 웨비나에 참석한 대다수의 사람들은 같은 분야에서 일하고 있다.

Dialogue

A Did you go to the festival in Khaosan last weekend?

B Yeah, it was supposed to be for foreign expats in Bangkok but it felt like there was one foreigner for every ten Thais.

expat은 expatriate의 구어체로, expatriate는 '(고국이 아닌) 국외 거주자'를 뜻해요.

A: 지난 주말에 카오산에서 하는 그 축제 갔었어?
B: 응, 방콕 거주 외국인을 위한 거였는데, 태국인 열 명당 외국인 한 명 있는 느낌이었어.

UNIT 9

개당 2달러에 팔다

sell them for $2 (two dollars) each

'무언가를 얼마에 팔다' 라고 할 때 딱 정해진 표현이 있습니다. 바로 [sell something for + 가격]이에요. 그런데 여기에 '하나당, 개당'이라는 말을 더하고 싶으면 제일 끝에 each를 붙이면 됩니다.

MP3 168

APPLY AND MORE

stock up은 '사서 쌓아 놓다'의 뜻이에요. 전쟁이 터질 것 같다거나 하면 예전에는 사람들이 불안에 떨면서 최악의 상황을 생각하며 생필품 사재기를 했는데요, 이걸 영어로는 panic buying이라고 하고 동사로는 panic buy라고 써요. 그리고 금액이 구체적으로 나오고 '얼마에 팔다' 라고 할 때 가격 앞에 for를 쓰지만, price(가격) 단어를 쓰면 at을 쓴다는 것, 참고로 알아두세요. 그래서 '낮은/ 알맞은/ 높은 가격에' 라고 하고 싶으면 각각 at a low/ reasonable/ high price라고 말합니다.

1 Everyone went crazy panic buying toilet paper and canned food.
모든 사람들이 휴지와 통조림 음식을 사재기하면서 미쳐 갔다.

2 Generally speaking, you can buy things at a lower price if you order online.
일반적으로 말해서, 온라인으로 주문하면 물건을 더 낮은 가격에 살 수 있다.

SPEAKING PRACTICE

1 He stocked up hand sanitizers and tried to sell them for $25 (twenty-five dollars) each during the pandemic, but the government stopped him.

pandemic은 코로나 바이러스 19처럼 전 세계적인 유행병을 말하고, epidemic은 pandemic의 전 단계로 감염병 피해가 특정 지역에 한정되는 상황이에요.

그는 손 소독제를 사재기 해 전세계적인 전염병 기간 동안 개당 25달러에 팔려고 했으나 정부가 막았다.

2 The store sells apples three for $3 (three dollars) or $2 (two dollars) each.
그 가게는 사과를 3개에 3달러 혹은 하나에 2달러씩에 판다.

3 The store sells the same fruits and vegetables for much less money.
그 가게는 똑같은 과일과 채소를 훨씬 더 싼 가격에 판다.

Dialogue

A I tried to get the tickets for Coldplay's concert but couldn't. The whole concert was sold out in a minute.

B I bet one person bought all the tickets, and will try selling each one for ₩300,000 (three hundred thousand won).

A: 콜드 플레이 콘서트 표 사려고 했는데 못 샀어. 1분 만에 다 매진이지 뭐야.
B: 내 장담컨대 한 사람이 그거 다 사서 30만 원에 팔려고 하려는 것 같아.

UNIT 10

20퍼센트 할인

20%
twenty percent
off

할인한다고 할 때 제일 단순하면서도 가장 많이 쓰는 표현이 [숫자 + percent off]예요. 원래 가격에서 그만큼 떼어 낸다는 느낌으로 off를 쓰지요.

SPEAKING PRACTICE

1 It's Black Friday and everything is 60% **sixty percent** off.

블랙 프라이데이라서 모든 게 60퍼센트 할인이다.

2 No one wanted last year's model, so the store had them for 30% **thirty percent** off.

아무도 작년 모델은 원하지 않아서 그 가게는 그것들을 30퍼센트 할인해서 내놨다.

3 She tried to haggle them down to 20% **twenty percent** off, but the guy would only go down to **10**. **ten**

그녀는 그 물건들을 20퍼센트 깎으려고 흥정했지만 주인은 10퍼센트만 내려주겠다고 했다.

MP3 169

APPLY AND MORE

백화점이나 매장에 '할인'의 의미로 For Sale 이렇게 푯말 등을 붙여 놓은 데가 많아서 for sale을 '할인'의 의미로 알고 있는 분이 많은데, for sale은 '판매 중인'의 뜻이에요. '할인 중인'은 on sale입니다. 상점에서 하루 날 잡아서 대대적으로 세일하는 경우가 많은데요, 그 대표적인 예가 추수감사절 다음날 연중 최대 쇼핑이 이뤄지는 Black Friday sale, 크리스마스 시즌 때 하는 Christmas sale, 폐업 정리인 Clearance sale입니다. 또, 캐나다, 영국, 호주에는 크리스마스 다음 날 하는 Boxing Day sale도 있어요.

1 Pork is on sale today. Everything is 15%. **fifteen percent** off.

돼지고기가 오늘 할인한다. 모든 게 15퍼센트 할인이다.

2 The amount of money North Americans spend during Christmas sales is tremendous.

북미인들이 크리스마스 세일 기간 동안 쓰는 돈의 양은 어마어마하다.

Dialogue

A The homeware store is having a clearance sale. They say everything must go.

B Cool. I hope they have my favorite dishes for 80% **eighty percent** off. I would buy all the stock.

A: 그 가정용품 판매점이 폐업 세일을 한대. 모든 걸 팔아야 한다고 하던데.
B: 와, 좋네. 내가 좋아하는 접시들 80퍼센트 할인하면 좋겠다. 내가 다 쓸어 담아 올 텐데.

UNIT 11

정가에서 10% 할인 가격에

at

10%

ten percent

off the regular price

앞에서 price가 나오면 '어떤 가격에' 라고 했을 때 그 앞에 전치사 at을 쓴다고 잠깐 얘기했는데요. at a regular price라고 하면 '정상 가격에'를 뜻합니다. 여기에 '정가에서 10% 할인 가격에' 라고 하면 at **10% [ten percent]** off the regular price라고 해요.

SPEAKING PRACTICE

1 He bought them at 10% [ten percent] off the regular price.

그는 그 물건들을 정가에서 10% 할인된 가격으로 샀다.

2 Near the end of each day, everything in the bakery is sold at 15% [fifteen percent] off the regular price.

하루 영업 마감을 할 때쯤에는 빵집에 있는 모든 게 정가에서 15% 할인가로 팔린다.

3 She was happy when she found out she could buy the latest cell phone at 5% [five percent] off the regular price.

그녀는 최신 폰을 정가에서 5% 할인가로 살 수 있다는 것을 알고 기뻤다.

MP3 170

APPLY AND MORE

'할인가로' 라고 할 때 at a discount 표현도 많이 씁니다. 참고로 가격 관련한 단어로, '소비자가'는 consumer price, '공장도가'는 factory price, '도매가'는 wholesale price, '소매가'는 retail price라고 해요.

1 Employees of this clothing store can buy any of the clothes at a discount.

이 옷 가게 직원들은 모든 옷을 할인가에 살 수 있다.

2 I am a VIP customer, so I get all my shoes at a discount.

나는 VIP 고객이라서 모든 신발을 할인가로 산다.

Dialogue

A There's no good bakery in my new neighborhood. I miss the bakery in my old neighborhood.

B I remember you telling me about it. Near the end of each day, they sold everything at 15% [fifteen percent] off the regular price.

A: 새로 이사 온 동네에는 괜찮은 빵집이 없어. 옛날 동네에 있던 빵집이 그립다.
B: 네가 그거 얘기했던 거 기억난다. 하루 영업 마감할 때쯤에 모든 것을 정가에서 15% 할인가로 팔았다고 했던 거.

UNIT 12

총액은 15달러이다.

The total comes to 15 fifteen dollars.

'총액이 얼마다'라고 할 때 [The total is + 가격/총액 숫자] 이렇게 써도 되지만 더 영어다운 표현은 [The total comes to + 가격/총액 숫자]입니다. 얼마에 이른다 정도의 느낌으로 come이 왔다고 보시면 돼요.

SPEAKING PRACTICE

1 With those coupons, your total comes to 55 fifty-five dollars.

그 쿠폰들 해서 총액은 55달러 되겠습니다.

2 Including the price of the plastic bags, your total comes to 15 fifteen dollars.

비닐 봉투 가격까지 포함해서 총액은 15달러입니다.

3 After tax, your total comes to 23 twenty-three dollars.

세금까지 다 하면 총액은 23달러입니다.

MP3 171

APPLY AND MORE

이렇게 총액이 얼마다라는 대답을 점주가 먼저 할 수도 있지만, 이 대답을 듣기 위해 소비자가 물어봐야 할 때도 있습니다. 그래서 가게나 벼룩시장 같은 데서 물건을 사면서 '전부 얼마냐' 라고 할 때, owe 동사를 써서 물어볼 수가 있어요. 이 owe는 '빚지고 있다'의 뜻으로, '내가 너에게 주어야 할 금액이 얼마냐'의 의미로 쓰입니다. 물론 How much ~?를 이용해 물어도 됩니다.

1 How much do I owe you?

제가 얼마 드려야 하죠?

2 How much is the total after tax?

세금까지 하면 총액이 얼마죠?

Dialogue

A So, how much do I owe you?

B Three items, after 20% twenty percent off, after tax, the total comes to $67 sixty-seven dollars.

A: 그래서 제가 얼마 드려야 하죠?
B: 세 가지 품목에 20% 할인하고 세금까지 하면 총액은 67달러네요.

UNIT 13

2/4분기 영업 실적

the second quarter sales performance

a quarter는 1/4, 25%를 가리키죠. 그래서 일 년 열두 달 가운데 석 달을 가리킵니다. 이것을 분기라고 부르죠. 그래서 1월-3월은 1/4분기, 4월-6월은 2/4분기라고 하는데, 영어로는 순서상 첫 번째 분기, 두 번째 분기라고 보아서 the first/ second/ third/ fourth quarter라고 해요. 영업 실적에서 실적은 performance예요. '공연, 연기' 등의 의미로 많이 알고 있지만, 비즈니스 영어에서 '실적'으로 굉장히 자주 쓰이는 단어입니다.

SPEAKING PRACTICE

1 We're coming up to the end of **the second quarter**, and the numbers are looking good.

숫자가 보기 좋다(numbers look good)는 건 '실적이 좋다'는 의미예요.

우리는 2/4분기 끝을 향해 가고 있는데, 숫자가 보기 참 좋다.

2 Our projections for **the third quarter** were off by about **10%**.
ten percent

3/4분기 우리 예상은 약 10% 빗나갔다.

3 Compared with last year's numbers, we're not doing well in **the first quarter**.

작년 수치와 비교해 봤을 때 우리는 1/4분기에 잘하고 있지가 않다.

MP3 172

APPLY AND MORE

1/4분기와 2/4분기를 합쳐서 the first two quarters(처음 두 분기)라고 부르고 3/4분기와 4/4분기를 합쳐서 the last two quarters(마지막 두 분기)라고 부릅니다. 그리고 the first/ second/ third/ fourth quarter를 그래프나 표에서는 짧게 줄여서 Q1, Q2, Q3, Q4라고 쓰기도 해요.

1 **The first two quarters** of **2020** was unprecedented.
twenty twenty

2020년도 처음 두 분기는 전례 없는 시기였다.

2 We are expecting to have the most revenue in **Q4**.
the fourth quarter

우리는 4/4분기에 가장 큰 매출을 볼 것으로 기대하고 있다.

Dialogue

A The manager and the director are quite pleased because **our fourth quarter** sales performance was unprecedentedly high.

B Good for you! All your hard work paid off.

A: 과장님이랑 부장님이 꽤 기뻐하셔. 우리 4/4분기 영업 실적이 전례 없이 높았거든.
B: 잘됐다! 열심히 일한 게 다 보답이 되었네.

UNIT 14

이건 저것의 거의 두 배 가격이다.

This is nearly double the price of that one.

'~의 두 배 가격'이라고 할 때는 double the price of ~를 써요. 앞에 about(약), 혹은 nearly(거의) 같은 부사를 놓아 꾸며 줄 수도 있습니다.

MP3 173

1 It cost us twice as much to fly to Athens during the busy season as the slow season.

성수기에 아테네에 비행기 타고 가는 건 비수기보다 두 배 더 많이 들었다.

2 Purchasing a house in this neighborhood could cost you three times as much as buying the same size house in a different neighborhood.

이 동네에서 집을 사는 것은 다른 동네에서 같은 사이즈의 집을 사는 것보다 돈이 세 배 더 들 수 있다.

SPEAKING PRACTICE

1 Can you tell me why this is nearly double the price of that one?

왜 이게 저것의 거의 두 배 가격인지 말씀해 주실래요?

2 It only has a couple additional features, but it's nearly double the price of that one.

그건 2~3개 부가 기능만 더 있는 건데 가격은 저것의 거의 두 배이다.

3 I guess because this purse was made by hand in Italy, it's nearly double the price of that one.

내 생각에 이 핸드백은 이탈리아에서 수제로 만들어진 거라서 저 가방의 거의 두 배 가격인 것 같아.

Dialogue

A Check out my new game station. I bought it for **$220**. two (hundred and) twenty dollars

B What? That's double the price of the old model. Just because they changed the design?

A: 내 새 게임기 좀 봐. 나 이거 220달러에 샀어.
B: 뭐야? 그거 옛날 모델의 두 배 가격이네. 단지 디자인 하나 바꿨다고?

APPLY AND MORE

'두 배 더 많이' 라고 할 때는 twice as much as ~, '세 배 더 많이' 라고 하면 three times as much as ~ 라고 쓸 수 있어요. 주로 동사 cost랑 같이 많이 씁니다.

UNIT 15

난 에이스전자 주식이 100개 있다.

I have 100 (one hundred) shares of Ace Electronics.

'주식 시장'을 stock market이라고 합니다. 그래서 '주식' 하면 모두가 stock을 떠올리는데요. 사실 '주식'을 뜻하는 단어로 영어에는 stock 외에도 share가 있어요. stock이 더 일반적이고 큰 개념인 반면, share는 우리가 주식 몇 주 할 때처럼 더 작은 개념을 나타냅니다.

SPEAKING PRACTICE

1 He sold 100 (one hundred) shares of Apple stock to invest in the restaurant.
그는 그 식당에 투자하려고 애플사 주식 100주를 팔았다.

2 She quickly doubled her money by selling 100 (one hundred) shares of blue chip stocks.
그녀는 우량주 100주를 팔아서 재빨리 돈을 두 배로 불렸다.

3 I would love to buy some A-Mart shares, but they are too expensive.
나는 A 마트 주식을 좀 사고 싶지만 그게 너무 비싸다.

MP3 174

APPLY AND MORE

일반적이고 큰 개념의 stock이 쓰인 예문들을 좀 더 볼까요? '주식에 투자하다'는 invest in stocks라고 해요. 재벌가에서 경영 분쟁이 나올 때마다 당사자가 주식을 몇 퍼센트 가지고 있는지 하는 얘기가 많이 나오잖아요. 그때도 share가 아니 stock을 씁니다.

1 Should I invest in stocks?
나 주식에 투자할까?

2 The thing is the founder's family only has 12% (twelve percent) of the stock but still acts like they own the company.
문제는 창업자 가족은 주식을 12퍼센트밖에 안 가지고 있지만 아직도 회사를 소유하고 있는 것처럼 행동한다는 데 있다.

Dialogue

A It looks like everyone around me is investing in stocks.

B I've had 100 (one hundred) shares of Google stock for quite a while. In the long run, you can make money.

A: 보니까 내 주변의 모든 사람들이 주식에 투자하고 있는 것 같아.
B: 나 구글 주식 100주 가지고 있은 지 꽤 됐어. 길게 보면, 돈을 벌 수 있어.

다우지수가 100 포인트 하락했다.

The Dow fell 100 one hundred points.

미국 주식 시장에서 대표적인 주가 지수가 다우존스 지수입니다. 원래 full name은 The Dow Jones Industrial Average이지만, 그냥 짧게 The Dow 혹은 Dow Jones라고 불러요. '지수'는 영어로 index인데요, 뉴스 보다 보면 S&P 500 Index(선물 시장 500지수)나 NASDAQ Composite(나스닥)도 많이 들리는 경제지표입니다. 이런 지수들이 올라가거나 하락할 때는 rise/ fall을 씁니다.

SPEAKING PRACTICE

1 They just reported the Dow fell 130 one hundred and thirty points.

그들은 다우존스 지수가 130 포인트 하락했다고 방금 보고했다.

2 As soon as the president sent out the tweet, the Dow rose 100 one hundred points.

대통령이 트위터를 내보내자마자, 다우존스 지수가 100포인트 올랐다.

MP3 175

3 It's not unusual for the Dow to rise and fall a few points during an average day.

다우존스 지수가 하루 평균 동안 2-3포인트 올라가고 내려가는 건 늘 있는 일이다.

APPLY AND MORE

주식 시장이 호황을 이루는 '상승 장세'는 a bull market, '하향 장세'는 a bear market이라고 합니다. 그리고 우리나라 주식 시장 지수는 코스피(KOSPI)와 코스닥(KOSDAQ)이 있다는 점도 참고로 알아두세요.

1 When the stock market goes up, it's called a bull market. When it falls, it's called a bear market

주식 시장이 상승하면 그것은 상승 장세라고 하고, 하락하면 하향 장세라고 한다.

2 KOSPI dropped over 3 three percent and fell below 2,000 two thousand points for the first time in a year.

코스피 지수는 3퍼센트 이상 하락해 일 년 만에 처음으로 2,000 포인트 아래로 떨어졌다.

Dialogue

A I bought some shares last week and I've already lost more than half of my money.

B Well, it's a bear market. The Dow fell 20 twenty points. But if you forget about it, it will eventually go up again.

A: 내가 지난주에 주식을 좀 샀는데, 벌써 돈 반 이상을 잃었어.
B: 음, 하향 장세잖아. 다우 지수가 20 포인트 떨어졌어. 잊어버리고 있으면 결국 다시 올라갈 거야.

UNIT 17

100퍼센트 확신할 수 없다.

I'm not 100% **a hundred percent** **sure.**

100퍼센트 확신한다고 할 때, 원어민들은 **100%[one hundred percent]** sure라고 표현합니다. 100은 one hundred라고 해도 되고, a hundred라고 해도 되니까 편한 대로 발음하세요.

SPEAKING PRACTICE

1 That's a great question, and I am not 100% **one hundred percent** sure.

그거 아주 좋은 질문이긴 한데 제가 100퍼센트 확신할 수가 없네요.

2 The police asked her if she was 100% **one hundred percent** sure the man in the lineup was the thief.

경찰은 그녀에게 용의자 열에 서 있는 남자가 도둑인 게 100퍼센트 확실한지 물었다.

3 I think this is the right address, but I'm not 100% **one hundred percent** sure.

내 생각에 이게 맞는 주소인 것은 같은데 100퍼센트 확신할 수는 없어.

APPLY AND MORE

100퍼센트 확실하면 100% sure 말고도 100% positive라고도 할 수 있고, a sure thing이라고도 할 수 있습니다. 확실하지 않고, 반반 정도의 가능성이 있다 싶을 때는 **50/50 [fifty fifty]**라고 하면 돼요.

1 I am 100% **one hundred percent** positive that I didn't say that to her.

내가 그녀에게 그런 말 하지 않았다는 것 100퍼센트 확실해.

2 It's 50/50 **fifty fifty** that the school will resume before summer.

학교가 여름 전에 재개할 거라는 건 50대 50이다.

Dialogue

A Are you 100% **one hundred percent** sure that you can finish this by this weekend?

B Yeah, I am sure.

A: 네가 이것 이번 주말까지 끝낼 수 있다는 거 100퍼센트 확실해?
B: 응, 물론이지. 확실해.

UNIT 18

GDP가 3분기 연속 감소했다.

GDP has shrunken for three quarters in a row.

GDP (gross domestic product)는 '국내 총생산'을 뜻하는 말입니다. 일상에서 '연속으로'라는 말, 진짜 자주 쓰는데요. in a row를 뒤에 써 주면 아주 깔끔하게 표현할 수 있어요. 그래서 '3일 연속으로'는 three days in a row가 되지요. days 대신에 여러 단위를 쓸 수 있어서 분기라면 quarters를 쓰면 됩니다.

SPEAKING PRACTICE

1 This company has not seen a profit for three quarters in a row.

이 회사는 3분기 연속 이익을 보지 못했다.

2 Our stock has steadily been rising for four quarters in a row.

우리 주식은 4분기 연속 꾸준히 올라가고 있다.

3 For two quarters in a row, the board of directors has been trying to find a new CEO.

2분기 연속 이사회 의장이 새 CEO를 찾고 있다.

MP3 177

APPLY AND MORE

in a row 대신 consecutive를 써서 '연속으로'의 의미를 나타낼 수도 있습니다. 이때는 in a row와 달리, 형용사이기 때문에 명사 앞에 놓여야 하죠. 그래서 three consecutive days처럼 표현해요.

1 GDP has been growing three consecutive quarters.

GDP가 3분기 연속으로 올라가고 있다.

2 Due to the exchange rate, the automobile industry has seen revenue loss for two consecutive quarters.

환율 때문에, 자동차 산업은 2분기 연속으로 매출 적자를 보고 있다.

Dialogue

A Today's news said the unemployment rate has been shrinking three quarters in a row.

B Great news. The economy has definitely picked up.

A: 오늘 뉴스에서 실업률이 3분기 연속 줄어들고 있다고 하더라.
B: 좋은 소식이다. 경기가 확실히 올라갔네.

UNIT 19

난 계약금으로 10만 원을 냈다.

I gave a down payment of 100,000 won.

a hundred thousand won

무언가를 살 때 계약금 혹은 선수금을 줄 때가 있습니다. 그럴 때 원어민들은 a down payment를 준다(give)고 해요. 말 그대로 지불을 조금 해서 밑에 깔아 놓는 돈인 거죠. 이런 a down payment가 정확히 얼마인지 금액을 말하고 싶을 때는 [a down payment of + 금액]으로 표현하면 됩니다.

SPEAKING PRACTICE

1 I gave him **a down payment of ₩150,000.**

one hundred and fifty thousand won

나는 그에게 계약금 15만 원을 주었다.

2 It's a million-dollar home, so you'll need **a down payment of at least $100,000.**

one hundred thousand dollars

그것은 백만 달러짜리 집이다. 그러니 적어도 계약금 10만 달러는 필요할 것이다.

3 I gave the sales guy **a down payment of a few thousand dollars** and said I'd be back with the rest of the money the next day.

MP3 178

나는 영업사원에게 2-3천 달러의 계약금을 주고 그 다음 날 나머지 돈을 가지고 오겠다고 말했다.

APPLY AND MORE

계약금 따로 나머지 따로 주지 않고 일시불로 다 주는 건 pay in a lump sum 혹은 pay in full이라고 합니다. 참고로, 집을 렌트하면서 주는 계약금인 보증금은 a security deposit이라고 해요.

1 He refused a down payment and insisted I pay him everything in one lump sum.

그는 계약금을 거절하고 내가 모든 것을 한 번에 일시불로 내야 한다고 주장했다.

2 When we rented the apartment, the landlord asked for a security deposit equal to one month's rent.

우리가 아파트를 렌트했을 때, 집주인은 한 달치 월세에 맞먹는 보증금을 요구했다.

Dialogue

A Are you sure the guy is going to hold the PlayStation for you?

B I made **a down payment of ₩100,000.**

one hundred thousand won

I have until tomorrow to give him the rest or he's going to put the online ad back up.

A: 그 사람이 널 위해 플레이스테이션 홀드하고 있을 거라는 거 확실해?
B: 10만 원 계약금 냈고 내일까지 그 사람에게 나머지 주면 돼. 안 그러면 그 사람이 온라인에 다시 광고 올릴 거야.

UNIT 20

네 봉급이 나보다 두 배 더 높다.

Your salary is twice as high as mine.

난 너보다 두 배 더 많이 번다.

I make twice as much as you.

그건 작년보다 반값이다.

It's half as expensive as last year.

'~만큼 ~한'이라고 할 때 [as + 형용사/부사 + as]를 씁니다. 이 as ~ as 앞에 half/ twice/ three times/ four times… 등을 쓰면 '~보다 반/ 두 배/ 세 배/ 네 배…'의 뜻을 더해 의미상의 비교를 나타낼 수 있답니다. 참, 뒤에 나오는 as 이하는 문맥에 따라 생략할 수도 있어요.

SPEAKING PRACTICE

1 He works half as hard but makes twice as much as his coworkers.

그는 동료 반만큼만 열심히 하는 데도 두 배나 더 많이 번다.

2 The CEO's salary is twice as high as the CFO's.

CEO는 chief executive officer로 경영자이고, CFO는 chief financial officer로 기업의 '재무 최고 책임자'를 뜻합니다.

CEO 월급이 CFO 월급보다 두 배나 높다.

3 Since we had a baby, the water bill went up almost twice as much.

아이가 태어난 후로, 수도세 고지서가 거의 2배나 올랐다.

MP3 179

APPLY AND MORE

월급 얘기 나온 김에 더 해볼까요? 우리는 월급이 얼마 안 될 때 월급을 쥐꼬리만큼 준다고 하는데, 영어로는 pay peanuts(땅콩으로 돈을 지불하다)라고 해요. 다른 것도 아니고, 땅콩으로 줄 정도라니 그만큼 적은 월급, 박봉을 뜻합니다.

1 Compared to everyone else at the company, they're paying him peanuts.

회사 내 다른 모든 사람들과 비교해 보면, 회사가 그에게 쥐꼬리만큼 월급을 주고 있는 것이다.

2 Although my salary is $60,000 (sixty thousand (dollars)), after taxes my take-home pay is only about $45,000 (forty-five thousand (dollars)).

내 연봉이 6만 달러이지만, 세금 제하면 내가 집에 가져가는 건 겨우 4만 5천 달러 정도이다.

Dialogue

A I don't get it. I went to a better school and have worked here twice as long, but your salary is twice as high as mine.

B I know, right? But remember, it's not what you know. It's who you know. Also, I'm married to the boss's daughter.

A: 이해가 안 가. 내가 학교도 더 좋은 데 다녔고, 여기서 두 배나 더 오래 일했는데, 네 봉급이 내 봉급보다 두 배나 더 높잖아.
B: 그건 그래. 하지만 중요한 건 네가 뭘 아느냐가 아니라 네가 누구를 아느냐지. 게다가 난 사장 딸하고 결혼했잖아.

UNIT 21

지난 3년간, 판매가 세 배 증가했다.

In the last three years, sales have increased three fold.

We saw a threefold increase in the last three years.

'두 배', '두 배가 되다' 하면 double이 떠오릅니다. 그렇다면 '두 배의, 두 배로' 같은 형용사, 부사는 뭐라고 할까요? 바로 twofold라고 합니다. '세 배의, 세 배로'도 threefold로 표현하면 간단합니다. 형용사로도 쓰이고 부사로도 쓰이는데, '세 배 증가하다/ 감소하다'처럼 동사와 함께 쓰일 때는 increase/ decrease threefold로 쓰고, '3배 증가/ 감소'처럼 명사와 함께 쓰일 때는 a threefold increase/ decrease처럼 씁니다.

SPEAKING PRACTICE

1 We've seen a threefold decrease in crime since we installed the cameras.
우리는 카메라를 설치한 이후 범죄 발생률이 3배 감소한 것을 보았다.

2 Complaints are down twofold and staff morale is much higher.
불평이 두 배 줄었고 직원들 사기는 훨씬 더 높다.

3 The company saw a threefold increase in sick days after it stopped asking for a doctor's note.
의사 진단서를 가져오라는 요청을 중지한 후 회사는 병가가 3배 증가하는 걸 목도했다.

MP3 180

APPLY AND MORE

'두 배가 되다'의 double이 쓰인 문장 하나 더 볼까요? 그리고 '인상, 상승'이 나온 김에 markup도 알아두세요. markup에는 '가격 인상'(increase in price), 우리가 얘기하는 '판매 마진'이라는 뜻이 있습니다.

1 The way the bet works, if you win, you double your money.
내기가 돌아가는 방법은, 네가 이기면, 네가 돈을 두 배 불린다는 거지.

2 He's making a killing on these shows. He imports them from overseas and then sells them at a 150% (one hundred and fifty percent) markup.

make a killing: 갑자기 큰돈을 벌다

그는 이 프로그램으로 떼돈을 벌고 있다. 외국에서 그걸 수입해서 150% 마진으로 파는 것이다.

Dialogue

A Food prices have increased twofold in the last three years. It's nuts.

B Tell me about it. And wages have lagged behind. I haven't seen a real raise in years.

A: 음식 가격이 지난 3년 간 두 배나 증가했어. 미쳤나 봐.
B: 그러게 말이야. 임금은 계속 뒤처져 있으니. 수년 간 진정한 월급 인상을 못 봤다니까.

UNIT 22

그건 세계에서 두 번째로 큰 회사이다.

It's the world's second largest company.

최상급 앞에 second/ third…를 붙여서 '두 번째로/ 세 번째로 가장 ~한'이라는 뜻을 만들 수 있습니다. 일상 회화에서 많이 쓰는 표현이니 입에 꼭 익혀 두세요.

MP3 181

Dialogue

A I can't believe the government is going to bail them out.

B I know, right? What about the invisible hand of the market, and all that? Who cares they are **the world's second largest company**?

invisible hand: 각 개인이 자신의 이익을 추구하는 동안 사회 전체의 자원 배분이 효율적으로 이루어지도록 작용하는 시장 기능을 일컫는 말로 영국의 고전파 경제학자 애덤 스미스가 제기했죠.

A: 정부가 그들을 그냥 구제해 줄 거라는 게 믿기지 않아.
B: 내 말이 바로 그거야. 시장의 보이지 않는 손이니 뭐니 하더니! 세계에서 두 번째로 큰 회사든 말든 누가 신경 써?

SPEAKING PRACTICE

1 The company has **the world's second largest factory** in China.
그 회사는 중국에 세계에서 두 번째로 큰 공장이 있다.

2 It's **the world's third longest rollercoaster**.
그것은 세계에서 세 번째로 긴 롤러코스터이다.

3 James holds the Guinness Record for **the world's tallest person**.
제임스는 세계에서 가장 키 큰 사람으로 기네스 기록을 보유하고 있다.

APPLY AND MORE

'세계에서'라고 할 때 the world's를 최상급 앞에 소유격으로 놓아도 되지만 문장 끝에 in the world로 써도 괜찮습니다.

1 McDonald's is one of the most well-known brands in the world.
맥도널드는 세계에서 가장 잘 알려진 브랜드 중 하나이다.

2 It might not be the tallest building in the world, but it's right up there.
그게 세계에서 가장 높은 건물은 아닐 수도 있지만, 거의 1, 2등을 다툰다.

MP3 182

나 36개월 할부로 차 구입했다.

I financed my car on thirty-six-month installments.

I financed my car on a thirty-six installment plan.

'할부'는 installment, '할부로'는 in installments/ on installments 둘 다 쓰는데 요즘은 on이 조금 더 흔한 것 같긴 합니다. 그리고 plan을 써서 on an installment plan/ in an installment plan이라고도 많이 해요. 여기에 중간에 하이픈을 넣어서 36-month 이런 식으로 기간을 만들어 넣으면 많이 얘기하는 '36개월 할부로'가 됩니다.

SPEAKING PRACTICE

1 He bought his new TV on a thirty-six-month installment plan.

그는 그의 새 TV를 36개월 할부로 샀다.

2 He's going to pay for the new computer on twenty-four-month installments.

그는 새 컴퓨터를 24개월 할부로 지불할 것이다.

3 I told them I could pay for everything upfront, but they wanted me to pay in ten-month installments.

나는 그들에게 모든 걸 선불로 줄 수 있다고 했으나 그들은 내가 10개월 할부로 지불하길 원했다.

APPLY AND MORE

예약금을 걸어두고 나머지를 할부로 완납하고 물건을 가져가는 것을 layaway라고 해요. 그래서 '예약 할부제로 결제하다' 라고 하면 layaway라고 하지요. '신용카드로 결제하다'도 put it on the credit card라고 합니다.

1 He didn't have enough money to buy the stereo, so the store agreed to put it on layaway.

그는 그 스테레오를 살 돈이 충분하지 않아서 그 가게는 예약 할부제로 결제하는 것에 동의했다.

2 So I told the guy I would buy the car from him, and it would be half now, half on delivery.

그래서 내가 그 남자에게 그로부터 차를 사고, 돈은 지금 반, 배송 왔을 때 반을 주겠다고 했다.

Dialogue

A Wow. Nice wheels! I didn't know you bought a new car. Sure looks fancy.

B Thanks. It was a bit more than I wanted to spend, but I'm going to pay for it on thirty-six month installments.

A: 와! 타이어 죽이는데. 너 새 차 샀는지 몰랐어. 진짜 멋져 보인다.
B: 고마워. 내가 쓰려고 했던 돈보다 좀 더 들긴 했는데, 36개월 할부로 낼 거야.

난 공공요금 절반을 은행 자동인출로 지불하고 있다.

I pay half of my utility bills by direct debit.

pay something by/through direct debit은 '자동인출로 돈을 내다'예요. 참고로, 우리가 체크카드라고 하는 게 영어로는 a debit card입니다. '~의 반'이라고 하면 [half of + 명사]인데 이 of는 생략하기도 해요. 1은 1/2이 두 개여서 one half/ the other half라고도 하는데요, one half는 '1/2', the other half는 앞의 1/2을 제외한 '(나머지) 1/2'이라는 뜻입니다.

SPEAKING PRACTICE

1 I pay **half of my bills in cash** and the rest I put on my credit cards.
나는 공공요금의 반을 현금으로 내고 나머지는 카드로 결제한다.

2 I **pay half the utilities** and my roommate pays **the other half**.
내가 공공요금의 반을 내고 내 룸메이트가 나머지 반을 낸다.

3 **Half of the water bill** is covered by my roommate.
수도세 반은 내 룸메이트가 낸다.

APPLY AND MORE

계산서에 나온 금액이나 공공요금 통지서에 나온 금액을 사람 수에 따라 나눠 내는 것을 split이라고 합니다.

MP3 183

1 They always split the bill down the middle, so Mike makes sure to order the most expensive thing on the menu.

down the middle: '반반으로, 절반하여'의 뜻입니다.

그들은 항상 계산서를 반으로 나눠서 낸다. 그래서 마이크는 꼭 메뉴에서 가장 비싼 것을 주문한다.

2 They **split the utilities three ways** even though it's Jane who uses the most electricity.
전기를 가장 많이 쓰는 사람이 제인인데도, 그들은 공공요금을 3으로 나눈다.

Dialogue

A I hear you're having trouble with your the body corporate. What's the matter?

북미에서는 콘도 빌딩을 콘도 매니지먼트 회사에서 관리하고 소유해서 월세를 받는데, 그런 경우에는 신용카드로도 받고 해요.

B Well, it's insisting I pay for the utilities in cash.
I want to pay **half of my utility bills** with my credit card, and the company hates banking fees.

A: 너 아파트 관리 회사랑 문제 있다고 들었어. 뭐가 문제야?
B: 글쎄, 나보고 공공요금을 현금으로 내야 한다고 뭐라고 하잖아. 나는 공공요금의 반을 신용카드로 내고 싶은데, 그 회사는 은행 수수료 내기 싫대.

MP3 184

10달러짜리 지폐를 1센트짜리 동전 10개, 5센트짜리 4개, 10센트짜리 7개, 25센트짜리 4개, 그리고 나머지는 1달러 지폐로 바꿔 주세요.

Please change this ten-dollar bill into ten pennies, four nickels, seven dimes, four quarters and the rest in one-dollar bills.

미국 동전은 '1센트'는 a penny, '5센트'는 a nickel, '10센트'는 a dime, '25센트'는 a quarter까지 있고, 캐나다 동전은 여기에 1달러는 a single 혹은 a loonie, 2달러는 a toonie까지 있어요. 지폐를 동전으로 바꿀 때는 change 혹은 give로 얘기하면 됩니다.

SPEAKING PRACTICE

1 Could you change this into eight quarters?

이거 25센트 8개로 바꿔 주시겠어요?

2 If I give you a five, can you give me four singles and four quarters?

제가 5달러 드리면, 저에게 1달러 동전 4개랑 25센트 4개로 주시겠어요?

3 Can you give me ten dimes for a single?

1달러 동전을 10센트짜리 동전 열 개로 주실래요?

APPLY AND MORE

내야 할 돈의 액수는 작은데 내가 가진 돈이 큰 지폐밖에 없을 때는 그 지폐를 깨는 수밖에 없겠죠? 영어에서도 이 어감을 그대로 살려서 break를 씁니다. 돈을 바꾼다는 건 크게 큰 지폐를 작은 단위로 바꾸는 것과 우리 돈을 외국 돈으로 바꾸는 경우가 있는데요, 후자처럼 외국 돈으로 바꿀 때는 '환전하다'의 exchange를 씁니다.

1 Oh, I'm sorry but can you break a twenty-dollar bill?

오, 죄송한데 20달러짜리 지폐로 내도 될까요?

2 I'd like to exchange $1,000 (one thousand dollars) into won.

1,000달러를 한국 돈으로 환전하고 싶어요.

Dialogue

A You will need a lot of quarters to use a washer and a dryer at the Laundromat here.

B Oh, then can you give me eighty quarters for $20 (twenty dollars)?

A: 여기 빨래방에서 세탁기랑 건조기 쓰려면 25센트 동전이 많이 필요할 거예요.
B: 어, 그럼 20달러를 25센트 80개로 주실래요?

그 외에 알아두면 좋은 숫자 표현들

▶ 2인 3각 경주	a three-legged race
▶ 1인 2역을 하다	play a double role
▶ 2-3인분	2-3 servings The recipe makes six servings. 그 요리법으로 6인분이 나온다.
▶ 3대 영양소	the three macronutrient
▶ 이자가 1% 오르다	interest rates rise by 1%
▶ 5대양 6대주를 누비다	go around all five great oceans and six continents
▶ 일석이조	kill two birds with one stone
▶ 삼한사온	three cold days then four warm days
▶ 십인십색	So many men, so many minds.
▶ 천재일우의 기회	a one-in-a million opportunity
▶ 백문이 불여일견	Seeing is believing.
▶ 칠전팔기	the ups and downs of life
▶ 양자택일	a choice between two
▶ 일방통행	a one-way street
▶ 주 5일제	a five-day week
▶ 프랑스어 2단위	two credits for French
▶ 평균 75점	average mark: 75
▶ 합격선 70점	pass park: 70
▶ 10호 미술용 종이 2장	2 sheets of No. 10 drawing paper
▶ 온음표	a whole note
▶ 2분 음표	a half note
▶ 4분 음표	a quarter note
▶ 8분 음표	an eighth note
▶ 16분 음표	a sixteenth note
▶ 반음계	the chromatic scale
▶ 12음계	the 12-tone scale
▶ 반 옥타브	a half octave
▶ 한 옥타브	an octave
▶ 2박자	double time
▶ 3박자	triple time
▶ 4분의 3박자	three-four time/three-quarter time
▶ 이중창	a duo/a duet
▶ 삼중창	a trio
▶ 4중창	a quartet
▶ 2막 2장 2행	Act II, Scene II, line 2
▶ 정년 60세	retirement at 60
▶ 6시간 교대근무제	six-hour shifts
▶ 2진법	the binary system
▶ 10진법	the decimal system

CHAPTER 10

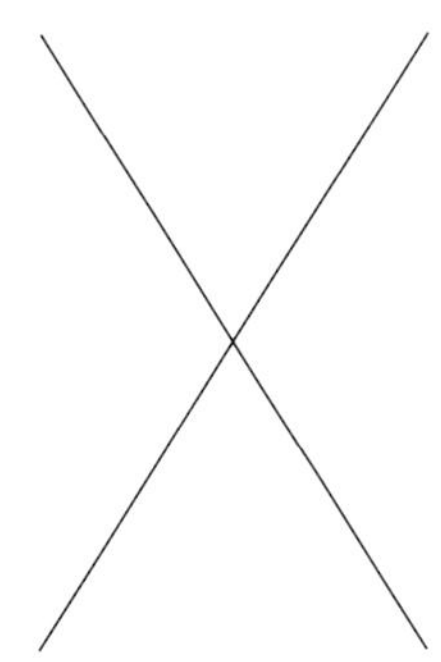

스포츠, 건강 관련 숫자 표현

UNIT 1	우리 팀이 2점 차로 앞서고 있다.
UNIT 2	우리가 3대 2로 이겼다. / 우리가 1대 0으로 졌다.
UNIT 3	그 게임은 3:3으로 비겼다.
UNIT 4	우리는 세 골 뒤지고 있다.
UNIT 5	후반전 23분에
UNIT 6	그는 100m 달리기에서 9.82초 세계신기록을 세웠다.
UNIT 7	그는 2회전에 진출했다.
UNIT 8	그의 통산 성적은 20승 3패다.
UNIT 9	(야구) 8회 초다. / (야구) 9회 말이다.
UNIT 10	그는 3점짜리 홈런을 쳤다.
UNIT 11	그의 타율은 3할 3푼 2리다.
UNIT 12	그는 3타수 2안타를 쳤다.
UNIT 13	그 투수는 7회 동안 3실점했다.
UNIT 14	그의 시즌 방어율은 3.43이었다.
UNIT 15	7차전 중 먼저 네 번 이긴 팀이 월드시리즈 우승팀이 된다.
UNIT 16	계단을 올라간 후, 그의 맥박은 100 이상으로 올라갔다.
UNIT 17	내 왼쪽 눈 시력은 0.8이다.
UNIT 18	최고혈압이 140이었다. / 최저혈압이 100이었다.
UNIT 19	내 부인은 임신 8개월이다.
UNIT 20	이 약 두 알을 하루 세 번 식간에 복용하세요.
UNIT 21	그는 폐암 3기다.

UNIT 1

우리 팀이 2점 차로 앞서고 있다.

We're leading by two goals.

We're two goals in the lead.

스포츠에서 점수를 얘기하면서 앞서고 있다고 할 때 '앞서다, 이끌다'의 의미로 lead를 씁니다. lead를 동사로 써서 표현할 때는 [lead by + 점수]로, lead를 명사로 써서 표현할 때는 [점수 + in the lead]라고 해요.

SPEAKING PRACTICE

1 They were leading by three goals at the end of the first half.
그들은 전반전 마지막에 3점 차로 앞서고 있었다.

2 In the second period, we were leading by one goal.
후반전에 우리는 1점 차로 앞서고 있었다.

3 By the time he got in the game, his team was leading by five goals.
그가 게임에 투입되었을 즈음에 그의 팀은 5점 차로 앞서고 있었다.

APPLY AND MORE

점수가 앞서고 있다고 할 때 쓸 수 있는 또 다른 표현으로 [up + 큰 점수 + to + 작은 점수] 혹은 [ahead by + 점수]가 있습니다. up이나 ahead 둘 다 위에서 앞서가는 느낌의 단어라 이렇게 표현할 수 있죠.

MP3 185

1 The Flyers was up three to two.
플라이어스 팀이 3대 2로 앞섰다.

2 His team was already ahead by five goals.
그의 팀은 이미 5점 차로 앞서고 있었다.

Dialogue

A I heard they ended the game early. Was it called for bad weather?

B No, it was because one of the teams was more than ten runs in the lead.

야구에서는 콜드게임이라고 해서, 10점 이상 차이가 나면 주최측에서 경기를 중단하기도 해요.

A: 그들이 게임을 일찍 끝냈다고 들었어. 날씨가 나빠서 콜드게임으로 한 거야?
B: 아니, 한 팀이 10점 차 이상으로 앞서서 그랬어. (야구)

UNIT 2

우리가 3대 2로 이겼다.

We beat them three (to) two.

우리가 1대 0으로 졌다.

We lost one (to) nothing.

스포츠 경기에서 '(상대팀을) 이기다' 라고 할 때 beat을 쓸 수 있어요. beat은 동사로 '~를 패배시키다, ~를 무찌르다'의 뜻이에요. '~를 몇 대 몇으로 이기다' 라고 하고 싶으면 [beat someone + 점수 to 점수]라고 하면 됩니다. 이렇게 이길 수도 있지만, 질 수도 있잖아요. '지다' 라고 하면 lose를 쓰는데 '몇 대 몇으로 지다'는 [lose (the game) + 점수 to 점수]로 표현합니다. 몇 대 몇이라고 얘기할 때 보통 [큰 점수 + to + 작은 점수] 순으로 쓰고, 중간의 to는 생략할 수 있어요. 참고로 0점은 nothing이라고 하는 것, 알아두세요.

SPEAKING PRACTICE

1 We lost the game three (to) one.

우리가 경기에서 3대 1로 졌다.

2 The A Team beat the B Team two (to) nothing.

A팀이 B팀을 2대 0으로 이겼다.

3 The Bombers lost five to nothing.

바머스팀이 5대 0으로 졌다.

APPLY AND MORE

'경기에서 이기다'는 win the game으로 얘기할 수 있어요. '몇 점 차로 이기다/ 몇 대 몇으로 이기다' 라고 하려면 뒤에 각각 [by + 점수], [점수 + to + 점수]를 붙여 얘기하면 됩니다.

MP3 186

1 The Jets beat us by three goals.

제트 팀이 우리를 3골 차로 이겼다.

2 The Dodgers won the championship eight to five.

다저스 팀이 챔피언십에서 8대 5로 우승했다.

Dialogue

A Did you see the game? Too bad that the Pirates beat us ten to two.

B Yeah, I was on the edge of my seat the whole time.

A: 그 게임 봤어? 파이럿츠 팀이 우리를 10대 2로 무찌르다니 너무하던데.
B: 응. 보는 내내 좌불안석이었어.

UNIT 3

그 게임은 3:3으로 비겼다.

The game was tied at three.

The game was tied three to three.

스포츠에서 '비기다, 동점, 무승부'는 거의 다 같은 뜻으로 쓰이는데, 이때는 tie를 주로 써요. [be tied at + 점수]로 쓰면 그 점수에서 묶여 버리다의 뜻으로, 즉 그 점수에서 비기다라는 말이 됩니다. 또 이외에 [be tied + 점수 to 점수] 이렇게 표현하기도 해요. 경기가 동점으로 끝났다라고 하고 싶으면 end in a tie라고 하면 됩니다. 알아듣는 사람 편하게 어떤 팀이랑 몇 대 몇으로 동점이라고 자세히 얘기하고 싶으면 [tie + 점수 to 점수 + with + 팀 이름] 이렇게 쓸 수도 있어요.

SPEAKING PRACTICE

1 The final match was tied at seventy-five.

그 결승전은 75대 75로 비겼다.

2 England tied two to two with Spain.

영국은 스페인과 2대 2 동점이었다.

3 Even after a dragging overtime, the game ended in a tie.

질질 끄는 연장전 이후에도, 그 게임은 동점으로 끝났다.

MP3 187

APPLY AND MORE

'비긴 게임, 무승부 게임'라고 할 때 a tie game이라고 해요. 그리고 a draw도 비긴 게임을 얘기할 때 씁니다. 이 draw는 도박, 카드 게임에서 나온 말이라고 해요. draw를 이용해서 몇 대 몇으로 비긴 상태라고 하고 싶으면 [a draw at + 점수]를 쓰고, 끝에 all을 붙여서 모두 같은 점수라는 것을 강조할 수도 있습니다.

1 It was a tie game, so they have to have another one.

그것은 무승부 게임이어서 또 다른 게임을 해야 한다.

2 The game was a draw at three all.

그 게임은 모두 3대 3으로 무승부였다.

Dialogue

A Did you watch the game? It was nerve-racking.

B Yeah, when it was tied at 67 sixty-seven after all that, I got so angry.

A: 그 게임 봤어? 완전 긴장되던데.
B: 그러게. 그 난리치고 나서 67대 67로 비겼을 때, 나 완전 화났다니까.

UNIT 4

우리는 세 골 뒤지고 있다.

We are three goals down.

We are down by three goals.

앞에서 경기에서 앞서는 걸 나타내는 표현 중 up이 있었던 것 기억하세요? 이번엔 뒤지고 있는 경우를 알아보겠습니다. up의 반대 느낌이니까 down을 써서 '몇 점 뒤지는 상태'라고 할 때 [down by + 점수] 이렇게 얘기하거나 [점수 + down]이라고 표현해요.

SPEAKING PRACTICE

1 It's only been five minutes and we're already down by three.

시작한지 5분밖에 안 됐는데 우리는 벌써 3점 차로 뒤지고 있다.

2 By the end of the first inning, they were down five runs. (야구)

1회 끝에 즈음에 그들은 5점 차로 뒤졌다.

3 The only reason the coach let Rudy play was because the other team was already down by ten points.

코치가 루디를 뛰게 한 유일한 이유는 다른 팀이 이미 10점 차로 지고 있었기 때문이었다.

MP3 188

APPLY AND MORE

앞선다고 할 때 ahead가 나왔으니 뒤쳐진다고 하면 behind를 쓰겠죠? [behind by + 점수]로 표현합니다.

1 The Penguins are behind by ten points.

펭귄스 팀이 10점 뒤쳐져 있다.

2 I can't believe my school volleyball team is already behind by five points.

우리 학교 배구팀이 벌써 5점이나 뒤쳐져 있다는 게 믿기지가 않아.

Dialogue

A Can we switch to another game? This one is sort of boring?

B What? You're just saying that because you're down by three goals. Pick up the controller and let's keep playing.

A: 우리 다른 게임으로 해도 될까? 이거 좀 지루하지 않아?
B: 뭐? 네가 3점 뒤쳐지니까 그런 말 하는 거지. 컨트롤러 다시 잡고 계속 하자고.

UNIT 5

후반전 23분에

in the twenty-third minute of the second half

스포츠 경기에서 '전반전'은 the first half, '후반전'은 the second half라고 합니다. 이런 '전반전 혹은 후반전 몇 분에' 라고 말하고 싶으면, 시간 전치사 in을 쓰고, 그 경기의 몇 번째 분(minute)이라는 의미로 서수로 표현합니다. 꼭 전후반전 아니라 경기 중 몇 분에라고 말할 때도 활용할 수 있어요.

SPEAKING PRACTICE

1 He scored in the twenty-third minute of the second half.

그는 후반전 23분에 점수를 올렸다.

2 The ref showed him a yellow card in the tenth minute of the game.

ref는 (경기의) 심판으로 referee의 준말입니다.

심판은 경기 10분 째에 그에게 옐로우 카드를 보여주었다.

3 The coach was ejected from the game in the fifteenth minute of the first half.

코치는 전반전 15분에 게임에서 퇴장당했다.

APPLY AND MORE

'마지막 순간'이라면 아무래도 '분'보다 '초(second)'로 다룰 때 더 박진감 넘치고 긴장감이 있겠죠? 그래서 영어에서는 final second라고 합니다. 물론 last minute이라고 해도 괜찮아요. 참고로, '경기'를 나타내는 단어로 the game, the match, the championship, the competition이 있어요.

MP3 189

1 He scored a touchdown in the final seconds of the game.

그는 경기 마지막 순간에 터치다운을 해서 점수를 획득했다.

2 He finished three Rubik's Cubes in the first minute of the competition.

그는 경기 첫 1분 만에 루빅스 큐브 세 개를 다 끝냈다.

Dialogue

A So, how was it? Finally getting a chance to play in a real NBA game! Must have been a lifelong dream come true.

B Well, it was, but it sure didn't last long. In the twenty-third minute of the second half, my shoelaces came undone and I tripped and twisted my ankle.

A: 그래서, 그거 어땠어? 마침내 진짜 NBA에서 경기하는 기회를 잡다니! 평생 꿈이 이루어진 것 같았겠네.
B: 응, 그랬지. 하지만 오래 가지는 않았어. 후반전 23분에 신발끈이 풀려가지고 걸려 넘어져서 발목 삐었잖아.

UNIT 6

그는 100m 달리기에서 9.82초 세계 신기록을 세웠다.

He set the world record of 9.82 seconds in the 100 m.

9.82 seconds: nine point eight two seconds
100 m: one hundred meters

set a record라고 하면 '기록을 세우다'예요. 그래서 어느 종목에서 세계 신기록을 세우다라고 할 때는 [set the world record of/with/for/by + 기록 + in + 종목] 이렇게 얘기하죠. 거의 판에 박힌 듯 정해져 있는 표현입니다.

SPEAKING PRACTICE

1 Before being stripped of the title, Lance Armstrong set the world record for winning the Tour de France seven years in a row.
타이틀 박탈당하기 전에, 랜스 암스트롱은 투르 드 프랑스에서 7년 연속 우승으로 세계 신기록을 세웠다.

2 Yuna Kim set the world record with 228.56 points (two hundred and twenty-eight point five six points) at the Winter Olympics and won the gold medal.
김연아 선수는 동계올림픽 피겨스케이팅에서 228.56점의 세계 신기록을 세우고 금메달을 땄다.

MP3 190

3 The movie director set the world record by winning all the major movie awards.
그 영화감독은 모든 주요 영화제 석권이라는 세계 기록을 세웠다.

APPLY AND MORE

참고로, '세계 신기록은 몇 점이다'라고 할 때 동사는 be동사보다는 stand를 써요. 그 기록 위에 서 있는 느낌이죠. 그리고 '신기록을 보유하고 있다' 할 때는 hold를 씁니다.

1 The world record for the one hundred meters currently stands at 9.82 seconds (nine point eight two seconds).
100미터 달리기 세계 기록은 현재 9.82초이다.

2 The retail store holds the world record for ₩1.3 billion (one point three billion won) in daily revenue among their 700 (seven hundred) stores.
그 소매점은 자사 700개 매장 중 하루 매출 13억 원이라는 세계 기록을 보유하고 있다.

Dialogue

A The world record set by Yuna Kim was broken by a Russian figure skater.

B Well, it was a matter of time. She set the new world record with 229.71 points (two hundred and twenty-nine point seven one points).

A: 김연아 선수가 가지고 있던 세계 기록이 러시아 피겨스케이팅 선수한테 깨졌어.
B: 뭐, 시간 문제였지. 그 선수가 229.71이라는 새로운 세계 신기록을 세웠어.

UNIT 7

그는 2회전에 진출했다.

He advanced to the second round.

advance는 '앞으로 나가다, 전진하다'의 뜻으로, 뒤의 to와 함께 토너먼트 경기에서 '다음 회전에 올라가다, 진출하다'의 의미로 쓰입니다. round는 스포츠 대회에서 '1회전, 2회전'할 때의 '~회전'의 뜻이에요.

SPEAKING PRACTICE

1 Only the top four players advanced to the second round.

상위 네 명 선수만 2회전에 진출했다.

2 With a combined total of thirty points, the team advanced to the third round.

통산 30점으로 그 팀은 3회전에 올라갔다.

3 England failed to advance to the final round.

영국은 결승전 진출에 실패했다.

APPLY AND MORE

이 round는 한 바퀴 쭉 도는 것을 말하기도 해요. 그래서 골프 코스를 도는 걸 라운드로 말하기도 하고, 규칙적으로 하는 어떤 활동을 얘기하기도 하고, 술을 전체에게 한 번 돌리는 걸 말하기도 합니다.

MP3 191

1 He went to the bar with all the money he'd won in the casino, he bought five rounds for the house.

house: 이 문장에서의 house는 '청중, 관객'의 의미로 바에 있는 사람들을 뜻합니다.

그는 카지노에서 딴 돈을 모두 가지고 바(bar)에 가서 거기 있던 사람들에게 다섯 번이나 술을 돌렸다.

2 Poor Mike. He has already had two rounds of chemo, but the cancer keeps coming back.

불쌍한 마이크. 항암 약물치료를 이미 두 번이나 받았지만 암이 계속 재발하네.

Dialogue

A Are you sure you want this guy to play on our team? His agent is asking for a lot of money.

B I know, but this kid has got tons of potential. Before he got injured, he was chosen in the second round of the draft.

A: 너 이 친구가 우리 팀에서 뛰게 하고 싶어? 확실해? 이 친구 에이전트가 돈을 많이 요구하는데.
B: 알아. 하지만 이 친구, 잠재력이 아주 상당해. 부상 당하기 전에는 드래프트 2라운드에서 뽑혔었거든.

UNIT 8

그의 통산 성적은 20승 3패다.

His overall record is 20 wins, 3 losses.

twenty wins, three losses.

'통산 성적'은 overall record이고, '승'은 win으로, '패'는 loss로 얘기합니다. 그래서 몇 승 몇 패라고 할 때 숫자와 함께 콤마(,)로 연결해서 써요. win과 loss를 말하는 게 너무나 명백할 때는 빼고 숫자만 말하기도 합니다.

SPEAKING PRACTICE

1 He retired from boxing with 20 wins, 3 losses.
twenty / three

그는 통산 20승 3패로 권투에서 은퇴했다.

2 His career was pretty short, with 0 wins, 5 losses.
zero / five

그의 커리어는 0승 5패로 꽤 짧았다.

3 Even though his record so far is 2 and 5, he won't give up his dream of being a professional MMA fighter.
two / five

MP3 192

MMA: mixed martial arts로 태권도, 합기도, 쿵푸 등이 혼합된 무술을 뜻합니다.

현재까지 그의 기록은 2승 5패이지만 그는 프로 MMA 파이터가 되겠다는 꿈을 포기하지 않을 것이다.

APPLY AND MORE

실제 선수들 기록을 검색해 보면 승, 패만 나오는 경우도 있고, 무승부 기록이 같이 나오기도 합니다. 그때는 숫자 3개가 하이픈(-)으로 연결되어 있어요. '승-패-무승부'의 순으로 영어로는 wins-losses-draws라고 해요.

1 Corner McGregor's official MMA Fight record is 21-4-0.
twenty-one (wins), four (losses), and zero (draws)

코너 맥그리거의 공식 MMA 파이트 기록은 21승 4패 0 무승부이다.

2 That boxer's personal overall record is 12-4-1.
twelve (wins), four (losses), and one (draw)

그 복싱 선수의 개인 통산 기록은 12승 4패 1무이다.

Dialogue

A I heard you and your dad like to bet on golf. You're such a good player that you must always beat him.

B Beat him? Who do you think taught me to play? He's 20 wins, 3 losses.
twenty / three

A: 너랑 너희 아버지가 골프 내기하는 거 좋아한다고 들었어. 너 골프 진짜 잘 치니까 항상 아버지 이기겠다.
B: 아빠를 이긴다고? 야, 누가 나를 가르친 것 같냐? 우리 아버지 기록이 20승 3패야.

UNIT 9

(야구) 8회 초다.

It's the top of the eighth.

(야구) 9회 말이다.

It's the bottom of the ninth.

야구는 9회(nine innings)로 이루어져 있는데, 1회, 2회…는 첫 번째 이닝, 두 번째 이닝…이니까 서수로 the first, the second 이렇게 말합니다. inning은 많이 생략하기도 해요. 그리고 그 이닝의 초와 말은 top과 bottom이라고 합니다. '우리가 (지금 선수로서) 5회 초야'라고 하면 'We're at (혹은 in) the top of the fifth' 라고 하지만, 경기를 보면서 '지금 5회 초야' 라고 할 때는 'It's the top of the fifth' 라고 하면 돼요.

SPEAKING PRACTICE

1 It's the top of the eighth and Johnson is up to bat.
지금 8회 초로 존슨이 공격할 차례이다.

2 It's the bottom of the ninth and the Astros are down three runs.

야구에서는 점수를 runs라고 해요.
타자들이 뛰어 들어와서 그런가 봐요.

지금 9회 말이고, 애스트로 팀이 3점 뒤지고 있다.

3 It's the top of the second and the teams are tied at three runs apiece.
지금 2회 초고 양 팀 각각 3점씩 획득해서 동점이야.

MP3 193

APPLY AND MORE

양 팀이 각 몇 점씩 획득했다면 [점수 + apiece]라고 합니다. apiece는 '각각, 하나씩'이라는 뜻이에요.

1 Paul and Jim scored a goal apiece.
폴과 짐은 각각 1골씩 득점했다.

2 So far the Goldeyes and the Blue jays scored two runs apiece.
지금까지 골드아이즈 팀과 블루제이즈 팀이 각각 2점씩 획득했다.

Dialogue

A It's the top of the eighth and the Cardinals are up to bat.

B Let's see how Johnston does against a left-handed batter. Here's the pitch. He swings. And it's a miss!

A: 지금 8회 초, 카디날스 팀 공격 차례입니다.
B: 존스톤 선수가 좌완 타자에 맞서 어떻게 할지 지켜보죠. 자, 투수 던집니다. 타자 스윙합니다. 아, 놓쳤네요.

UNIT 10

그는 3점짜리 홈런을 쳤다.

He hit a three-run home run.

야구에서 '1루타'는 a single, '2루타'는 a double, '3루타'는 a triple, '홈런'은 a home run이라고 합니다. 이 홈런은 homer라고도 말해요. 공을 치니까 동사는 hit을 쓰고요. 그런데 홈런에도 2점짜리, 3점짜리 홈런이 있잖아요. '2점짜리 홈런'은 타자가 두 명 들어오니까 a two-run home run, '3점짜리 홈런'은 타자가 세 명 들어오니까 a three-run home run이라고 합니다. 모든 타자들이 다 나가 있고 다음 타자가 홈런을 치면 모두 들어오는 만루홈런은 a grand slam이라고 하죠.

SPEAKING PRACTICE

1 Jackson hit **a two-run home run** to win a losing game.

잭슨은 지고 있던 게임을 역전시키는 2점짜리 홈런을 쳤다.

2 Johnson swings and hits! Looks like it's going to be at least **a double**.

존슨이 스윙하고 쳤습니다. 최소 2루타가 될 것 같군요.

3 After he hit **that grand slam**, his baseball team was up by four runs.

그가 만루홈런을 친 후 그의 야구팀은 4점 앞섰다.

APPLY AND MORE

야구에 3점 홈런, 3루타가 있다면 농구에는 3점 슛이 있습니다. 영어로 뭐라고 할까요? a three-pointer라고 합니다.

MP3 194

1 Yasiel Puig swings and it's going, going, gone! It's **a triple**! He hit **a triple**! And the crowd goes wild.

야시엘 푸이그 스윙합니다. 계속 쭉쭉 가는군요. 3루타! 3루타를 쳤습니다. 관중들 아주 열광하네요.

2 He scored the winning **three-pointer** just before the buzzer.

그는 벨이 울리기 직전 승리를 확정 짓는 3점 슛으로 점수를 올렸다.

Dialogue

A You should have seen it, Tina. I have never been prouder of my kid. He's a natural. Kid's got real talent.

B Mike, it was **a three-run home run**, but it was at a T-ball game. Your kid is only six.

T-ball: 아이들이 하는 야구 경기로 투수가 던지는 공이 아니라 골프처럼 티에 놓인 공을 치는 경기예요.

A: Tina, 네가 봤어야 했는데. 내가 우리 애가 그렇게 자랑스러운 적이 없었다니까. 타고 났어. 애가 진짜 재능이 있다고.
B: 마이크, 그게 3점짜리 홈런이긴 한데 애들 야구 경기였다고. 네 애 이제 6살밖에 안 되었어.

UNIT 11

MP3 195

그의 타율은 3할 3푼 2리다.

His batting average is three thirty-two.

타자(batter)들의 타율(batting average)은 안타 수 나누기 타석에 나온 수입니다. 그리고 우리말로 표현할 때 예를 들어, 타율이 0.266이면 2할 6푼 6리라고 읽죠. 영어로 말할 땐 point 빼고, two sixty-six라고 합니다. 백 자리에서 hundred 빼고 읽어 주는 식이에요.

SPEAKING PRACTICE

1 At the end of last season, he was batting three thirty-two.

지난 시즌 마지막에, 그는 3할 3푼 2리를 쳤다.

2 He's in a bit of a slump and his batting average is now one ninety.

그는 슬럼프를 좀 겪고 있고 그의 평균 타율은 지금 1할 9푼이다.

3 Even the greatest hitters in the history of baseball had batting averages well below five hundred.

야구 역사상 가장 위대한 타자들조차도 평균 타율이 5할 한참 이하였다.

APPLY AND MORE

bat은 '박쥐'의 뜻 외에 야구에서 '공을 치다'의 뜻도 있습니다. at bat하면 '타수, 타석에'라는 뜻이고요. 참고로, '대성공을 거두다'를 bat a thousand라고도 많이 표현해요.

1 Bob. It's your turn at bat. Don't blow it. Everyone is depending on you.

밥, 네가 타석에 설 차례야. 망치지 마. 모두가 너만 보고 있다.

2 Wow! Great work. You're really batting a thousand with these new designs.

와! 잘하셨어요. 이 새 디자인으로 정말 대성공을 거두네요.

Dialogue

A So, when he was in the minors, his batting average was phenomenal.

B Sure, and even when he went up to MLB, and was facing much stronger pitchers, his batting average was still three thirty-two.

A: 그가 마이너리그에 있었을 때, 그 사람 평균 타율이 정말 대단했어.
B: 그러게. 그가 메이저리그로 가서 훨씬 강한 투수들을 대하면서도 그의 평균 타율은 여전히 3할 3푼 2리였다고.

MP3 196

그는 3타수 2안타를 쳤다.

He had two hits in three at-bats.

He went 2 for 3.
two for three

세 번 타석에 서서(in three at-bats) 2안타를 쳤다(had two hits)를 다르게 표현하는 방법으로 went two for three가 있습니다. '세 번 동안 두 번 나간 것'이라고 이해하면 금방 활용할 수 있을 거예요.

SPEAKING PRACTICE

1 He went 1 for 3 (one for three) in the last game.
그는 지난 게임에서 3타수 1안타를 쳤다.

2 His all-time best streak was 2 (two) hits in 3 (three) at-bats.
그의 이제까지 베스트 연속 안타는 3타수 2안타였다.

3 Wood went 13 (thirteen) for 33 (thirty-three) in 9 (nine) games.
우드 선수는 9경기 33타수 13안타를 쳤다.

APPLY AND MORE

야구팬이라면 타율이 어떻게 되냐고 물어볼 수도 있을 거예요. 그리고 무안타일 경우도 있을 텐데 그런 건 어떻게 표현하는지 알아볼까요?

1 What is Yasiel Puig's batting average this season?
야시엘 푸이그 선수 이번 시즌 평균 타율이 어떻게 되나요?

2 The game didn't go well with him today. He went 0 for 4 (zero for four).
그 사람, 오늘 게임은 잘 풀리지 않았다. 그는 4타석 무안타를 기록했다.

Dialogue

A Brent's been playing really well these last few games.

B He went 2 for 3 (two for three) in the last two games. I guess his contract is up soon, and he's trying to convince them not to trade him.

A: 브렌트가 지난 두세 게임에서 경기를 아주 잘하고 있어.
B: 지난 두 경기에서 3타수 2안타를 쳤잖아. 내 생각에, 그의 계약이 곧 만료되어서 구단이 그를 트레이드 안 시키게 확신을 주려고 그러는 것 같아.

UNIT 13

그 투수는 7회 동안 3 실점했다.

The pitcher gave up three runs over (the course of) seven innings.

야구에서 투수(a pitcher) 하면 실점 얘기가 나오는데, 이 때는 재미있게도 give up을 씁니다. 드디어 '포기하다'의 뜻으로만 알던 give up의 새로운 면모를 알게 되네요. 야구에서 점수는 run으로 말하는데, 그래서 '몇 점 실점하다'라고 할 때는 [give up + 숫자 + runs]라고 표현합니다.

SPEAKING PRACTICE

1 The pitcher gave up five runs over seven innings.

그 투수는 7회 동안 5점 실점했다.

2 By the second inning, the pitcher had already given up ten runs.

2회까지 그 투수는 이미 10점 실점했다.

3 The pressure must be getting to him; he's given up seven runs over two innings.

압박감이 그를 힘들게 하는가 보다. 그 사람 2회 동안 7점 실점했다.

MP3 197

APPLY AND MORE

give up 외에 allow a run도 '실점하다, 점수를 내주다' 라고 할 때 쓸 수 있는 표현입니다. 타자가 들어오게 허용하는 것이니까요.

1 He pitched for six innings and allowed only one run.

그는 6회 동안 공을 던졌고, 단 1점만 내주었다.

2 Kevin managed to allow only two runs and led the team to a victory.

케빈은 가까스로 2점 실점에 그쳤고 팀을 승리로 이끌었다.

Dialogue

A And that's why they started to suspect he might be scuffing the ball when no one was looking.

B Makes sense. How else could he give up only three runs over seven innings?

A: 그래서 사람들이 그가 아무도 안 볼 때 공에 흠집을 냈을지도 모른다고 의심하기 시작한 거야.
B: 말 되네. 안 그러면 어떻게 그가 7이닝 동안 3점만 실점할 수 있었겠어?

MP3 198

그의 시즌 방어율은 3.43이었다.

His ERA (earned-run average) for the season was 3.43.

three forty-three 혹은 **(three point four three)**

야구에서 투수의 방어율은 earned-run average라고 해요. 줄여서 ERA라고 하죠. 3점 대 정도면 잘하는 투수라고 합니다. 이런 방어율 숫자 읽는 법은 소수점(.)을 생략하고 백 자리 읽듯이 읽는 법과 소수점을 point로 읽고 뒤의 숫자를 하나 하나 읽는 법이 있어요. 여러분이 말하기 편한대로 하면 됩니다.

SPEAKING PRACTICE

1 His career best was an ERA of **3.25**, **three twenty-five** 혹은 **three point two five** which he got in his second season with his hometown team.

그의 커리어 최전성기가 방어율 3.25였는데 자기네 홈팀과 두 번째 시즌에 올린 것이었다.

2 Once his ERA broke **3.30**, **three thirty** 혹은 **three point three** a lot of scouts were interested in him.

일단 그의 방어율이 3.30 벽을 깨트리자 많은 스카우트들이 그에게 관심을 보였다.

3 It says here on the back of his card that his ERA for the last season was **2.86**. **two eighty-six** 혹은 **two point eight six**

여기 그 사람 카드 뒤에 그의 지난 시즌 방어율이 2.86이라고 쓰여 있다.

APPLY AND MORE

야구에서 투수가 방어를 잘해서 완봉승, 무실점 경기로 끝내면 pitch a shutout이라고 합니다. a shutout이 '완봉승, 무실점 경기'의 뜻이거든요. 이건 축구에서도 쓸 수 있어요.

1 The pitcher pitched **a one-hit shutout**.

그 투수는 1안타 완봉승을 거두었다.

2 England's strong defense kept Spain from scoring. It was a perfect shutout.

영국의 강력한 수비로 스페인은 골을 하나도 못 넣었다. 완벽한 완봉승이었다.

Dialogue

A They say you're a walking baseball encyclopedia. OK. What was Jay Johnson's ERA in **1975**? **nineteen seventy-five**

B I knew you were going to ask me something challenging. His ERA (earned-run average) for the season was **3.43**. **three forty-three** 혹은 **three point four three**

A: 네가 걸어다니는 야구 백과사전이라던데. 좋아. 제이 존슨의 1975년 방어율이 어떻게 돼?
B: 네가 뭔가 어려운 거 물어볼 줄 알았어. 그 사람 시즌 방어율은 3.43이었어.

UNIT 15

7차전 중 먼저 네 번 이긴 팀이 월드시리즈 우승팀이 된다.

The first team to win four games out of seven wins the World Series.

토너먼트 방식 경기에 관심이 많은 사람들이 많이 하고 들을 수 있는 말입니다. 첫 번째로 네 경기를 이긴 팀이라면 the first team to win four games라고 해요. '~ 중에서'는 out of를 써서 연결하고, '~에서 우승하다'는 동사 win을 써요. win은 타동사라 뒤에 바로 목적어가 나오는데, 항상 win the game 이런 식으로 표현하는 것, 잊지 마세요.

SPEAKING PRACTICE

1 The first team to win three games out of five wins the World Championship.

다섯 경기 중 세 번을 먼저 이긴 팀이 월드 챔피언십에서 우승한다.

2 The first two teams to win seven games out of nine go to the final.

9회전 경기 중 먼저 일곱 경기를 이긴 두 팀이 결승에 가게 된다.

3 Whoever wins five games first out of seven wins the gold medal.

7게임 중 5게임을 먼저 이긴 사람은 누구든 간에 금메달을 받는다.

MP3 199

APPLY AND MORE

가위바위보 같은 게임에서 best of three라고 하면 삼세판으로 알기 쉬운데, 정확한 뜻은 세 번해서 먼저 두 번 이기는 것을 얘기해요.

1 She challenged me to a rock-paper-scissors best of three.

그녀는 나한테 가위바위보 3전 2승제로 도전했다.

2 They've won nine out of the last ten games.

그들은 지난 열 경기 중 아홉 경기를 이겼다.

Dialogue

A I thought they were going to play seven games. How come the tournament is already over?

B The Rangers already won four games. The first team to win four out of seven wins the tournament.

A: 그들이 일곱 경기를 할 줄 알았는데, 왜 토너먼트 경기가 벌써 끝난 거야?
B: 레인저스 팀이 이미 네 경기를 이겼거든. 7차전 중에서 네 경기를 먼저 이기는 팀이 토너먼트에서 승리하는 거야.

UNIT 16

MP3 200

계단을 올라간 후, 그의 맥박은 100 이상으로 올라갔다.

After walking up the stairs, his pulse jumped to over 100 one hundred.

PART 1에서 resting heart rate가 나왔던 거 기억하세요? 안정 시 심박수였죠. 맥박인 pulse도 결국 heart rate와 같아요. 대신 pulse라고만 쓰던가, heart rate라고만 하지 pulse rate라고는 하지 않으니 주의하세요. 맥박수가 올라가면 [jump/ race to + 숫자], 맥박수가 떨어지면 [drop to + 숫자] 이렇게 쓰면 됩니다.

SPEAKING PRACTICE

1 My pulse is usually 70-75. **seventy to seventy-five**

내 맥박수는 보통 70-75이다.

2 The patient's pulse suddenly dropped to 43. **forty-three**

그 환자의 맥박수가 갑자기 43으로 떨어졌다.

3 When you're in the "fat burning zone," your heart rate should be 120-130. **one twenty to one thirty** 혹은 **one hundred and twenty to one hundred and thirty**

지방이 타는 영역 대에 있게 되면, 심박수가 120-130이 되어야 한다.

APPLY AND MORE

심박수나 맥박의 단위는 beats per minutes예요. bpm이 줄임말이죠. 그리고 맥박을 재는 건 take someone's pulse라고 합니다.

1 His resting heart rate was 75 **seventy-five** beats per minute.

그의 안정 시 심박수는 1분에 75였다.

2 The Chinese medicine doctor took my pulse.

그 한의사가 내 맥박을 쟀다.

Dialogue

A On the *Doctors* TV show last night, the patient I liked died. So sad.

B Tell me about it. Her pulse suddenly jumped all the way up to 200. **two hundred** And that was it.

A: 어젯밤에 〈닥터스〉 TV 프로에서, 내가 좋아했던 환자가 죽었어. 그래서 너무 슬퍼.
B: 그러게 말이야. 맥박이 갑자기 200까지 막 올라갔잖아. 그게 마지막이었어.

UNIT 17

내 왼쪽 눈 시력은 0.8이다.

I am
plus 0.8
plus point eight
in my left eye.

'시력'은 vision이나 eye sight이지만 실제로 사람들이 '시력이 몇이다' 라고 얘기할 때는 그냥 [I am + plus/ negative + 시력 숫자 + in my right/ left eye]라고 합니다. 양쪽 눈을 모두 얘기할 때는 in my right/ left eye는 생략하기도 하고요. 시력을 얘기할 때 우리는 마이너스 이렇게 얘기하지만 그건 그냥 안경을 맞출 때 쓰는 용어일 뿐이에요. 시력이 0 이상이면 앞에 [plus + 시력 숫자], 0 이하면 [negative + 시력 숫자] 이렇게 얘기하고, 소수점은 [(zero) point + 숫자]로 읽습니다.

SPEAKING PRACTICE

1 I need reading glasses because I cannot see small letters anymore even though I am plus 1.5/1.0.
plus one point five
and
one point zero

양쪽 눈 시력을 말할 때는 이렇게 쓰고 읽습니다.
슬래시(/)는 and로 읽어 주세요.

나는 시력이 1.5, 1.0인데도 작은 글자가 더는 잘 안 보이기 때문에 독서용 안경이 필요하다.

2 My right eye is negative 0.9
negative point nine
but my left is plus 0.5.
plus point five

내 오른쪽 눈은 마이너스 0.9이지만 왼쪽 눈은 0.5이다.

MP3 201

3 If your eyes are more than negative 0.5,
negative point five
you have to wear glasses when you drive.

시력이 마이너스 0.5보다 더 나쁘면, 운전할 때 안경을 껴야 한다.

APPLY AND MORE

눈이 굉장히 나쁜 사람을 영어에서는 박쥐와 비교해요. 그리고 시력을 얘기하는 또 다른 방법으로 '20/다른 숫자'가 있습니다. 우리나라에서는 흔하지 않지만 북미에서는 구어체 영어에서 꽤 많이 얘기해요. 뒤에 오는 숫자가 20보다 작으면 다른 사람보다 잘 본다는 뜻이니까 시력이 좋은 것이고, 뒤에 오는 숫자가 20보다 크면 시력이 나쁘다는 뜻이에요.

1 He's as blind as a bat. Can't see anything that's more than an inch in front of his nose.

그는 정말로 눈이 나쁘다. 눈앞에서 1인치 이상 떨어지면 하나도 못 본다.

2 I heard that after laser surgery, Tiger Woods now has 20/10
twenty ten
vision. What you can see at ten feet, he can see at twenty.

레이저 수술 후에 타이거 우즈가 20/10 시력을 갖게 되었다고 들었다. 사람들이 10피트 떨어진 사물을 볼 수 있는 걸 그는 20피트 떨어져 볼 수 있다는 것이다.

MP3 202

최고혈압이 140이었다.

The blood pressure gauge had a top reading of 140.

one forty

최저혈압이 100이었다.

The blood pressure gauge had a bottom reading of 100.

one hundred

PART 1에서 혈압 얘기 나왔던 거 기억하세요? **120/90** **[one twenty over ninety]** 이렇게 범위로 얘기했었어요. 여기서는 최고혈압, 최저혈압처럼 하나만 얘기하는 것을 배워 보겠습니다. 영어에서는 최고혈압이 얼마다는 혈압계의 게이지(the blood pressure gauge)가 [a top reading of + 숫자]에 가 있다로, 최저혈압이 얼마다는 [a bottom reading of + 숫자]에 가 있다로 얘기해요. 동사는 have를 쓰고요. 그런데 꼭 혈압계에만 이 표현을 쓸 수 있는 건 아니에요. 눈금으로 수치를 말해 주는 체온계(thermometer), 스캐너(scanner), 속도계(speedometer) 등도 최고, 최저 숫자를 이렇게 얘기할 수 있습니다.

SPEAKING PRACTICE

1 The gauge has **a top reading of 140**.
<u>one forty</u> 혹은 <u>one hundred and forty</u>

혈압계가 최고 140을 가리키고 있다.

2 The thermometer has **a top reading of 40 °C**.
<u>forty (degrees Celsius)</u>

온도계가 최고 40도를 가리키고 있다.

3 The scanner has **a bottom reading of 100**.
<u>one hundred</u>

스캐너가 최저 100을 가리키고 있다.

APPLY AND MORE

수치가 ~까지 올라가면 [go up to + 숫자], 측정기가 어떤 특정 숫자를 제일 높은 수치로 해서 끝이 나면 [top out at + 숫자]로 얘기합니다.

1 What makes these ones special is, these speakers **go up to 11**.
<u>eleven</u>

이 스피커를 특별하게 만드는 건, 이것들이 11까지 올라간다는 것이다.

2 The speedometer **tops out at 200 km/h**,
<u>two hundred kilometers per hour</u>
but the car can obviously go much faster.

속도계는 시속 200km에서 마지막으로 끝나지만 그 차는 분명히 훨씬 더 빨리 갈 수 있다.

Dialogue

A It doesn't look that bad. It says here it's only **140**.
<u>one hundred and forty</u>
That's not great, but it's also not terrible.

B This meter had **a top reading of 140**.
<u>one hundred and forty</u>
So, it might be a lot worse than we think.

A: 그렇게 나빠 보이지 않아. 여기에 140이라고 나와 있잖아. 좋은 건 아니지만 그렇다고 아주 나쁜 것도 아니야.
B: 이 미터기가 최고 수치 140을 가리키잖아. 그러니까 우리 생각보다 훨씬 더 나쁠 수도 있다고.

UNIT 19

내 부인은 임신 8개월이다.

My wife is eight months pregnant.

pregnant는 '임신한'이라는 형용사예요. 임신 8개월은 '8개월 임신 중'이라고 하여 '8 [eight] months pregnant'라고 해도 되고, '8개월 동안 임신하고 있다' 라고 해서 현재완료시제인 'have been pregnant for 8 months'로 표현할 수도 있어요. 그렇지만 8 months pregnant가 훨씬 더 자주 쓰이는 표현입니다.

SPEAKING PRACTICE

1 She's gained twenty pounds but is only three months pregnant.

그녀는 20파운드가 쪘는데, 이제 겨우 임신 3개월이다.

2 Elephant pregnancies are really long; this one here has been pregnant for twenty months.

코끼리의 임신 기간은 매우 긴데, 여기 이 코끼리는 임신 20개월이다.

3 By the time they're five months pregnant, women find it hard to sleep all the way through the night.

여성이 임신 5개월에 접어들 때 즈음이면, 밤에 안 깨고 죽 자는 게 힘들다고 느낀다.

MP3 203

APPLY AND MORE

여성의 임신 기간인 9개월을 3개월씩 나눈 걸 trimester라고 합니다. 그래서 임신 초기, 중기, 후기를 각각 first trimester, second trimester, third trimester라고 하죠. 그 기간 안에 있으니까 전치사 in과 쓰고요. 9개월 기간을 쭉 따라서 가기 때문에 '임신 몇 개월'을 얘기할 때 [개월 수 + along]으로도 표현합니다.

1 My wife is in her third trimester, and we're expecting the baby any day now.

부인이 임신 후기라서 지금 애기가 언제든 나올 수 있다 생각하고 기다리고 있다.

2 She's eight months along.

그녀는 임신 8개월 차이다.

Dialogue

A When are you expecting?

When is your due date?라고도 해요.

B I'm only six months pregnant. I'm not due until December.

A: 예정일이 언제예요?
B: 인제 임신 6개월밖에 안 됐어요. 12월이나 되어야 예정일이에요.

UNIT 20

이 약 두 알을 하루 세 번 식간에 복용하세요.

Take two of these pills three times a day during meals.

약국(pharmacy)에서 나올 만한 표현입니다. '약을 복용하다'는 동사 take를 써요. pill은 '알약', medicine은 주로 '액체로 된 약', antibiotics는 '항생제', cold medicine은 '감기약', syrup은 '시럽 형태의 약'을 말해요. 보통 하루에 몇 번 먹으라고 하니까 횟수를 나타내는 once, twice, 혹은 three times가 나오죠. 참고로 약 복용할 때 많이 나오는 식전(before meals), 식간(during meals), 식후(after meals)도 알아두세요.

SPEAKING PRACTICE

1 Take these antibiotics
three times a day,
after meals,
for ten days.

이 항생제를 하루 세 번, 식후 열흘 간 복용하세요.

2 You should take this cold medicine
twice a day,
after meals.

이 감기약을 하루 두 번, 식후에 복용해야 한다.

3 Use this ice pack and the heat pad
five times a day,
alternating five minutes on and five minutes off.

이 얼음 팩과 열 패드를 하루에 다섯 번, 5분 했다가 5분 떼었다 번갈아가며 사용하세요.

MP3 204

APPLY AND MORE

연고나 크림은 복용이 아니라 바르는 거죠? 이때는 동사 apply를 씁니다 .

1 Apply the ointment twice a day for seven days.

그 연고를 하루에 두 번 일주일 동안 바르세요.

2 Apply the cream four times a day, or whenever you get your face wet.

그 크림을 하루에 네 번 혹은 얼굴 씻을 때마다 발라주세요.

Dialogue

A So you'll need to take two of these pills three times a day after meals.

B Three times a day? But I only eat twice a day. I'm doing that new keto diet with intermittent fasting.

keto diet: 인슐린 분비를 촉진하는 탄수화물 섭취를 제한하고, 체내 지방을 사용해서 케톤체를 만들어 내게 하는 고지방 식이요법을 말합니다.

A: 자, 이 알약은 두 알씩 하루에 세 번 식후에 복용하셔야 해요.
B: 하루에 세 번이요? 그런데 저 하루에 밥 두 번만 먹는데요. 간헐적 단식과 함께 새로운 키토식 다이어트를 하고 있어요.

UNIT 21

MP3 205

그는 폐암 3기다.

He is in stage three of lung cancer.

'암'은 cancer, '종양'은 tumor예요. 암의 심각성을 단계로 얘기할 때 1기, 3기 이렇게 표현하는데, 이 '기'가 영어에서는 stage입니다. 책의 장을 얘기할 때 Chapter One 이렇게 부르듯이 이것 역시 stage one/ two/ three 이렇게 얘기해요. 그 단계에 있으니까 전치사 in과 함께 씁니다. 그래서 '그는 암 1기다'라고 하면 'He's in stage one of cancer.'라고 하면 돼요.

SPEAKING PRACTICE

1 By the time the doctors discovered the tumor, he was already in stage two of lung cancer.

의사들이 종양을 발견했을 즈음, 그는 이미 폐암 2기였다.

2 Once you've reached stage three of any cancer, the chances of survival are much smaller.

어떤 암이든 3기에 이르면, 생존 가능성은 훨씬 적어진다.

3 Fortunately, my aunt found her cancer so early that she wasn't even in stage one.

운이 좋게도, 우리 이모는 암을 아주 빨리 발견해서 암 1기도 아니었다.

APPLY AND MORE

'암으로 죽다'는 die of cancer고, '종양을 제거하다'는 have[get] a tumor removed라고 합니다.

1 Luciano Pavarotti died of pancreatic cancer in **2007**.
two thousand seven

루치아노 파바로티는 2007년 췌장암으로 사망했다.

2 My uncle has to get a tumor removed. His surgery is scheduled for tomorrow.

• 우리 삼촌은 종양을 제거해야 해. 수술이 내일 잡혀 있다.

Dialogue

A Have you heard the news about Barry? I can't imagine what his wife is going through.

B I know he was in stage three of lung cancer, but somehow he went into remission. Good for them.

remission: 병의 차도를 뜻해요.
그래서 go into remission은 '차도를 보이다'의 뜻이죠.

A: 배리 소식 들었어? 그 사람 부인이 지금 마음이 어떨지 상상도 안 가.
B: 폐암 3기였다는 거 알아. 그래도 차도가 있다더라고. 잘된 일이지.

알아두면 더 재미있는 야구 관련 용어

미 프로야구는 1869년 신시내티 레드 스타킹스가 창단되면서 시작되었어요. 한국에 전해진 것은 1905년 미국 선교사 P. L. Gillet가 황성기독교청년회 회원들에게 알려주면서 시작되었다고 하네요.
매년 봄부터 가을까지 각 도시 홈 구장을 뜨겁게 달구는 프로야구 경기. 야구팬이라면 MLB 생중계를 제대로 알아듣기 위해서라도 꼭 필요한 용어니까 다음 내용을 반드시 알아두세요.

수비 포지션별 용어와 약자

P	Pitcher 투수
C	Catcher 포수
1B	First Base 1루수
2B	Second Base 2루수
3B	Third Base 3루수
SS	Short Stop 유격수
LF	Left Fielder 좌익수
CF	Center Fielder 중견수
RF	Right Fielder 우익수
SP	Starting Pitcher 선발투수
RP	Relief Pitcher 구원투수
PR	Pinch Runner 대주자
PH	Pinch Hitter 대타자
DH	Designated Hitter 지명 타자

타자 관련 용어

AB	at bat 타수, 타석
R	runs scored 득점
H	hit 안타
RBI	runs batted in 타점
SB	stolen bases 도루
AVG	batting average 타율
OBP	on base percent 출루율
OPS	on base plus slugging 출루율과 장타율의 합
TB	total bases 총루타
HBP	hit by pitch 데드볼
BB	base on balls 볼 넷
SLG	slugging percentage 장타율
IBB	intentional base on balls 고의 사구 (= intentional walk)
CS	caught stealing 도루 실패
GDP	ground into double plays 병살
E	error 실책

투수 관련 용어

W	wins 승리
L	losses 패배
ERA	earned run average 방어율
G	game 게임
GS	games started 선발 경기
SV	save 세이브
IP	innings pitched 투구 이닝
WHIP	walks plus hits divided by innings pitched 이닝당 출루 허용율
BS	blown save 세이브 실패
HLD	holds 홀드
RW	relief wins 구원승리
CG	completed game 완투
SO	shutout 완봉
R	runs 실점
ER	earned runs 자책점
UER	unearned runs 비자책점
NP	numbered of pitches 투구 수

CHAPTER 11

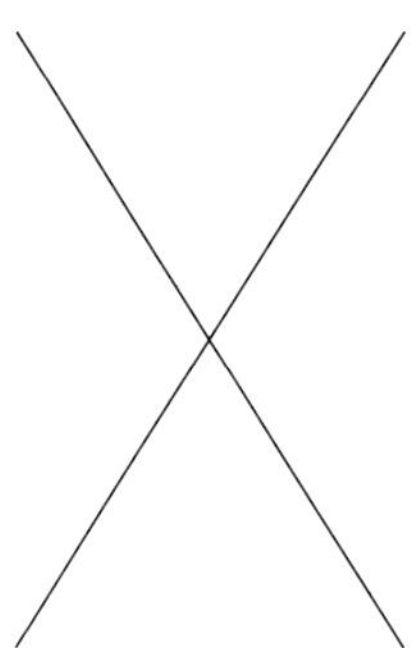

정도 관련
숫자 표현

UNIT 1	총 구매 금액이 30,000원 이상이면,
UNIT 2	30,000원 이하의 벌금
UNIT 3	참가자 수가 10명 미만이면,
UNIT 4	참가자 수가 10명을 초과하면,
UNIT 5	최대 5만 원
UNIT 6	최소 12명이 모이지 않으면,
UNIT 7	수십 명의 사람들/ 수백 마리의 개들/ 수천 개의 섬들
UNIT 8	이 기계는 백만 원이나 한다.
UNIT 9	한 집 걸러 한 집에 차가 한 대 이상 있다.
UNIT 10	우리 야구하려면 한 사람이 부족하다.
UNIT 11	같은 걸 만 원 미만으로 사다
UNIT 12	2m 간격으로

UNIT 1

MP3 206

총 구매 금액이 30,000원 이상이면,

If your total payment is equal to or more than thirty-thousand won,

If your total payment is thirty-thousand won or (and) more (over)

그 금액을 포함한 얼마 이상이라고 할 때 [equal to or more than + 금액]을 쓰거나, [금액 + or more]를 씁니다.

SPEAKING PRACTICE

1 If your total payment is equal to or more than ₩30,000, (thirty-thousand won) shipping is free.

총 구매 금액이 3만 원 이상이면, 배송이 무료이다.

2 If your total payment is equal to or more than ₩100,000, (one hundred thousand won) you're automatically entered into our monthly draw.

draw는 '추첨, 제비뽑기'로, 의미상 monthly draw는 월마다 하는 상품 추첨으로 해석할 수 있어요.

총 구매 금액이 10만 원 이상이면, 우리 쇼핑몰의 이번 달 추첨 행사에 자동 응모된다.

3 You get a free gift of some lovely soap if your total payment is ₩50,000 (fifty thousand won) or more.

총 구매 금액이 5만 원 이상이면 예쁜 비누를 선물로 받으세요.

Apply and More

아마존에서 주문하다 보면 35달러 이상 주문은 무료 배송이라는 말이 나옵니다. 그래서 액수를 맞추려고 뭔가 더 사야 할 때가 있는데 그런 걸 add-on items라고 해요.

1 We offer free shipping on orders over $35. (thirty-five dollars)

35달러 이상 주문에 무료 배송을 제공한다.

2 To qualify for free shipping, add items to your order. Here are some recommended add-on items.

무료 배송을 받으시려면 기존 주문에 아이템을 더하세요. 여기 첨가 아이템 추천 목록이 있습니다.

Dialogue

A So then they told me I wasn't insured, which to me makes no sense. I thought all credit card purchases were insured automatically.

B Well, you have to read the fine print. If the total payment is equal to or more than ₩300,000, (three hundred thousand won) then you're insured. But the sunglasses are less than that.

A: 신용카드 회사에서 나한테 보험 적용이 안 됐다고 했는데, 그게 말이 안 되거든. 모든 신용카드 구매가 자동으로 보험 적용이 된다고 생각했는데 말이야.
B: 작은 글자들을 잘 읽어 봐야 해. 총 구매 금액이 30만 원 이상이면, 보험 적용이 돼. 그 선글라스는 그것보다 적잖아.

UNIT 2

MP3 207

30,000원 이하의 벌금

a fine of equal to or less than thirty-thousand won

a fine of thirty-thousand won or less

a fine of not more than thirty-thousand won

그 금액을 포함해 얼마 이하라고 할 때 [equal to or less than + 금액] 혹은 [금액 + or less]가 가장 대표적이고, [not more than + 금액]도 쓸 수 있어요. 얼마 이하의 벌금이라고 꾸며주고 싶으면 a fine of ~로 of 뒤에 금액을 얘기하면 됩니다.

SPEAKING PRACTICE

1 Parking here can result in **a fine of ₩50,000 or less**. (fifty-thousand won)

여기에 주차하면 5만 원 이하의 벌금으로 이어질 수 있다.

2 According to the police officer, making an illegal U-turn means **a fine of not more than ₩30,000**. (thirty-thousand won)

그 경찰관 말로는, 불법 유턴을 하는 건 3만 원 이하의 벌금에 처할 수 있다는 의미이다.

3 Between September and June, if you get caught speeding in a school zone, the police will issue you **a fine of equal to or less than $200**. (two hundred dollars)

9월과 6월 사이에 스쿨존에서 속도 위반을 하다 잡히면, 경찰이 200달러 이하의 벌금을 발행할 것이다.

APPLY AND MORE

not more than은 '~보다 많지 않은, ~ 이하의'의 뜻이고, 비슷하지만 다른 no more than은 '단지' 라는 only의 뜻으로 쓰이니 조심하세요.

1 There is room for **no more than four people**.

겨우 네 명 들어갈 공간만 있다.

2 The restaurant employs **no more than three people**, so they can get by in this severe economic recession.

그 식당은 세 명밖에 고용을 안 해서, 이 가혹한 경기 침체기에도 그럭저럭 버틸 수 있는 거다.

Dialogue

A Don't you hate it when police ask, "Do you know why I pulled you over?"

B Last time, I jokingly said, "To ask for my phone number?" He said, "No, it's to give you **a fine of equal to or less than ₩70,000**." (seventy thousand won)

A: 경찰이 "왜 제가 차 세우라고 했는지 아십니까?" 라고 물을 때 정말 싫지 않니?
B: 지난번에 내가 농담으로 "제 번호 물어보려고요?" 라고 했더니, 경찰관이 "아니오, 7만 원 이하의 벌금을 주기 위해서입니다" 라고 하더라.

UNIT 3

참가자 수가 10명 미만이면,

If the number of participants is under/ below/ less than 10,
ten

기준이 되는 수를 포함하지 않고 그 수보다 작은 것을 의미하는 '미만'을 얘기할 때 영어로는 under나 below 혹은 less than을 씁니다.

SPEAKING PRACTICE

1 If the number of participants is under 50,
fifty
the event will be cancelled.

참가자 수가 50명 미만이면, 그 행사는 취소될 것이다.

2 If the number of participants is under 10
ten,
please move to one of the smaller rooms.

참가자 수가 10명 미만이면, 더 작은 방으로 옮겨주세요.

3 If the number of participants is less than 20,
twenty
we can't negotiate a lower price.

참가자 수가 20명 미만이면, 더 낮은 금액으로 협상할 수 없다.

MP3 208

APPLY AND MORE

'몇 살 미만'의 나이를 얘기할 때는 항상 under를 써요.

1 If you are under 21,
twenty-one
you can't drink at a bar in America.
The drinking age is 20.
twenty

미국에서는 21세 미만이면 술집에서 술을 마실 수 없다. 음주 나이는 20세이다.

2 If it's an X-rated movie, no one under 17
seventeen
is admitted.

X등급을 받은 영화면 17세 미만은 누구도 입장할 수 없다.

Dialogue

A Are you sure we're going to make money on this concert? It's costing us an arm and a leg just to rent the venue.

B If the number of tickets we sell is less than 500,
five hundred
we'll have to call the whole thing off. But I'm sure we'll sell more than enough.

A: 이 콘서트로 우리가 돈을 벌까? 확실해? 장소 빌리는 데만도 너무 큰 돈이 드는데.
B: 우리가 파는 표 수가 500장 미만이면, 모든 걸 다 취소해야 할 거야. 하지만 우리가 충분히 그것보다는 많이 팔 거라고 확신해.

UNIT 4

참가자 수가 10명을 초과하면,

If the number of participants is over/ above/ more than 10, ten

기준이 되는 수는 포함하지 않고 그 수보다 큰 것을 의미하는 '초과'를 얘기할 때 영어로는 over, above, 혹은 more than을 씁니다.

SPEAKING PRACTICE

1 If the number of participants is **over 20**, (twenty) additional discounts apply.
참가자 수가 20명을 초과하면, 추가 할인이 적용된다.

2 If the number of participants is **over 50**, (fifty) please inform us prior to the date of the event.
참가자 수가 50명을 초과하면, 행사 전에 알려주세요.

3 If the number of attendees is **more than 10**, (ten) we'll need to move to a bigger boardroom.
참가자 수가 10명을 초과하면, 우리가 더 큰 회의실로 옮겨야 할 것이다.

MP3 209

APPLY AND MORE

'많아 봐야, 기껏해야' 라는 의미로 at most가 있어요. '최대한으로 잡았을 때' 라는 뜻이에요.

1 We expect **30** (thirty) people at most will sign up for this event.
최대한으로 잡았을 때 많아 봐야 30명이 이 행사에 등록할 것으로 예상한다.

2 At most, you can only fit ten balls in that bag.
기껏해야 그 가방에는 공 열 개만 들어갈 수 있다.

Dialogue

A What do you mean we have to pay extra? We agreed on the price if the number of participants is **more than 10** (ten) back when I made a reservation.

B Sir, please read the contract closely. If the number of participants is **above 10**, (ten) you have to pay for a larger room.

A: 돈을 더 내야 한다니 무슨 말씀이세요? 제가 예약했을 당시에 참가자들 수가 열 명 초과하면 이 금액으로 하기로 서로 합의했잖아요.
B: 죄송하지만 계약서를 자세히 읽어 보십시오. 참가자들 수가 열 명 초과하면 더 큰 방의 금액으로 내야 하세요.

MP3 210

최대 5만 원

a maximum of 50,000 won

fifty-thousand won

'최대'를 뜻하는 단어가 maximum입니다. 그래서 [a maximum of + 숫자, 금액] 이렇게 써서 '최대 몇 개/ 몇 명/ 얼마'를 나타내요.

SPEAKING PRACTICE

1 You'll be charged an additional ₩10,000 (ten-thousand won) a day, to a maximum of ₩50,000 (fifty-thousand won).

하루에 만 원씩 더, 그리고 최대 5만 원까지 부과될 것이다.

2 Prices range from ₩20,000 (twenty) to a maximum of ₩50,000 (fifty-thousand won).

뒤에 thousand가 반복되므로 앞의 twenty thousand에서 thousand를 생략하고 읽어요.

가격 대는 2만 원부터 최대 5만 원까지이다.

3 He had the funds to pay a maximum of ₩300,000, (three hundred thousand won) but he tried to negotiate a lower rate.

그는 최대 30만 원까지 낼 돈이 있었지만 더 낮은 요금으로 협상하려고 노력했다.

APPLY AND MORE

그 이상은 넘지 못하는 최대한의 수인 '상한'을 얘기할 때 the upper limit이라고 합니다. '하한'이라면 the lower limit이라고 하지요. 그 앞에 absolute를 쓰면 더 강조하는 느낌이 강해집니다.

1 The absolute upper limit is six people per vehicle.

차량당 최대 상한선은 6명입니다.

2 ₩1.2 million (One point two million won) per person is the absolute upper limit for us.

일인당 120만 원이 우리에겐 최대 상한선이다.

Dialogue

A I hate playing poker at that casino. All the bets are big.

B You should go somewhere else. I know a nice small casino where bets can only be a maximum of ₩50,000 (fifty-thousand won).

A: 저 카지노에서 포커 치는 거 너무 싫어. 판돈이 다 너무 커.
B: 어디 다른 작은 데로 가야겠네. 판돈이 최대 5만 원까지인 작고 괜찮은 카지노를 내가 알아.

UNIT 6

최소 12명이 모이지 않으면,

If the minimum of twelve people is not reached,

'최소'는 maximum의 반대어인 minimum입니다. [the/a minimum of + 숫자, 금액] 이렇게 써서 '최소 몇 개/ 몇 명/ 얼마'를 나타내요.

SPEAKING PRACTICE

1 If the minimum of ten people is not reached, the tour will be cancelled.
최소 열 명이 모이지 않으면, 그 투어는 취소될 것이다.

2 If the minimum of four people is not met, you'll lose your reservation.
최소 네 명이 모이지 않으면, 예약을 놓치게 될 것이다.

3 If the minimum of a thousand people is not reached, the company will cancel the cruise.
최소 천 명이 모이지 않으면, 그 회사는 크루즈 여행을 취소할 것이다.

APPLY AND MORE

at least는 '적어도, 최소한'의 뜻이에요. 금액 얘기뿐만 아니라 다른 상황에서도 쓸 수 있습니다. 참고로, at the (very) least는 at least의 강조형이에요.

1 Every family has at least one car nowadays.
요즘엔 모든 가정에 적어도 차 한 대씩은 있다.

MP3 211

2 At least five students need to register to open the course.
그 수업을 열려면 적어도 학생 다섯 명이 등록해야 한다.

Dialogue

A I heard you guys won the game. Congrats! It's been a while since your basketball team won.

B Well, we only won because the other team didn't have enough players. The rule is "If the minimum of twelve players is not reached, the team automatically forfeits."

A: 너희들이 경기에서 이겼다며. 축하해. 너희 농구팀이 이긴지 꽤 됐다.
B: 글쎄, 상대편 팀에 선수가 충분히 없어서 이겼을 뿐이야. 규칙은 '최소 12명의 선수들이 모이지 않으면, 팀은 자동으로 자격이 박탈된다' 이거든.

MP3 212

수십 명의 사람들

dozens of people

수백 마리의 개들

hundreds of dogs

수천 개의 섬들

thousands of islands

'수십 개의, 수백 개의, 수천 개의' 라는 숫자를 표현할 때, 십의 자리는 12의 dozen을 쓰고, 나머지는 기존 숫자를 복수형으로 만들어 of랑 연결해서 씁니다. 그래서 '수만 개의' 라면 tens of thousands of가 되는 거죠.

SPEAKING PRACTICE

1 Dozens of people were in line to try the new ice cream flavor.

수십 명의 사람들이 새로운 맛의 아이스크림을 맛보려고 줄 서 있었다.

2 Hundreds of dogs are abandoned at the shelter every year.

매년 수백 마리의 개들이 보호소에 버려진다.

3 Thousands of families will benefit from this emergency benefit program.

수천 가구들이 이 긴급 복지 프로그램으로 수혜를 입을 것이다.

APPLY AND MORE

'수백만의 ~'는 millions of ~, '수천만의 ~'는 tens of millions of ~, '수억의 ~'는 hundreds of millions of ~라고 합니다. 하지만, 특정한 수를 얘기하지 않고 그냥 '매우 많은' 이라면 gazillions of ~ 라는 표현을 써요. 백만, 억 혹은 그보다 많은 느낌을 주는 것 같아요.

1 Millions of people who have been laid off recently are requesting Employment Insurance.

최근에 정리해고된 수백만 명이 고용보험을 신청하고 있다.

2 Gazillions of people in the world are suffering from the **COVID-19** (nineteen) pandemic.

전세계적으로 너무나 많은 사람들이 코로나 바이러스 19 팬데믹으로 고통받고 있다.

Dialogue

A I love her Instagram! She always looks so good. Check out this one. It's a candid pic of her and her kids at the park.

B Candid? I bet a photographer took dozens of pictures and then just used the nicest one.

A: 난 그 여자 인스타그램이 너무 좋아. 정말 늘 예쁘고. 이것 좀 봐 봐. 공원에서 자기랑 자기 애들하고 찍은 자연스러운 사진이야.
B: 자연스럽다고? 단언컨대, 사진사가 수십 장 사진을 찍은 다음에 가장 괜찮은 걸로 썼을 걸.

MP3 213

이 기계는 백만 원이나 한다.

This machine costs as much as one million won.

This machine costs no less than one million won.

'~만큼 많은'이라고 할 때 as much as ~를 씁니다. 이것과 같은 의미로 no less than이 있어요. '자그마치, 무려' 혹은 '~만큼이나 ~한'의 의미로 많다는 느낌을 주죠.

SPEAKING PRACTICE

1 The fully-loaded versions of this machine cost **as much as $1,000,000.**
one million dollars

이 기계의 풀 옵션 버전 가격이 백만 달러나 한다.

2 A good fur coat could cost **no less than ₩50,000,000.**
fifty million won

좋은 모피 코트는 가격이 5천만 원이나 나갈 수 있다.

3 He was a poor student back in art school, but now even a small painting sells for **as much as ₩3,000,000.**
three million won

그는 예술학교에 재학할 땐 가난한 학생이었지만 지금은 작은 그림 하나도 3백만 원에 팔린다.

APPLY AND MORE

no less than을 쓴 예문 하나 더 보세요. 그리고 정말 헷갈리게 하는 not less than도 있어요. not less than은 '적어도' 라는 at least의 의미예요. 기준보다 적으면 안 되니까 '~ 이상, 적어도'의 느낌이 나오는 겁니다.

1 **No less than thousands of people** have died of the virus at the center of this epidemic.

무려 수천 명이 이 전염병 가운데서 바이러스로 사망했다.

2 When you write a final report, keep in mind that it should be **not less than 3,000**
three thousand
and **not more than 5,000**
five thousand
words.

기말 리포트 쓸 때, 그게 적어도 3,000 단어 이상, 5,000 단어 이하여야 한다는 걸 기억하세요.

Dialogue

A Have you seen this YouTube channel? It's all about exotic fish. Look at the colors on that fish!

B I've seen this video. The guy mentions each one of those costs **no less than ₩1,000,000.**
one million won

A: 너 이 유튜브 채널 봤어? 전부 이국적인 물고기에 관한 거야. 저 물고기 색깔 좀 봐.
B: 이 비디오 본 적 있어. 이 사람이 저 물고기 하나 하나가 무려 백만 원이나 한다고 언급하잖아.

UNIT 9

한 집 걸러 한 집에 차가 한 대 이상 있다.

Every other house has more than one car.

앞에서 한 번 나왔던 건데요. '매 2주마다'는 every two weeks 혹은 every other week였어요. 그래서 이걸 응용해 '한 집 걸러 한 집'이라고 하면 '매 두 집마다'이니까 every other house라고 표현합니다. 이 [every other + 단수 명사]로 집뿐만 아니라 다른 사물이나 사람을 얘기할 수도 있어요.

SPEAKING PRACTICE

1 Every other kid at the restaurant was looking at their dad's phone.
그 식당에서는 한 애 걸러 한 애가 자기 아빠 핸드폰을 쳐다보고 있었다.

2 Every other car in the parking lot is an expensive foreign brand.
그 주차장에 있는 차 한 대 걸러 한 대가 비싼 외국 브랜드이다.

3 The bread was so old that every other slice had mold on it.
그 빵은 너무 오래 되어서 매 두 조각마다 곰팡이가 피어 있었다.

APPLY AND MORE

두 개 이상 세 개씩 걸러서 간다면 [one in every three + 명사]나 혹은 [one + 명사 + in every three] 이렇게 표현할 수도 있습니다.

MP3 214

1 One house in every three has more than one car.
세 집마다 한 집이 차가 한 대 이상 있다.

2 In this wealthy area, one house in every three has a backyard pool.
여기 부유한 지역에서는 세 집마다 한 집이 뒷마당에 풀장이 있다.

Dialogue

A I can't believe how violent this comic book is! Just look. Every other page has someone getting shot or killed.

B Let me see that. Yikes! And our kids have been reading this garbage?

A: 이 만화책이 얼마나 폭력적인지 믿을 수가 없어. 봐봐. 매 두 페이지마다 누군가 총을 맞거나 살해당한다고.
B: 어디 봐. 이런! 우리 애들이 이런 쓰레기를 읽고 있었단 말이야?

UNIT 10

MP3 215

우리 야구하려면 한 사람이 부족하다.

We're one member short for a baseball game.

'얼마가/몇 명이 부족하다, 모자라다'고 할 때 short를 써서 표현합니다. 이때의 short는 '짧은'의 뜻이 아니라 '~하기에 부족한'의 의미예요. 그래서 '~하기에 부족한'은 [short for + 명사] 또는 [short to + 동사원형]을 써서 나타냅니다.

SPEAKING PRACTICE

1 We wanted to play soccer, but were one short for a game.

우리는 축구를 하고 싶었지만 경기하기에 한 사람이 부족했다.

2 We're two short for a paintball team, so might have to pack up our gear and go home.

paintball: 서로에게 페인트가 든 탄환을 쏘는 게임

우리는 페인트볼 팀을 꾸리기에 두 명이 부족해서 다시 짐 싸서 집에 가야 할지도 모른다.

3 We are one board member short to pass this agenda.

이 안건을 통과시키기에는 우리 이사회 멤버가 한 명 모자란다.

APPLY AND MORE

short가 나온 김에 재미있는 표현 하나 알려드릴게요. '누군가 좀 모자란다, 멍청하다'를 나타낼 때 영어에서는 다음과 같이 씁니다.

1 He's a few sandwiches short of a picnic.

그는 조금 모자라다. (멍청하다)

2 She's a few bricks short of a full load.

그녀는 조금 모자라다. (멍청하다)

두 표현을 직역하면 '피크닉 가기에는 샌드위치가 몇 개 부족하다', '꽉 채워 짐 하나를 만들기에는 벽돌 몇 개가 부족하다'로, 사람이 약간 야물지 못하고 그럴 때 쓸 수 있는 표현입니다.

Dialogue

A So we spent months working on our costumes and weapons, and we were all set to go out to Comic Con.
But it turns out we were a hundred bucks short for tickets.

Comic Con: 만화 관련 책, 캐릭터, 영화 등 모든 예술 작품에 대한 소식과 행사를 진행하는 대규모 박람회. 하이픈이 들어간 Comic-Con은 Comic-Con International 사가 주관하는 샌디에이고 행사를 뜻해요.

B That's heartbreaking. But look on the bright side. You guys are going to absolutely crush it this Halloween.

A: 우리가 여러 달 복장이랑 무기에 공을 들이고 코믹콘에 나갈 준비가 되었는데 말이지. 알아보니 표 값에서 100달러가 모자라지 뭐야.
B: 으, 마음 아프다. 하지만 밝은 면을 봐. 너희가 이번 핼러윈 때 완전 대박칠 거야.

UNIT 11

같은 걸 만 원 미만으로 사다

buy the same thing for less than 10,000 **ten thousand won**

쇼핑하다 보면 다른 사람보다 같은 물건을 더 비싸게 혹은 더 싸게 사는 경우가 있지요. '무언가를 얼마에 사다' 라고 할 때 [buy something for + 가격]으로 쓰는데 여기 가격 앞에 less than을 붙이면 '~보다 싸게, ~ 미만으로' 사는 것을 이야기할 수 있습니다.

SPEAKING PRACTICE

1 I asked him to lower the price because I knew I could buy the same thing **for less than ₩30,000.** **thirty thousand won**

나는 똑같은 걸 3만 원 미만으로 살 수 있다는 걸 알아서 그에게 가격을 낮춰 달라고 요청했다.

2 A lot of the tourists were willing to pay the high price because they didn't know they could buy the same thing **for less than ₩10,000.** **ten thousand won**

많은 관광객들이 똑같은 걸 만 원 미만으로 살 수 있다는 걸 몰랐기에 높은 가격을 낼 의향이 있었다.

MP3 216

3 People love to get the fancy name brands, but you can actually get the same thing **for less than 5** **five bucks** if you get the generic version.

사람들은 유명한 브랜드 명의 제품을 갖고 싶어 하지만, 사실 회사 이름이 붙지 않은 일반 버전을 사면 똑같은 걸 5달러 미만으로 살 수 있다.

APPLY AND MORE

같은 것을 일정 가격 이상으로 사는 건 [buy the same thing for more than + 가격]으로 쓰면 되겠죠. 그렇게 해서 바가지를 쓰게 되면 get/ be ripped off라고 하면 됩니다.

1 I think I got ripped off because I bought the same thing **for more than ₩27,000.** **twenty-seven thousand won**

나는 똑같은 걸 27,000원 이상을 주고 사서 바가지를 쓴 것 같다.

2 You need to haggle around tourist attractions if you don't want to get ripped off.

바가지 안 쓰려면 유명 관광지에서는 흥정을 해야 한다.

Dialogue

A And I told him he could buy the same thing **for less than $10** **ten dollars** just over the border.

B Sure, but that's only if you don't get caught bringing them back. If you do, and you have to pay duty on them, they end up being actually more expensive.

A: 국경을 건너면 똑같은 걸 10달러 미만으로 살 수 있다고 내가 그에게 말했어.
B: 맞아. 하지만 갖고 들어올 때 안 잡힐 때 얘기지. 잡히면 세금 내야 해서 실제론 더 비싸게 끝나.

UNIT 12

2m 간격으로

at intervals of

2

two

meters

interval은 '간격'의 뜻으로 시간이나 거리에 쓰입니다. 그래서 '~의 간격으로'는 [at intervals of + 거리/ 시간 관련 숫자]로 표현해요.

SPEAKING PRACTICE

1 To give them enough room to grow, plant the trees
at intervals of 2
two
meters.
나무가 자랄 충분한 공간을 줄 수 있게, 나무들을 2미터 간격을 두고 심으세요.

2 For a strong fence, position your posts
at intervals of 1.5
one point five
meters.
튼튼한 울타리를 위해서 기둥을 1.5미터 간격으로 두세요.

3 The coach placed the jump boxes
at intervals of 3
three
feet.
코치는 점프 박스를 3피트 간격으로 두었다.

MP3 217

APPLY AND MORE

어느 정도의 거리를 두고 있는 것을 표현할 때는 [once every + 거리(~마다 하나씩)] 혹은 [거리 + apart(~ 떨어진)]로 얘기할 수도 있습니다.

1 There's a signpost
once every 20
twenty
miles.
교통 표지판 기둥이 20마일마다 하나씩 있다.

2 The rest stops are about 100
one hundred
miles apart.
휴게소는 약 100마일 떨어져 있다.

Dialogue

A Everything in the store is carefully positioned to maximize sales. Take the in-store ads, for example.
They're
at intervals of 2
two
meters.

B I've heard about that. They calculated how fast people walk and decided two meters was enough time for a shopper to switch from one thought to another.

A: 가게 안에 있는 모든 건 판매를 극대화하기 위해 세심하게 놓여 있어요. 매장 내 광고를 예를 들면, 2미터 간격으로 있죠.
B: 그런 얘기 들어본 적 있어요. 사람들이 얼마나 빨리 걷는지 계산해서 2미터면 쇼핑객이 이 생각하다 다른 생각으로 넘어가기 충분하다고 결론지은 거죠.

편집자 후기

여기까지 오신 독자님들, 어서 오세요. 정말 반갑습니다.
사실, 이 글을 읽으실 독자님들은 아마 두 부류 중 하나이지 않을까 싶네요.
책을 끝까지 다 읽고 이 페이지까지 오신 분과
그냥 마지막 페이지에 뭐가 있나 싶어서 펼쳐 보신 분들 말이죠.
어디에 해당하든, 이 책을 읽어 주신 독자님께 고개 숙여 감사의 말씀 전합니다.
기획 단계부터 목차, 구성을 짜고 디자인과 편집, 녹음까지
손길 안 닿은 곳이 없는 이 책이 독자님께 크게 도움이 되었으면 하는 마음 간절합니다.

이 책은 사실, 편집자인 저를 위한 기획에서 시작되었습니다.
영어를 어느 정도 하는 데도 이상하게 숫자 읽기나 숫자 표현은 자신이 없더라고요.
특히, 그걸 영어로 작문하거나 해야 할 때 말이죠
대한민국 보통 사람임을 자부하는 저인데,
분명 다른 사람들도 저와 같을 거라는 생각을 가지고 기획을 시작해서
책으로 결실을 맺게 되었습니다.
열심히 한다고 했지만, 부족한 점이 보일 수도 있을 겁니다.
독자 여러분의 넓은 아량을 부탁드려요.
그렇지만 자신도 모르고 있던 영어의 빈틈 하나를 채워 줬고,
그래서 이상하리만큼 숫자만 나오면 약해지는 분들께
분명 큰 도움이 될 거라고 자부합니다.
이 책이 독자님들의 영어 실력 향상에 큰 도움이 되기를 바라며
이 후기까지 읽어 주셔서 정말 감사합니다.

편집자 드림